청소년이 꼭 알아야 할

4차 산업혁명
새로운 직업 이야기

로봇
인공지능
자율주행자동차
빅데이터
3D 프린팅
사물인터넷
가상현실
바이오 기술
핀테크
디지털 헬스케어
O2O

저자 한국고용정보원 미래직업연구팀 이 랑 外
서울특별시교육청 진로직업과 이화영

DREAM RICH

차례

프롤로그

"봉주르 봉주르~~"

아침 일찍 알람 소리가 울립니다.

'오전 회의에 늦지 않으려면 몇 시에 일어나야 하지?'

대략 7시에 일어나면 안 늦겠지 예상했는데, 최근 프랑스 친구에게 선물 받은 스마트 알람시계는 7시 30분에 자동으로 알람이 시작됐습니다.

"오늘 강남역으로 가는 차량은 평소보다 적어 여유 있게 출발해도 좋을 듯합니다. 30분 후 출발하면 예상 주행시간은 약 40분. 서둘러 준비하시면 따뜻한 커피 한 잔의 여유도 누릴 수 있겠네요. 참! 오늘 오후 강남역 근처에 소나기가 올 예정이니 우산 챙기는 것도 잊지 마세요!"

우리가 알람 시간을 맞추는 상황을 상상해볼까요? 보통은 다음 날 목적지에 도착해야 하는 시간에 맞춰 출발할 시간, 외출 준비시간, 기상시간을 역으로 계산해 알람을 맞춥니다. 경험에 따라 시간을 역산해 적절한 시간을 계산하지만, 예상치 못한 교통체증이나 날씨 상황에 따라서는 일찍 출발해도 늦게 도착하는 억울한 상황이 생길 수 있습니다. 하지만 이런 예상치 못한 상황까지 미리 확인해서 알려줄 수 있다면, 시간을 보다 효율적으로 쓰는데 큰 도움이 될 수 있겠죠. 피곤한 아침, 무려 30분동안이나 꿀맛 같은 잠을 더 잘 수 있을 테니까요.

최근 출시된 스마트 알람시계는 오늘 있을 스케줄과 연동해 교통체증

과 이동 시간 등을 알람 시간이 자동으로 맞춰 줍니다. 전날 몇 시에 일어나야 할지 머릿속으로 시뮬레이션 하지 않아도 기상시간이 자동으로 세팅되는 거죠. 이런 편리한 기능은 바로 사물인터넷(IoT: Internet of Things)이라 불리는 기술 덕분입니다. 알람시계와 내 스마트폰 속의 스케줄 플래너, 교통정보, 날씨정보 등이 통신 네트워크로 연결돼 편리한 서비스로 재탄생한 것이죠.

사물인터넷 기술은 '4차 산업혁명'이라 불리는 거대한 미래 변화 속에 등장하는 주인공 중 하나입니다. 사물과 사물, 사람과 사물을 연결해 유용한 정보를 만들어내고 그것이 우리 생활을 더 편리하게 만들어주는 것이죠. 사물인터넷 기술 말고도 4차 산업혁명이라는 '혁명적 변화'를 이끄는 기술들은 더이상 영화 속에나 등장하는 신기한 기술이 아닙니다. 인공지능, 로봇, 가상현실 등의 기술은 이제 우리 생활에 상당히 깊숙이 들어와 있습니다.

그렇다면, 4차 산업혁명이란 대체 얼마나 대단한 변화를 말하는 걸까요? 누군가는 4차 산업혁명이 실업자를 양산하는 새로운 구조라고도 하고, 누군가는 영화 속 미래 도시처럼 지금과 전혀 다른 세상을 만들 놀라운 기술 혁명이라고도 합니다. 누군가는 4차 산업혁명이 3차 산업혁명에서 한 치도 벗어나지 못한, 그저 기술이 발전하는 단계일 뿐 혁명 수준은 아니라고도 합니다. 말 만들기 좋아하는 사람들의 상술이라는 거죠. 과연 그뿐일까요?

우리나라에서 4차 산업혁명이란 말이 자주 회자되기 시작한 건, 2016

년 3월 이세돌 9단과 알파고의 바둑 대결에서부터였습니다. 당시 경기에서 4:1로 알파고가 승리했지만, 단 한 번의 우승을 차지한 이세돌 구단의 실력은 실로 엄청난 것으로 평가되었습니다. 불과 1년 정도가 지나 알파고는 바둑계를 은퇴했습니다. 전적은 68승 1패. 알파고 개발사인 구글 딥마인드의 데비스 허사비스 최고경영자는 "더 이상의 경쟁 상대가 없다"고 선언했으며, "바둑 천재인 커제 9단과의 마지막 대국은 더 없이 멋졌으나, 인공지능의 최고 수준을 체험하는 계기였다"고 말했습니다. 그렇다고 알파고의 승리가 인간과 인공지능의 대결에서 인간의 패배를 의미하는 것은 아닙니다. 또한 인공지능이 인간을 지배할 수 있음을 의미하는 걸로 받아들여서도 안 됩니다. 데비스의 말처럼 "알파고의 활약은 인류가 인공지능을 도구로 삼을 수 있다는 잠재력을 확인한 것이며, 앞으로 인공지능은 인류가 새로운 지식영역을 개척하고 진리를 발견할 수 있도록 돕게 될 것"으로 전망됩니다.

　　4차 산업혁명은 알파고의 대단한 승리처럼 인류에 미칠 엄청난 변화를 의미합니다. 18세기 1차 산업혁명이 증기동력을 이용한 '기계화 혁명'이었다면, 19세기와 20세기 초의 2차 산업혁명은 전기에너지 기반의 '대량생산의 혁명'이었습니다. 이후 20세기 후반에는 컴퓨터와 인터넷 기반의 '지식정보 혁명'인 3차 산업혁명이 이뤄졌습니다. 그리고 현재, 인공지능과 로봇, 사물인터넷 등의 첨단 기술이 융합된 '지능화 혁명'인 4차 산업혁명이 목전에 와있습니다. 우리나라에서는 2016년 개최된 스위스 다보스포럼과 알파고의 등장으로 널리 알려진 개념이지만, 이미 2010년대 초반부터 독일에서는 Industry

4.0을 중심으로 4차 산업혁명의 기운이 시작되었습니다. Industry 4.0은 산업혁명의 원조격인 용어로서 제조업과 ICT 기술의 융합으로 제조업의 혁신을 가져오는 스마트 공장으로 실현되고 있습니다.

기존의 공장들이 대량생산으로 제품을 만들어 판매했다면, 스마트 공장은 고객이 원하는 개인 맞춤형 제품을 똑똑하게 만들어내는 공장을 말합니다. 제조공장 시스템을 디지털화해서 공장 내 기계, 사람, 제조공정, 부품, 제품, 공급망 파트너를 서로 연결해 효율적으로 제품을 생산하는 것이죠. 그 대표적인 예가 바로 독일의 아디다스 사입니다. 독일 아디다스에서는 개개인에게 최적화된 제품을 단기간에 공급하기 위해 100% 로봇 자동화 공정으로 연간 50만 켤레의 운동화를 생산하는 스마트 공장 시스템을 구축했습니다. 개인이 원하는 디자인의 운동화는 물론, 시간 절약까지 할 수 있어서 생산성이 상당히 향상되었습니다. 그런데 여기서 더 주목할 점은 바로 투입되는 근로자의 수입니다. 과거 같은 양의 운동화를 생산하기 위해 600명이 매달려야 했다면, 이제는 공장의 관리와 유지보수 등을 위해 단 10명의 직원으로 그 일이 가능하게 되었다는 점입니다.

4차 산업혁명이 많은 사람들의 관심을 끄는 이유는 편리함으로 무장한 생활의 변화뿐 아니라, 사람들의 밥벌이 즉 직업 세계 변화와 직접적인 관련이 있기 때문입니다. 앞서 독일 아디다스 사의 예처럼 600명이 하던 일을 10명이 대신하게 되는 일이 직업 세계 여기저기서 동시다발적으로 일어날 수 있다는 것이죠. 예를 들어, 인공지능 기술이 더 정교화되면 전화로 상품을 판매하는 텔레마케터의 일자리는 줄어들 수밖에 없고, 정보통신 기술의 발전으로 은행에서의 대면 거래와 상담 서비스가 줄면 은행원의 수는 감소할 수밖에 없습니다. 드론으로 상품을 배송하는 택배 서비스가 더 이상 신기해지지 않을 무렵, 매일 보던 택배기사는 이미 다른 일자리를 찾아 떠났을지도 모릅니다. 또 자율주행자동차 광고가 하나둘 늘어날수록 새로운 자동차에 대한 기대와 함께 택시업계와 화물운송업계에는 근심이 커질 수 있는 것이죠.

4차 산업혁명과 함께 미래 일자리 지도는 말 그대로 지각변동이 일어나고 있습니다. 미래학자 토마스 프레이는 "2030년 20억 개의 일자리가 사라질 것"이라고 하고, 제임스 캔턴은 "2025년 무렵의 직업 가운데 70%는 아직 나타나지 않았다"고 말하기도 했습니다. 2025년이면 불과 10년도 남지 않았는데, 무려 70%의 직업이 지금과 다른 양상을 보인다면 걱정이 앞서는 건 너무나 당연할 겁니다.

그렇다면, 우리는 앞으로 10년, 20년 후 어떤 일을 하며 살아야 하는 걸까요? 구체적인 직업을 목표로 하지 않는 것이 더 현명한 진로 목표가 되는 것은 아닐까요?

미래학자의 말을 100% 맹신할 수는 없어도 지금부터 미래를 내다보는 안목을 갖추는 것은 중요합니다. 우리가 맞이할 4차 산업혁명 시대의 주요 기술과 그 변화상을 공부하고, 직업 세계가 어떻게 변화해나갈지, 그에 대응

하기 위해 어떤 준비를 해야 하는지, 대비 태세를 갖춰야 하는 것이죠.

많은 사람이 로봇이나 인공지능 등으로 일자리를 빼앗길 거라고 걱정합니다. 하지만 과거의 직업들이 완전히 사라지고, 완벽하게 새로운 직업이 생겨나는 형태는 아닐 겁니다. 지금의 직업에서 하는 일과 일하는 방식이 점차 달라지고, 결국 그 변화를 만들어가는 것은 우리들일 테니까요.

최근 국내 병원에서는 인공지능과 3D 프린팅, 가상현실 기술 등을 활용해 의료 시스템을 혁신하고 있습니다. 의사가 학습하기 어려운 의료 지식을 인공지능이 습득해 진료를 보조하고, 장기와 질병의 위치 등을 확인하는 데 증강현실 기술을 활용할 예정입니다. 3D 프린팅 기술은 이미 많이 활용되고 있는데, 예를 들어 피부, 연골, 장기 등을 3D 세포 프린팅으로 출력해 이식에 성공한 사례들도 있습니다. 이외에도 환청이나 환각을 치료할 때 가상현실 기술을 적용한다든지, 홀로그램으로 내부 장기들의 건강 상태를 진단하는 기술이 활발하게 연구되고 있습니다.

이처럼 미래에는 자신의 일에서 새로운 기술들과 협업할 방법을 찾고, 새로운 일자리 기회를 만들어나가는 준비가 더 중요합니다. 인공지능이 의사의 일을 완전히 대신하는 것이 아니라, 의사의 진료를 돕는 데 인공지능을 활용하고 다른 기술들을 어떻게 적용할 수 있는지 고민하는 능력이 중요한 것이죠.

미국에서 세계 유수한 기업들의 2천명이 넘는 매니저와 고위 경영진들을 대상으로 한 설문조사에 따르면, 회사의 발전을 위해 미래 전문 인력들은 전통적인 학과 교과목이라 할 수 있는 읽기(Reading), 쓰기(Writing), 계산(Arithmetic)으로 통칭되는 소위 3R에 정통해야 한다고 보았습니다. 그리고 비판적 사고와 문제 해결(Critical thinking and problem solving), 소통(Communication), 협동(Collaboration), 창의력과 혁신(Creativity and innovation) 을 말하는 소위 4C 능력을 중요한 능력으로 꼽았죠.

미래에 무슨 일을 하며 살아갈 것인지는 3R이나 4C 같은 기본이 되는 역량 위에 내가 정말 좋아하는 주제를 쌓고 활용 가능한 기술들을 적용하며 만들어가는 게 아닐까요? 옷 잘 입기에 푹 빠진 친구라면 스타일링에 관한 유튜브 채널을 운영하는 크리에이터로 활동하면서 동시에 3D 프린터로 특별한 디자인의 옷을 만들어 온라인으로 판매할 수도 있을 겁니다. 또 소설가가 꿈인 친구라면 소설을 창작하는 인공지능과 함께 독특한 문체의 소설을 다작해 볼 수도 있습니다. 그림을 좋아하지만 그림을 잘 못 그려 걱정이라면 자신의 화풍을 인공지능에 학습시켜 누구도 흉내 낼 수 없는 작품을 만들고 소셜 미디어에 전시의 장을 펼쳐볼 수도 있을 겁니다. 여기서 빠질 수 없는 것이 바로 내가 좋아하는 일이 무엇인지를 찾는 노력입니다. 그것이 바로 미래를 위한 목표이자 희망이 될 테니까요.

마지막으로 4차 산업혁명에 대한 연구를 하는 많은 석학들은 4차 산업혁명 시대에 가장 필요한 역량을 '생각하는 힘'이라고 강조합니다. 특히, 미

래에 어떤 일을 하며 살지를 고민하기 위해서는 생각의 힘은 더욱 중요합니다. 따라서 지금부터 우리는 미래 변화 속에서 누구보다 깊이 좋아하는 것이 무엇인지를 먼저 찾아두어야 합니다. 그것이 놀이든, 게임이든, 여행이든, 그건 중요하지 않습니다. 두 눈은 기술혁신 등의 변화를 감지하고, 두 귀는 다양한 사람들과 소통하며, 머릿속으로 좋아하는 관심사를 중심으로 하고 싶은 일을 탐색한다면 누구보다 멋진 미래를 만들어갈 수 있을 테니까요.

2017년 12월

대표저자 이 랑

알고 읽으면 더 잘 이해되는
'쏙쏙' 용어 사전

4차 산업혁명 The Fourth Industrial Revolution

2016년 세계경제포럼에서 클라우드 슈밥 회장이 처음으로 언급하면서 전 세계를 뜨겁게 달군 용어다. 1차 산업혁명은 1784년 증기기관을 활용한 기계적 혁명으로 인간의 노동을 기계가 대신하게 되었고, 2차 산업혁명은 1870년대 화학, 전기, 석유 및 철강 분야에서의 기술 혁신으로 대량생산체계를 구축하게 된 것을 의미한다. 그리고 3차 산업혁명은 컴퓨터와 인터넷의 발달로 인한 디지털혁명, 정보기술의 시대를 의미한다. 이어서 화두가 되고 있는 4차 산업혁명은 '초연결(hyper-connectivity)'과 '초지능(super-intelligence)'을 특징으로 한다. 정보통신기술의 발달을 통해 각종 기술이 융합되고 연결되어 새로운 세상을 만드는 것이다. 예를 들면 자동차가 인터넷과 인공지능을 만나 자율주행차가 되어 지능을 가진 로봇처럼 움직이게 되는 기술처럼 말이다. 4차 산업혁명은 기존의 1·2·3차 산업혁명과 비교해 속도, 범위, 영향력 등 다양한 측면에서 엄청난 변화를 불러올 것으로 전망하고 있다. 1차 산업혁명을 통하여 영국은 '해가 지지 않는 나라'가 되었으며, 2, 3차 산업혁명을 거치며 미국은 세계적인 패권국가가 되었다. 이제 4차 산업혁명을 통해 각국의 산업이 재편될 것이라는 예측이 나오고 있다. 우리가 4차 산업혁명에 대해 제대로 알고, 대비해야 하는 이유가 여기에 있다.

ICT 기술 Information and Communication Technology

한마디로 Information Technology, 정보와 관련된 기술을 의미한다. 정보를 주고받는 것은 물론 개발, 저장, 처리, 관리하는 데 필요한 모든 기술이 포함되어 있다. IT 기술에서 정보와 통신을 융합하는 기술이 ICT(Information and Communication Technology)다. IT 기술의 핵심이 ICT 기술이므로 종종 같은 의미로 사용되기도 한다.

플랫폼 Platform

플랫폼이란 일종의 운영체제다. 기차 플랫폼을 연상하면 쉽다. 플랫폼이 구축되면 사람들이 이동을 하기 위해 모이게 되고 사람이 모이는 곳에는 각종 상점들이 입점해 물건을 사고팔며 영업한다. 4차 산업혁명에서 이야기하는 플랫폼도 마찬가지다. 단지 인터넷 상의 이야기일 뿐이다. 이전에도 플랫폼은 있었으나 애플, 구글, 아마존, 트위터,

페이스북처럼 세계적인 기업으로 성장한 기업의 공통점이 모두 자신들만의 플랫폼을 기반으로 성장하면서 다시금 주목을 받고 있다.

알고리즘 Algorithm

나는 죽는다(대전제)-소크라테스는 인간이다(소전제)-따라서 소크라테스는 죽는다(결론). 아리스토텔리스가 만든 삼단논법처럼 문제를 논리적으로 풀어가기 위해 필요한 방법이다. 컴퓨터는 인간처럼 논리적 추론이 불가능하기 때문에 정확하게 무엇을 해야 하는지 컴퓨터 언어로 알고리즘을 짜서 지시하는 것이다. 프로그램을 만드는 전체 과정 중 알고리즘은 계획 단계라고 할 수 있다. 알고리즘을 어떻게 구성하느냐에 따라 같은 문제를 푸는 데도 시간이 더 많이 걸릴 수도 있고, 오류가 생길 수도 있다. 인공지능으로 대변되는 4차 산업혁명 시대에 알고리즘이 중요한 이유다.

클라우드 Cloud

비를 모으고 있는 '구름'처럼 데이터를 저장하는 장소다. 과거에는 데이터를 저장하려면 디스켓이나 CD, USB 같은 저장 매체가 필요했다. 그러나 클라우드는 별도의 저장 매체가 필요 없고 인터넷에 접속하기만 하면 언제 어디서든지 자료를 주고받을 수 있고, 용량도 훨씬 크기 때문에 자료를 주고받기 훨씬 편리해졌다.

머신러닝 Machine Learning

과거의 인공지능은 모든 사례를 하나씩 입력하는 방식으로, 조금만 각도가 바뀌어도 제대로 인식하지 못했다. 지금은 고양이와 호랑이 사진을 수천 장 입력하면 인공지능이 판단하고 오류를 수정하면서 스스로 학습해서 고양이와 호랑이를 식별해낼 수 있게 되었다. 이처럼 경험적 데이터를 기반으로 학습하면서 스스로의 성능을 향상시키는 시스템과 이를 위한 알고리즘을 연구하고 구축하는 기술이 머신러닝이다.

1

로봇 혁명

힘들고 궂은일에서 해방된다!

글 / 이랑
'일과 사람'에 관심이 많아 대학과 대학원에서 심리학, 경제학, 교육학 등을 두루 전공했습니다. 현재 한국고용정보원
미래직업연구팀에서 온라인 직업정보 콘텐츠 개발 및 미래 유망직업 등을 연구하고 있으며, 청소년 진로상담, 성인의
경력전환, 미래 직업세계 변화 등에 관심이 있습니다. 저서로는 '십대를 위한 직업콘서트', '10대, 우리들의 별을
만나다', '이 직업의 하루가 궁금해요' 등이 있습니다.

아이작 아시모프의 소설을 스크린에 옮긴 영화 〈아이, 로봇〉은 인간을 배신하는 로봇 이야기를 그리고 있다. 영화 〈바이센테니얼 맨〉에서는 인간을 사랑하게 되면서 인간이 되고 싶어 하는 로봇이 등장한다. 두 영화 모두 지능을 갖춘 로봇에게 생활의 모든 편의를 제공받으며 편리하게 살아가는 인간의 미래를 그리고 있다. 과연 영화에서처럼 미래에는 인간과 거의 흡사한 로봇이 활동하는 시대가 오게 될까? 만약 그런 시대가 온다면 우리의 삶은 어떻게 달라질까? '4차 산업혁명의 꽃'이라고 불리는 로봇 혁명을 위해 우리는 무엇을 준비해야 할까?

인간과 로봇이
공존하는 세상

로봇 경찰이 나타났다!

　세계적으로 높고 화려한 면모를 갖춘 도시 두바이에는 '로봇 경찰'이 있다. 2017년 5월 첫 선을 보인 로봇 경찰은 2030년까지 두바이 전체 경찰의 25%까지 확대될 계획이다. 로봇 경찰에 대한 사람들의 평가는 엇갈리고 있다. 영화 〈터미네이터〉에서 그려졌던 미래 사회처럼 로봇이 사람을 지배하게 되는 것은 아닌지 우려하는 사람들이 있는가 하면, 우리 사회가 좀 더 편리해질 것이라고 기대하는 사람들도 있다. 과연 로봇이 우리를 지배하게 될까? 아니면 우리 삶을 더 편리하게 돕는 조력자 역할을 하게 될까?

현재 두바이의 로봇 경찰은 경찰 업무 중에서 거리 순찰이나 교통위반 벌금 부과 등 간단하고 보조적인 역할을 담당하고 있다. 로봇 경찰이 가중되는 업무의 일부를 덜어줌으로써 기존 경찰들은 범죄 예방과 같은 보다 높은 수준의 업무에 집중할 수 있게 되었다. 적어도 아직까지는 로봇이 인간의 활동을 돕는 보조 수단으로 쓰이고 있는 것이다.

사람들이 로봇 시대를 우려하는 이유는 로봇이 인간보다 우수하다는 인식 때문이다. 사람이 몇 주 혹은 몇 달은 걸려야 분석할 수 있는 업무를 몇 분 만에 뚝딱해내고, 실수도 없고 정확하다. 바둑기사 이세돌과 알파고, 알파고와 커제의 대결에서 이러한 사실이 증명되자 로봇 시대를 염려하는 사람들의 걱정은 더욱 커질 수밖에 없다. 하지만 우리는 과연 로봇에 대해 제대로 알고 있는 것일까? 혹시 영화에서 그려졌던 '악당 로봇' 때문에 막연한 두려움을 가지고 있는 것은 아닐까? 무작정 로봇 시대를 걱정하기 전에 로봇이란 무엇이며, 로봇이 인간 사회에서 어떻게 기능하는지부터 제대로 알아보자.

인간을 돕는 존재, 로봇

로봇이란 말을 처음 사용한 사람은 체코슬로바키아의 극작가인 카렐 차페크로, 그가 1920년 발표한 희곡에 로봇이라는 용어가 처음 나온다. 이 희곡에서 로봇은 감정이나 혼을 가지고 있지 않은 인조인간의 모습으로 그려진다. 이후 로봇이라는 말은 여러 가지 의미로 쓰이고 있다. 인간과 비슷한 모습을 하고 말하거나 움직이는 기계 장치를 로봇이라고 부르기도 하고, 공장에 설치된 자동화 기기처럼 어떤 작업이나 조작을 자동으로 해내는 기계 장치도 로봇이라고 한다. 가끔은 주관 없이 남의 지시대로 움직이는 사람을 비유할 때도 '로봇 같다'는 말을 쓴다. 단어의 뜻이 어떻든지 로봇의 시작은 인간의 일과 밀접한 관련을 맺고 있다. 로봇의 어원인 체코어 'ROBOTA'도 '노동'을 뜻하는 말이다. 즉, 인간의 일을 돕기 위해 만들어진 기계가 바로 로봇인 것이다.

역사적으로 인류 사회는 농업혁명과 산업혁명을 거치며 크게 발전했다. 18세기 중엽의 산업혁명 때는 기계가 아주 중요한 역할을 했다. 컨베이어벨트 같은 기계 덕분에 생산성이 높아지고 사람들의 노동 시간은 크게 줄었다. 이후 세계 곳곳의 산업 현장에서 기계가 인간의 노동력을 대체하는 것은 익숙한 현상이 되었다. 특히 첨단 과학기술로 만들어진 산업용 로봇은 험하고 궂은일을 대신하면서 인간의 수고를 덜어주고 있다.

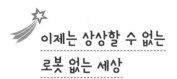

이제는 상상할 수 없는 로봇 없는 세상

전 세계 기업이 앞 다투어 개발 중인 로봇

사실 로봇은 편리한 도구이긴 하지만 비싸고, 무겁고, 다루기 힘든 대상이다. 이에 기존 제조용 로봇의 개념을 바꿀 '협업 로봇'이 상용화되고 있다. 협업 로봇이란 말 그대로 인간과 협력하면서 일하는 로봇을 뜻한다. 대표적인 사례로는 독일의 자동차 브랜드인 아우디와 스위스의 스타트업 기업인 누니가 개발한 '체어리스 체어(Chairless Chair)'가 꼽힌다. 자동차를 조립할 때 온종일 서서 일해야 하는 작업자를 위해 만들어진 체어리스 체어는 이름처럼 의자가 없이 몸에 착용하는 형태의 '웨어러블' 로봇으로 사용자의 하체에 장착해 작업자가 이를 자유롭게 활용할 수 있도록 고안한 것이다. 또한 일본의 로봇 기업인 화낙(Fanuc)은 기존의 소형 로봇인 'LR메이트 200iD' 시리즈를 사람과 협력이 가능한 로봇으로 개량해 출시했고, 스위스의 로봇 기업인 ABB에서는 인간과 로봇이 협업하도록 설계된 'YuMi'를 선보였다.

인간과 협업이 가능한 제조용 협업 로봇, ABB YuMi

로봇은 성실하고 똑똑한 도우미

현재 의료 현장에서는 의료용 로봇과 수술용 로봇이 의료진과 함께 성공적인 협업 사례를 만들고 있다. 재활 로봇은 치료사 대신 기계를 통한 보행 치료로 치료 인력을 지원한다. 예를 들어, 하지 보행 재활치료용 로봇의 경우 환자의 치료에만 좋은 것이 아니라 치료사의 육체적 피로도 및 근골격계 질환을 방지하는 데도 효과가 있다. 기본적으로 여러 명의 물리치료사가 부축해야 하는 치료 상황을 한 명의 치료사가 할 수 있게 되면서 업무도 한결 수월해졌다.

식사 보조지원 로봇의 경우도 재활병원이나 종합병원, 가정 등에서 간병인이나 보호자들의 부담을 덜어주고, 환자가 먹고 싶은 순간에 먹고 싶은 음식을 먹을 수 있도록 선택 권한을 주어 독립심과 자립감을 주는 긍정적인 측면이 있다.

안전 에이전트 로봇도 비슷한 사례다. 지방 소도시의 어린이집에 도입된 클라우드 기반 안심 에이전트 로봇 시스템은 어린이집의 사건사고를 예방하고, 교사와 학부모 간의 불신 문제를 해소하는 데 큰 역할을 하고 있다. 또한 이 로봇의 도입으로 어린이집 교사의 업무를 줄이고 안전의식을 제고하는 긍정적인 효과를 나타냈다.

인명구조 로봇은 경찰이나 인명구조원의 업무를 지원하고 함께 협업할 기회를 제공한다. 예를 들어 선제적 대응이 매우 중요한 수난 사고가 발생했을 때에는 해상에서 고속으로 이동하는 것이 필수적이다. 이때 무인화 로봇이 수난 관련 업무를 지원해 인간 대신 위험하고 험한 일을 한다. 이외에도 위험하고 극한 작업을 하는 화재 감시 로봇, 화재 진압용 및 재난구조 로봇, 해양·우주용·원자력용 로봇, 수중감시 로봇 등이 개발되면서 소방관, 경비원, 군인이 해야 할 일들을 도와주고 있다.

막연한 걱정 대신 긍정적 미래 설계를

악당 로봇보다 무서운 것은 일자리 경쟁?

과학 기술이 점점 더 정교하게 발달하면서 로봇은 점차 인간과 비슷해지고 있다. 외부 환경을 인식하고 스스로 상황을 판단하며 자율적으로 동작하는 것은 물론 인간의 감정까지 인식하고 교류하는 형태를 보이고 있다. 이런 기계 장치를 '지능형 로봇'이라고 부르는데, 이 로봇은 제조업뿐 아니라 교육, 의료, 국방, 건설, 재난 등 다양한 분야에 적용되면서 기술 발전을 이루고 있다. 그럼에도 불구하고 로봇은 여전히 인간을 위해 일하는 기계이면서 감정이 없는 자동화 수단이다. 결국 인간처럼 자유의지가 없다는 것은 인간에 의해 조작되거나 관리되어야 한다는 것을 의미하고, 막연히 로봇의 지배를 걱정할 필요가 없다는 뜻이기도 하다.

사실, 사람들이 진짜 걱정하는 것은 영화 〈터미네이터〉에서 그려진 것처럼 자유의지를 가진 '악당 로봇'이 아니다. 그보다는 로봇 기술이 발전을 거듭할수록 사람들은 일자리를 잃게 될까봐 염려한다. 로봇은 인간보다 정확하고 정교하며 지치지 않고 일할 수 있기 때문이다.

영국의 옥스퍼드대 연구팀이 미국의 702개 직업에 대해 연구한 결과를 보면 전체 직업의 약 47% 가량이 로봇으로 대체될 고위험군으로 분류되었다. 지금 일하고 있는 절반에 가까운 사람들이 로봇에 의해 직업을 잃게 될 것이라고 예측한 것이다. 실로 어마어마한 일이 아닐 수 없지만, 이런 일이 착착 진행되고 있는 것이 현실이다.

로봇 시대, 넘고 해결해야 할 과제도 많다

2017년 5월 자동차와 금융, 정보통신(IT) 등 다양한 산업 분야의 전문가들이 참여했던 '서울포럼 2017'에서는 다가올 로봇과 인공지능 시대에 필요한 여러 가지 과제가 논의되었다. 카카오 AI 부문을 총괄하는 김병학 부사장은 이 자리에서 로봇이 바꿀 우리의 미래에 대해 이야기했다. 그는 20여 년 전만해도 집집마다 컴퓨터를 사용하게 될 것이라는 예측에 아무도 동의하지 않았던 일을 상기시

지능형로봇의 다양한 적용분야

주 : 2014년~2018년 정부 기본 계획
자료 출처 : 산업통상자원부

켰다. 그리고 로봇이 머잖아 우리 사회에 다양하게 침투해 많은 일을 하게 될 것이라고 예측하며, 따라서 우리에게 주어진 과제는 사람과 로봇이 어떻게 협력하며 살아갈지 고민하고 준비해야 하는 것이라고 강조했다.

매사추세츠공대(MIT)의 다니엘라 러스 소장의 연설도 눈길을 끌었다. 그는 기존의 로봇과 4차 산업혁명 시대의 로봇을 구분하는 특징은 '자율성'에 있으며, 인간과 로봇, 나아가 로봇과 로봇의 상호작용이 가능해지면 우리 사회의 모습도 크게 달라질 것이라고 예측했다. 또한 자율성을 가진 로봇이 성공적으로 보급되려면 로봇이 내리는 결정을 사람들에게 잘 이해시키는 기술도 개발되어야 하고, 무엇보다 로봇의 자율성 확대에 따른 여러 가지 문제들, 특히 윤리적인 딜레마를 예방할 수 있는 방안이 필요하다고 보았다.

선진국에서도 로봇 윤리와 관리, 작동으로 벌어지는 결과에 대한 책임연구가 활발히 진행중이다.

사진 출처 : CORBIS

"도로 왼쪽에는 어린아이가, 오른쪽에는 노인이 걸어가고 있을 때 자율주행자동차가 사고를 피할 수 없는 상황이면 인공지능은 어떤 선택을 해야 할까요? 결과도 중요하지만 본질은 그 결정을 내린 이유를 사람들에게 설명할 수 있어야 한다는 겁니다."

보다 지능화된 로봇이나 인공지능 기술은 사람들에게 윤리적인 문제를 남기게 된다. 러스 소장은 자동차를 고를 때 색상을 고르듯, 앞으로는 자동차가 가진 윤리적인 선호를 고를 수 있게 될 것이라고 말한다. 아마도 세계의 자동차 회사들은 가장 윤리적인 제품을 만들기 위해 경쟁하게 될 테고, 인공지능을 탑재한 로봇 역시 마찬가지일 것이다.

현재 많은 사람들이 로봇의 시대에 대해 우려를 표하고 있다.

하지만 너무 걱정할 필요는 없다. 미래를 향해 메시지를 전달하는 각 분야 석학들이 말하듯, 우리에게는 유연하게 사고하는 능력과 변화하는 상황을 받아들이고 학습하며 적응하는 힘이 있기 때문이다.

새로운 시대, 새로운 직업

로봇 산업의 발전으로 인해 많은 일자리가 사라질 수 있지만, 어떤 분야에서는 수행하는 직무가 훨씬 세분화되어 일자리가 늘어나는 효과가 나타날 수 있다. 대표적인 분야가 바로 로봇 과학이나 기술을 연구하는 직종이다. 로봇공학 기술자를 필두로 로봇 동작 생성 연구원, 로봇 인식 기술 연구원, 로봇 감성 인식 연구원 등 로봇 과학 및 기술을 연구하고 개발하는 인력의 수요는 지속적으로 늘어날 전망이다.

로봇이 설치되어 운영되는 현장에서는 로봇 설치 전문가, 로봇 운영 전문가, 로봇 소모품 조달자, 로봇 컨설턴트 등의 활약이 커질 것으로 보인다. 고가의 로봇 제품을 설치, 운영, 수리, 관리하는 과정은 전문 기술자의 손이 필요하기 때문에 응용 분야가 확대될수록 분야별로 특화된 전문가가 요구될 것이다. 또한 로봇 컨설턴트처럼 산업용 로봇 시장에서 생산 라인의 효율성을 극대화하기 위해 어떤 로봇 시스템을 조합해 적용할 것인지를 컨설팅 하는 직무가 중요해질 수 있다.

로봇은 근본적으로 기계의 영역에 들어간다는 점에서 어떤 소프트웨어의 옷을 입는가에 따라 역할과 기능이 달라진다. 따라서 모바일, 드론, 사물 인터넷, 빅데이터 등 첨단 과학 분야와 접목되어 새로운 직업이 생겨날 것으로도 보인다. 로봇 기술을 적용한 서비스를 기획하는 로봇 서비스 기획자, 첨단 과학 기술의 응용과 융합을 전문으로 하는 로봇 기술 융합 전문가 등의 직무도 중요한 역할을 할 것이다.

한편, 인공지능과 로봇은 떼려야 뗄 수 없는 관계다. 인공지능은 사람의 뇌와 같은 역할로 이미 상당 부분 기술 진보가 이뤄진 상태다. 이러한 인공지능이 탑재된 로봇은 인간과 유사한 기능을 하기 때문에 로봇의 윤리적 활용에 대한 사회적 이슈가 계속해서 발생하고 있다. 이와 관련해 로봇 운영 윤리학자, 로봇 운영 정책 전문가 등의 직업이 나타날 수 있다. 또한 로봇의 '움직임(Mobility)' 기능으로 인해 소프트웨어의 해킹에 따라 타인에 해를 입히는 사고로 이어질 수 있다는 점에서 보안 문제가 상당히 중요하게 부상할 것이다. 이에 따라 로봇 시스템의 보안을 책임지는 로봇 보안 전문가의 역할도 커질 전망이다.

또 개인화와 핵가족화에 따라 소규모 가구를 위한 생활 편의 제품 시장이 급속히 성장하면서 맞벌이나 1인 가구들이 겪는 다양한 어려움을 처리하는 로봇이 꾸준히 개발되고 있다. 일례로 일본 소프트뱅크의 '페퍼'는 인간과 감정을 교감하면서 인간의 외로움을 극복하게 해주는 감성 케어 기능으로 인기를 끌고 있다. 또 학생 대상 교육과 놀이를 함께 하는 소셜 로봇도 성공 사례로 꼽히고 있다.

로봇 전문 영업원 로봇에 특화된 전문지식과 영업력으로 소비자들에게 품질 좋은 로봇을 공급한다. 로봇 가격이 저렴해져 '1인 1가구 1로봇' 시대가 되면, 교육용 로봇처럼 일반인들이 가장 많이 접하는 서비스 로봇들을 온라인 및 오프라인에서 판매하는 영업원의 일자리가 늘어날 것으로 보인다.

로봇 운영 소프트웨어 개발자 로봇 기술이 여러 부문에서 적용되면 사회의 모습에도 변화가 예상된다. 예를 들어 도시 곳곳에는 로봇 셰프가 요리를 하는 음식점이 생겨날 수 있고, 바리스타 로봇이 커피를 접대하는 로봇 카페가 성업할 수도 있다. 이에 따라 음식 관련 소프트웨어를 개발하거나 음식 관련 로봇 운영에 특화된 정보 서비스 기획자 등이 나타날 수 있다.

로봇 임대인 고가의 로봇을 구매하지 않고 임대해 사용하는 이용자가 늘어날 경우에는 로봇 임대인이란 직업이 일반화될 수도 있다. 병원이나 레스토랑, 전시회, 일반 가정 등 단기간에 로봇을 이용하는 곳에 사용법을 알려주고 로봇을 임대해 수익을 올리는 일이 가능해진다. 지금도 공항이나 쇼핑몰, 은행, 공공기관 등에서 이벤트와 홍보용 도우미 로봇을 임대하는 회사가 존재한다. 앞으로 로봇 활용 빈도가 높아진다면 이런 방식의 전문 임대업이 더욱 활발해질 것이다.

로봇 시스템 · 콘텐츠 개발자 로봇 임대업은 로봇을 사용하는 장소나 목적에 따라 알맞은 시스템을 적용해야 한다는 점에서 로봇 하드웨어에 탑재할 콘텐츠의 개발을 담당할 전문가도 필요하다. 이들은 주로 임대용 로봇 시스템이나 콘텐츠 개발과 관련한 일을 하게 된다.

로봇 교재 개발자 & 로봇 강사 교육 분야에서도 새로운 직업인이 생겨날 것으로 예측된다. 로봇 교육 분야에서는 이미 많은 직업인이 활동하고 있다. 국내에서는 로봇 활용 교사를 교육한 바 있고, 아이들에게 로봇은 이미 친숙한 교육용 친구로 자리 잡았다. 물론 로봇산업과 교육산업의 발전 추이를 좀 더 지켜볼 필요는 있지만, 로봇 관련 교재 개발자나 로봇 교육 강사들에 대한 수요는 늘어날 것이다.

의료용 로봇 개발자 & 로봇 공연 기획자 보건의료나 사회복지 분야에서는 의료진과 협업하는 의료용 로봇의 기술 개발, 영업, 판매, 전문 수리 및 관리 등을 담당하는 직업이 특화될 수 있다. 특히 의료용 로봇에 인공지능과 같은 기술 융합 시도가 활발하게 나타나고 있다. 그런가 하면 예술이나 스포츠, 여가관리 서비스 영역에서도 로봇의 응용이 활발해지면서 새로운 직업이 나타날 것이다. 이미 연주 로봇, 연극 및 뮤지컬 공연 등에 로봇이 등장하면서 관련 서비스를 기획하고 이벤트를 구성, 진행하는 기획자가 활동하고 있다.

로봇 전문 수리원 & 폐로봇 처리 전문가 로봇 기술의 대중화로 집집마다 로봇을 사용하게 되면 고장이나 마모 등으로 인해 수리나 폐기 절차가 필요하다. 따라서 가전제품 수리원처럼 로봇만을 전담하는 수리원이나 자동차 폐기 공장처럼 폐로봇을 전문으로 처리하는 기술자가 생겨날 것이다.

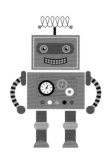

로봇 관련 직업세계의 변화 분석

구분	변화 방향	관련 직업	내용
로봇 기술 발전과 일자리 감소	제조용 로봇 발전에 따른 일자리 감소	· 용접원 · 제품 및 부품조립원 · 물품이동장비조작원 · 경비원 · 청원경찰 등	제조업 등 작업현장에서 업무 효율성 및 생산성을 높이기 위한 로봇의 역할 확대
	서비스 로봇 발전에 따른 일자리 감소	· 보조교사 · 원어민 외국어교사 · 안내원 및 해설사 · 홍보 및 안내도우미 · 택배원 · 단순 건설기능직 · 농업관련종사자 등	교육 및 해설, 홍보 등의 분야에서 서비스 로봇으로 대체될 수 있는 직무 영역이 가시화되고 있음
로봇 기술 발전에 따른 직무 변화	업무 지원 및 협업 기회 증대	· 물리치료사 및 간병인 · 안전에이전트 · 경찰 및 인명구조원 · 의사 · 군인 · 소방관 · 경비원 등	로봇기술을 활용할 수 있는 분야를 중심으로 업무를 지원하거나 함께 협업하는 형태로 업무 효율성 증대를 기대할 수 있음
	로봇 분야 연구 · 개발 및 응용 직종 세분화 및 전문화	· 로봇공학기술자 · 로봇동작생성연구원 · 로봇인식기술연구원 · 로봇감성인식연구원 · 로봇설치전문가 · 로봇운영전문가 · 로봇소모품조달자 · 로봇컨설턴트 · 로봇서비스기획자 · 로봇기술융합전문가 · 로봇운영정책전문가 · 로봇운영윤리학자 등	로봇의 개발 및 응용, 적용 등과 관련이 있는 분야에서의 직무는 더욱 세분화되고 전문화되는 방향으로 직무 변화를 유도할 것으로 전망됨
로봇 서비스 시장 확대 및 새로운 직업의 탄생	로봇 판매 및 영업, 임대, 수리 관련 직종 등장	· 로봇기술영업원 · 로봇판매 및 영업원 · 로봇임대인 · 임대용 로봇시스템 · 콘텐츠 개발자 · 로봇전문수리원 · 폐로봇처리전문가 등	서비스 로봇의 다양화에 따른 새로운 직종 등장
	로봇 활용 교육 분야 신직업 등장	· 로봇교보재개발자 · 로봇강사 · 로봇활용교사 등	로봇에 대한 1차적 이해를 위한 교육 분야 신직종 등장
	로봇 활용 문화 및 여가생활 직종 탄생	· 엔터테인먼트 및 대중문화 관련 로봇 직종 · 연주 · 공연 · 뮤지컬 로봇 관련 직종 · 감성케어 로봇 관련 직종 등	인간과 닮은 로봇의 특성을 활용한 문화 및 여가생활 관련 직종 등장

 꼼꼼 과학 강의실

주요 직업의 로봇 · 인공지능 대체지수

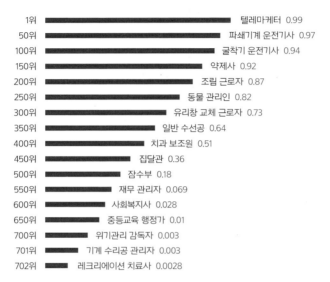

1위	텔레마케터	0.99
50위	파쇄기계 운전기사	0.97
100위	굴착기 운전기사	0.94
150위	약제사	0.92
200위	조림 근로자	0.87
250위	동물 관리인	0.82
300위	유리창 교체 근로자	0.73
350위	일반 수선공	0.64
400위	치과 보조원	0.51
450위	집달관	0.36
500위	잠수부	0.18
550위	재무 관리자	0.069
600위	사회복지사	0.028
650위	중등교육 행정가	0.01
700위	위기관리 감독자	0.003
701위	기계 수리공 관리자	0.003
702위	레크리에이션 치료사	0.0028

영국의 옥스퍼드대학 연구팀이 로봇, 인공지능에 의해 대체될 직업에 대해 연구한
결과에 따르면 단순 반복하는 직종은 대체 확률이 높고, 치료와 복지, 관리 감독
업무는 대체 확률이 낮은 것으로 나타났다.
한국고용정보원의 '로봇과 인공지능으로 인한 자동화 대체 확률에 대한 연구'에서도
이와 비슷한 결과가 나타났다. 한국고용정보원의 연구에서 눈길을 끄는 것은 단순하고
반복적인 일을 하는 직업뿐 아니라 전문적인 분야까지 로봇이 진출할 수 있다는
점이다. 손해사정인(0.961, 40위)이나 일반의사(0.941, 55위), 관제사(0.867, 79위) 등과
같이 전문직도 로봇으로 대체될 가능성이 적지 않은 것으로 분석되었다. 게다가 로봇의
기술이 진화할수록 대체될 직업의 영역은 더욱 확대된다. 대표적인 고학력 전문직으로
꼽히는 의사나 약사는 물론이고, 고객을 응대하는 서비스 업종이나 지식을 전하는
교육계까지 로봇의 역할이 커질 것으로 예상되고 있기 때문이다. 이런 연구 결과만 보면
많은 사람들이 걱정하는 것과 같이, 인간과 로봇이 일자리를 두고 경쟁하다가 쫓겨나는
풍경이 연출될 수도 있을 것 같다. 그러나 위기는 곧 기회로 연결된다는 사실을 잊지
말아야 할 것이다.

자동화로 대체될 확률이 높은 직업과 낮은 직업 비교

순위	대체 확률 높은 직업	대체 확률 낮은 직업
1	콘크리트공	화가 및 조각가
2	정육원, 도축원	사진작가 및 사진사
3	고무 및 플라스틱 제품 조립원	작가 및 관련 전문가
4	청원경찰	지휘자, 작곡가, 연주가
5	조세행정사무원	애니메이터, 만화가
6	물품이동장비 조작원	무용가, 안무가
7	경리사무원	가수, 성악가
8	환경미화원, 재활용품 수거원	메이크업 아티스트, 분장사
9	세탁 관련 기계 조작원	공예원
10	택배원	예능 강사
11	과수작물 재배원	패션 디자이너
12	행정 및 경영지원 서비스 관리자	국악인, 전통 예능인
13	주유원	감독, 기술감독
14	부동산 컨설턴트, 중개인	배우, 모델
15	건축도장공	제품 디자이너
16	매표원 및 복권판매원	시각 디자이너
17	청소원	웹 및 멀티미디어 디자이너
18	수금원	음식 서비스 종사원
19	철근공	디스플레이어 디자이너
20	도금기 및 금속분무기 조작원	한복 제조원
21	유리제품 생산직(기계조작)	대학교수
22	곡식작물 재배원	문화예술 관련 종사자, 마술사

꼼꼼 과학 강의실

23	건설 및 광업 단순 종사원	출판물 기획 전문가
24	보조교사 및 기타 교사	큐레이터 및 문화재 보존원
25	시멘트, 석회, 콘크리트 생산직	영상 녹화 및 편집기사
26	육아도우미	초등학교 교사
27	주차관리원 및 안내원	촬영기사
28	판매 관련 단순 종사원	물리 및 직업 치료사
29	샷시 제작 및 시공원	섬유 및 염료 시험원
30	육류, 어패류, 낙농품 가공생산직	임상심리사, 기타 치료사

자료 출처 : 한국고용정보원, 2016

현재 사용되는 지능형 로봇에는 어떤 것들이 있을까?

지능형 로봇은 용도와 목적에 따라 산업용으로 주로 쓰이는 제조용 로봇, 개인의
생활을 지원하는 개인 서비스용 로봇, 특수 목적에 사용되는 전문 서비스용 로봇
등으로 분류할 수 있다.

제조용 로봇 자동제어에 의한 조작 또는 이동 기능을 다양한 작업 프로그램에 의해
실행할 수 있는 로봇이다. 국제로봇협회(IFR)는 산업 자동화 분야에서 사용되는 자동
제어 장치나 제어 프로그램, 다목적 3축 또는 그 이상의 축을 가진 자동조정 장치
등을 제조용 로봇이라고 정의하고 있다. 제조용 로봇은 주로 첨단 제조 환경이 필요한
자동차나 선박, 반도체, 디스플레이, 그린, 나노, 바이오산업 분야에서 사용된다. 적용
범위로는 자동차, 일반 기계 분야, 조선 및 해양 산업 분야, IT, BT 기기 및 장비 산업
등이 있다.

개인 서비스용 로봇 삶의 질을 높이기 위한 목적으로 개인의 일상 공간에서 사용되는
로봇이다. 건강이나 가사, 교육, 엔터테인먼트, 안전과 보안 등에 서비스나 정보를
제공한다. 중소기업청에서 발간한 〈2015 중소기업 기술로드맵〉에서는 개인에게

비영리적인 활동을 보조하고 지원하는 대인 지원형 로봇, 저출산·고령화·웰니스·소득 증대 등의 개인이 생활 패턴의 변화에 대응할 수 있도록 지원하는 로봇 등을 개인 서비스용 로봇으로 규정하고 있다. 이들이 널리 알려진 휴머노이드 로봇처럼 청소나 심부름, 교육, 전화, 경비 등 다양한 명령을 수행하는 것이다. 현재 개인 서비스용 로봇 시장은 특정 기능의 단일 서비스 중심에서 지능형 로봇으로 발전한다.

전문 서비스용 로봇 산업 외의 목적으로 사용되는 비제조용 로봇이다. 의료나 국방 같이 특수한 목적에 따라 설계된다. 정밀한 기능이 요구되는 수술 로봇, 군사 작전을 위한 전투용 로봇 등이 대표적이다. 국제로봇협회(IFR)에서는 사람을 위한 복지, 특정한 시설이나 목적에 맞게 서비스를 제공하는 로봇을 전문 서비스용 로봇이라 정의하고 있다. 정형화되지 않은 작업 환경에서 작업을 수행하기 때문에 높은 수준의 지능화 기술이 필요하며, 특수한 용도로 사용되기 때문에 다기능성 및 안정성 등이 요구된다.

발전 영역이
무궁무진,
성장을 캐내는 재미

로봇공학자
허 정 우

Q 4차 산업혁명에서 로봇은 어떤 의미인가요?

4차 산업혁명이라는 단어가 처음 나온 것은 2016년 다보스 포럼입니다. 4차
산업혁명은 갑자기 나타난 현상이 아니라 모든 분야가 꾸준히 발전해 온 결과이고,
또한 현재 진행형입니다. 이 중에서 하드웨어인 로봇이 특히 이슈가 되는 것은
인공지능(AI)과 연계가 되어 있기 때문입니다. 컴퓨터 기술이 발전하다 보니
로봇(하드웨어)과 인공지능(소프트웨어)이 결합하면 엄청난 시너지 효과가 있을 것이란
예상 때문이죠. 최근 이슈가 되는 협동로봇은 사람과 같은 공간에서 일하며 사람과
교류하고 도움을 주는 로봇을 말합니다. 협동로봇이 대중화되면 1가구 1로봇이 될 수도
있습니다. 사람의 생활이 많이 달라지겠죠.

Q 이 일을 시작하게 된 계기는 무엇인가요?

성적에 맞춰 화학공학과에 진학했는데, 적성에 맞지 않아 대학교 2학년 때
기계공학과로 전과를 했습니다. 전과 이후엔 전공 수업이 너무 재미있어서 밤새

공부했습니다. 2002년 즈음 막 로봇이 세상에 나와 상업화되고 있을 때, 삼성역 코엑스에서 로봇 전시회가 있어 찾았다가 깜짝 놀랐습니다. 당시 로봇 청소기처럼 작은 로봇들이 나오던 시기였는데, KAIST에서 만든 인간형 로봇을 본 거예요. 사람만한 로봇이 두 발로 걷는 것을 보고 가슴이 뛰기 시작했어요. 그 로봇이 바로 휴보의 전신이었습니다. 이후 그 로봇 연구팀이 있는 대학원에 진학해서 인간의 신체와 유사한 모습을 갖춘 휴머노이드 로봇 개발에 본격적으로 참여하게 되었습니다.

Q 이 직업만의 매력은 무엇인가요?

아직 해야 할 일이 많다는 것이 가장 큰 매력입니다. 로봇 공학은 도전해야 하고, 도전할 수밖에 없는 학문이에요. 우리가 세계 최초, 1등을 할 수도 있다는 거죠. 2015년 세계 재난로봇 경진대회(DRC) 최종 결선에서 한국이 세계 유수의 로봇 선진국들을 제치고 당당히 1위를 했을 때, 정말 뿌듯했습니다. 그때 DRC에 참여했던 휴보의 모든 수행 과제를 제가 총괄 담당했거든요. 휴보는 지금까지 30대 정도 수출을 했습니다. DRC에서 우승한 후 우리의 기술력을 인정받아 세계 여러 나라에서 협업 제의도 많이 들어옵니다. 이런 일들이 로봇공학의 매력이자, 큰 힘이 되는 것 같아요.

Q 힘든 점도 많을 거 같아요. 어려운 점은 무엇인가요?

로봇을 개발하다 보니 로봇을 가지고 행사장에 많이 초청됩니다. 대통령이 오는 행사에 초청되는 경우도 많죠. 한 번은 미국 실리콘밸리에 초청을 받아 휴보를 시연하면서 우리나라 기술을 홍보하는 자리를 가졌는데, 전날 밤 휴보가 고장이 났습니다. 거의 살릴 수 없을 정도로 고장 난 거죠. 밤을 새서 겨우 행사 때만 잠깐 살릴 수 있었어요. 이처럼 로봇, 특히 휴머노이드 로봇은 제품화되지 않은 부분이 있어서 전선 하나만 끊어져도 로봇이 고장납니다. 잘 움직이던 로봇도 가끔 고장이 나는데, 원인을 못 찾을 때가 많습니다. 연구 성과라는 것이 바로 바로 나오는 게 아니기 때문에 이런 과정을 참고 이겨내야 합니다. 실패를 반복하면서 좋은 결과물을 만들어내는 것이 과학자니까요.

Q 기억에 남는 에피소드가 있나요?

자동차 광고를 맡아 2박 3일 촬영을 하기로 했는데, 첫날 촬영 준비를 하다 로봇이 넘어져서 부서졌습니다. 촬영을 위해 밤을 샜지만, 고칠 수가 없었어요. 덕분에 100명이

INTERVIEW

넘는 스태프의 스케줄과 스튜디오 렌탈 비용을 몽땅 다 달린 일도 있었어요. 며칠 후
다시 촬영을 하긴 했지만, 일부 손해배상을 할 수밖에 없었죠.

Q 앞으로 이 직업의 전망은 어떨까요?

로봇은 시대 흐름상 많아질 수밖에 없습니다. 컴퓨터가 발전하고, 기술이 발전하고,
사람들은 더 편한 세상을 원하죠. 그러면 기계는 늘어날 수밖에 없어요. 사람들의
일자리가 사라진다며 불안해하지만, 노동의 질이 달라질 것입니다. 과거 마차가
주요 이동수단이던 때 자동차가 생기면서 마부들이 모두 사라졌잖아요. 하지만
자동차가 생기면서 더 좋은 다른 일자리가 생긴 것처럼 로봇 때문에 파생되는 일이
많을 거라고 생각합니다. 자동차보다 훨씬 더 다양한 분야가 융합된 기술이 바로
로봇입니다. 지금은 휴머노이드 로봇이 너무 복잡해서 경험이 있는 사람이 아니면
고칠 수가 없어요. 엔지니어이긴 하지만, 로봇을 고치는 의사까지 생길 수 있다고
생각해요. 사람도 혈관이 어디 있고, 장기가 어디 있는지 알아야 의사들이 치료를 할
수 있듯이 지금보다 더 복잡한 로봇이 생긴다면 의사와 같은 일을 하는 직업이 생길
것 같아요. 지금도 로봇 수리를 하다 보면 병원 수술 방이 연상되기도 합니다.

Q 해당 분야의 국내외 연구 수준과 미래를 설명해주신다면요?

우리나라 로봇 보급률은 세계 1위라고 합니다. 여기에는 로봇 청소기부터 다양한
로봇이 모두 포함될 겁니다. 우리나라 사람들은 로봇, 기계에 대한 친밀도를 가지고
있는 것 같아요. 지금 로봇 기술은 미국과 일본이 최고예요. 한국과 유럽이 그 뒤를
따르고 있는 형국이죠. 우리나라는 미국이나 일본보다 훨씬 늦게, 70~80년부터
반도체나 통신 같은 기반 산업부터 시작했지만 이 정도 따라잡은 것도 대단한 거죠.
최근 가장 뜨거운 나라는 중국입니다. 풍부한 인적자원과 정부의 지원으로 하루가
다르게 발전하고 있거든요. 곧 한국을 추월할 수도 있을 것 같아 저희가 더 노력해야
할 것 같아요.

Q 로봇 분야로 진출하고 싶은 청소년들을 위한 조언을 해 주신다면?

인터넷에 오픈소스가 워낙 많아 마음만 먹으면 작은 것부터 얼마든지 배울 수
있습니다. 특히, 영어로 된 자료가 많기 때문에 영어를 잘하는 사람이 훨씬 더 습득이

빨라요. 또 로봇을 하다 보면 외국에 나가 교류할 일도 많고, 우리 기술을 영어로 표현하고 발표해야 하는 일도 많아 영어는 꼭 필요합니다. 저는 개인적으로 성적에 맞춰 진학했다 적성에 맞지 않아 전과를 했고, 그 어렵다는 오준호 교수의 연구실인 휴보랩에 들어가서 꿈을 이루고 있습니다. 현 상황에 안주하지 말고 항상 도전거리를 찾고, 도전하라고 이야기하고 싶습니다.

PROFILE

허정우 현재 KAIST의 휴보랩 연구실과 벤처 회사 레인보우에서 휴머노이드 로봇을 연구, 개발 중이다. 2009년 보행 성능과 동작을 개선한 휴머노이드 로봇 휴보2를 미국, 싱가포르, 중국 등에 수출하는데 주도적인 기여를 했다. 2015년 다르파 재난 로봇대회에서 로봇 선진국을 제치고 1위를 차지한 DRC 휴보의 수행 과제 담당을 총괄했다. 현재 한국 최초로 두 발로 걷는 인간형 로봇 휴보개발팀의 연구원으로 우리나라 휴머노이드 기술을 세계에 알리고 있다.

2

인공지능 혁명

지배할 것인가? 지배당할 것인가?

글 / 박가열

대학에서 심리학을, 대학원에서 문화와 사회에 관한 심리학을 세부 전공하였고, 2000년부터 우리나라와 해외의
직업정보네트워크, 진로개발 및 취업지원에 대해서 연구해 왔습니다. 미래를 설계하는 청소년이나 취업을 준비하는
구직자의 진로와 직업에 관한 궁금증과 어려운 문제를 해결해주기 위해 연구하고 개발하는 것이 저의 주요한
역할입니다. 직업과 진로에 관한 연구자로서 요즘 저는 '미래사회에서 직업세계가 어떻게 변화하는 지'와 '기술혁신이
일자리에 미치는 영향', '4차 산업혁명과 사회혁신의 관계' 등에 관심이 있습니다.

인공지능과 사랑을 하고, 인공지능이 치료방법을 추천하고, 인공지능이 유사한 판례를 검색해 준다. 인공지능이 24시간 상담하고, 인공지능이 서비스를 하고, 인공지능이 운전을 한다. 결국에는 인간보다 똑똑한 인공지능에게 지배당하는 세상이 올 수도 있는 것일까? 지금 세상은 인공지능 개발에 한창이다. 스마트폰과 대화를 하고, 인공지능이 집안을 쾌적하게 만들어주고, 음악을 선곡한다. 지금 당장은 도구에 지나지 않지만, 머지않아 세상을 뒤흔들게 될 무대의 주인공 인공지능은 과연 축복일까, 재앙일까? 결말은 알 수 없지만, 과학자들의 인공지능 개발은 계속될 것이다.

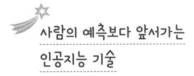

사람의 예측보다 앞서가는
인공지능 기술

축복 혹은 재앙의 기술?

2013년 개봉된 스파이크 존즈 감독의 영화 〈허(Her)〉는 일종
의 충격이었다. 여자 목소리를 지닌 인공지능과 인간이 사랑에 빠
지기 때문이다. 인공지능은 사람의 말에 귀를 기울이고, 이해해주
고, 위로하며, 심지어 질투까지 한다. 스티븐 스필버그 감독의 영
화 〈AI〉에서는 인간들이 인공지능을 가진 인조인간의 봉사를 받으
며 살아간다. 인공지능을 그린 영화는 이뿐만이 아니다. 영화 〈터미

네이터〉에 등장하는 컴퓨터 전략 방어 네트워크 스카이넷은 인류를 적으로 간주하고 지구를 잿더미 속에 묻어버린다. 미드 〈웨스트월드〉에서는 테마파크에서 인간의 노리개로 쓰이던 인공지능 로봇이 자아에 눈뜨며 반란을 일으킨다. 이쪽이든 저쪽이든 영화에서 그리는 인공지능의 세상은 결코 안락하고 편안하지 않다. 오히려 인공지능으로 인해 인간미는 사라지고, 사람보다 더 똑똑해진 인공지능에 의해 인류는 위협받는다. 그럼에도 과학자들의 인공지능 기술 개발은 계속되고 있다.

누구나 부릴 수 있는 나만의 '비서'

2011년 2월, 미국의 인기 퀴즈쇼인 〈제퍼디(Jeopardy)!〉에서는 새로운 챔피언이 탄생했다. 주인공은 IBM의 인공지능 컴퓨터인 '왓슨(Watson)'이었다. 왓슨은 74연승으로 가장 많은 우승을 차지했던 챔피언 켄 제닝스와 325만 5,102달러(약 37억 원)로 가장 많은 상금을 획득했던 챔피언 브래드 러터, 두 명의 챔피언을 누르고 우승했다. 새로운 월계관을 쓴 왓슨은 IBM이 2006년부터 매년 60억 달러(약 6조 8,000억 원)를 들여 개발한 'Deep QA' 프로젝트의 산물이었다.

2016년 3월, 알파고와 세계 바둑 챔피언 이세돌의 바둑 대국은 어떤가? 다국적 정보처리업체 구글의 딥마인드 엔지니어들이 만든 컴퓨터 프로그램인 알파고는 인간이 승리할 것이라는 전문가들의 예상을 완전히 무너뜨리고 이세돌 9단에 완승했다. 비록 한정된 공간에서 벌이는 두뇌 게임이기는 하지만, 바둑은 그 수가 헤아릴 수 없을 정도로 많아 지금의 기술로는 불가능할 것이라고 간주했던 분야였기 때문에 사람들의 충격은 더욱 컸다.

멀리 갈 필요도 없다. 우리는 지금 스마트폰과 대화를 나누고, 인공지능이 골라주는 음악을 듣고, 인공지능에게 쾌적하게 집안 환경을 유지하도록 지시할 수 있다. 마음대로 부릴 수 있는 인공지능 비서가 생긴 것이다.

오리무중, 인공지능 세상

배우고, 생각하고, 결정하는 인공지능

인공지능(Artificial Intelligence)은 사람처럼 스스로 생각하는 능력을 가진 컴퓨터 프로그램을 의미한다. 컴퓨터가 사람처럼 생각하고, 학습하고, 자기 계발도 하는 것이다. 이 정의에 따르면 알파고는 인공지능이 아니다. 아주 오래 전부터 바둑판에서 일어났던 인간의 수많은 경험을 단시일 내에 학습하고 분석해 실전에서 응용한 것이기 때문이다. 그러나 인간의 예측보다 훨씬 더 빨랐던 알파고의 기술 개발 속도를 감안하면 완전한 인공지능을 갖춘 존재의 등장도 머지않은 듯하다.

실제 퀴즈쇼 〈제퍼디!〉에서 우승한 왓슨은 뉴욕의 메모리얼 슬론 암센터와 휴스턴의 MD앤더슨 암센터, 메이요 클리닉 등에 채용되었다. 왓슨의 역할은 사람이라면 수주에 걸릴 환자에 대한 분석을 몇 분 만에 검토해 의사가 바람직한 치료 방법을 결정할 수 있도록 돕는 일이다. 이처럼 인공지능은 이미 다양한 비즈니스 영역에 투입되면서 인간의 생활 속에 스며들기 시작했다.

코앞만 바라보다가는 큰 코 다칠 수 있다

　　사람들은 인공지능의 등장에 기대 반, 두려움 반을 느낀다. 인공지능으로 인해 편리해지고 쾌적해지는 삶도 기대하지만, 반대로 학습 가능한 인공지능이 인간을 제압하지 않을까 하는 공포도 가지고 있다. 2016년 마이크로소프트(MS)사가 개발한 인공지능 채팅로봇 '테이(Tay)'의 예는 이러한 인간의 공포가 실제 일어날 수 있음을 보여준다. 테이는 인간들과 대화에 나선지 하루 만에 욕설과 인종차별, 자극적인 정치 발언을 쏟아내며 여론의 뭇매를 맞았다. 악의를 가진 인간의 개입 때문이었다. 결국 테이를 제대로 학습시키지 못한 MS사는 잘못을 인정하고 일단 뒤로 물러나야 했다.

　　물론 인공지능이 끼칠 영향을 긍정적 혹은 부정적이라고 딱 잘라 말할 수는 없다. 기후 전문가 윙(Wing)은 화석 연료의 증가가 지구 환경에 어떤 영향을 미치는지 분석하려면 100~200백 년이 아니라 10만 년은 헤아려야 한다고 주장했다. 어떤 기술이나 장기적인 시각으로 분석하지 않으면 지금 인류가 하고 있는 행동의 결과를 제대로 파악할 수 없다는 의미다. 인공지능 역시 기술 개발에만 급급하다 보면 먼 미래 인류의 역사에 어떤 파장을 불러올지 알 수 없다. 따라서 미래를 예측할 때는 장기적인 관점에서 바라볼 필요가 있다.

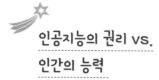

저작권을 주장하는 인공지능

이제 인공지능의 등장은 당연하고, 이로 인한 세상의 변화는 필연적이다. 그 사실을 부정할 수는 없다. 2014년 미국 스탠포드 대학은 100년 앞의 세계를 예측하고 다양한 사회적 변화에 대응하겠다는 'AI 100' 계획을 발표했다. 교육, 건강, 정부, 프라이버시, 민주주의, 사상, 법, 윤리, 금융, 전쟁, 범죄, 안전, 자율 등 다양한 분야에서 인공지능이 사회에 어떤 변화를 일으킬지를 토론하고 예측하는 프로젝트다. 왜 이런 토론이 필요한 것일까?

지금도 인공지능은 영화 각본을 쓸 수 있고, 곡도 만들 수 있다. 이처럼 창작 활동이 가능하지만, 자의식은 없는 컴퓨터 프로그램에 과연 저작권을 부여할 수 있을까? 혹은 인공지능의 판단으로 불린 재산을 인공지능에 양도해야 할까? 과연 알파고가 고수를 상대로 바둑을 두면서 얻은 경험은 구글의 것일까? 알파고의 것일까?

이미 인간이 아닌 존재에게 지적재산권을 부여해야 한다며 법원에 소송을 낸 사례가 있다. '셀피 원숭이 사건*'이다. 카메라로 셀피를 찍은 원숭이의 사진 저작권에 대해 법원은 누구의 손을 들었을

* 2016년, 사진작가가 잠시 놓아둔 카메라로 셀카를 찍은 원숭이 사진을 위키디피아가 사진작가의 허락 없이 홈페이지에 공개하면서 시작된 사건이다. 작가는 자신의 동의 없이 사진을 공개한 것에 항의했고, 위키디피아는 원숭이가 찍은 사진이기 때문에 저작권이 사진작가에 없다고 버텼다. 결국 동물보호단체인 피타(PETA)에서 저작권은 원숭이에게 있다며 소송을 걸었다.

까? 카메라의 주인인 사진작가인가, 사진을 찍은 원숭이인가? 이 소송은 결국 인간만이 저작권을 가질 수 있다는 법원의 판결로 종결되었지만, 논란은 여전히 지속되고 있다. 인간만이 지능을 사용할 수 있다는 시각에 의문이 생긴 것이다. 인공지능이 인간만큼, 혹은 그 이상으로 똑똑해진다면 저작권이나 재산권을 주장하지 말라는 법도 없다. 앞으로 우리는 이런 윤리적인 문제에 직면하게 될 것이다.

인공지능 정치가의 탄생

민주주의도 예외는 아니다. 민주주의란 스스로 정보를 모으고, 생각하고, 결정하는 능력을 갖춘 개인이 의견을 모아 더 좋은 대안을 찾아나가기 위해 만든 정치 시스템이다. 그런데 인간과 똑같이 인공지능도 스스로 정보를 모으고, 생각하고, 결정할 수 있다. 그래서 최고의 대안을 갖고 있는 인간 정치인을 찾아내고, 직접 사회 현안을 풀어낼 대안을 내놓는다. 만약 이런 때가 온다면 과연 인간은 인공지능의 정치 참여를 막을 수 있을까? 누가, 어떤 논리로 막을 수 있을까?

미래학자 토마스 프레이는 인공지능이 인간 시스템의 오류를 정확하게 짚어내고 대안을 찾아 유권자들이 더 좋은 선택을 할 수 있도록 도와줄 것이라고 주장한다. 반면 탁월한 몇 사람의 의견을 찾아내고 이들에 의해 정책이 결정되도록 사회 분위기를 부추겨 선동 정치를 초래할 수도 있다고 주장한다. 소수 집단이 세상을 지배하는 과두 정치, 어리석은 대중이 군중심리로 정책을 좌우하는 중우 정치의 결과를 낳을 수 있다는 것이다.

인공지능과 동거하기

알파고 사건 이후 우리 사회에서 인공지능에 대한 논의가 활발해진 것은 사실이다. 그러나 이러한 인간이 아닌 존재의 등장과 그에 따른 사회 변화의 양상에 대한 논의는 아주 오래 전부터 있어왔다. 일상에서는 SF 영화를 통해, 학계에서는 컴퓨터와 인공지능, 포스트휴먼 담론 등을 통해 비인간(non-human) 문제에 대해 고민해 온 것이다.

최근에는 인공지능(AI)을 뒤집은 'IA'의 태도가 필요하다는 주장이 나오고 있다. IA란 '강화된 인간 지능(Intelligence Amplification)'의 약어로 과학 기술의 변화를 허둥지둥 뒤쫓지 않기 위해서는 인간의 지능이 더욱 고도화되고 확장되어야 한다는 의미다. 우리 사회가 과학기술의 변화를 따라가면서 진화하고 발전하려면 지금부터 인간과 인공지능의 공존에 대해 다양한 가능성을 논의하고 실험해 보아야 한다. 그러나 이런 논의와 실험이 없는 사회는 많은 시민들이 시대에 뒤처지고 변화를 이해하지 못한 채 고립될 수 있다.

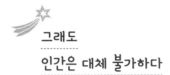

그래도
인간은 대체 불가하다

미래 직업의 키포인트, 인간미 그리고 소통

인공지능은 의사, 법조인, 교사, 공무원부터 가장 창의적인 직업군인 예술가에 이르기까지 다양한 파급 효과를 가져 올 것이다. 공통적인 것은 미래의 직업 세계에서는 데이터를 단순 처리하는 업무는 인공지능이 대체할 것이라는 점이다.

단순반복적인 업무뿐 아니라 진단이나 판례 분석 등 인공지능 기술이 적용 가능한 의사나 법조인 같은 전문직에도 역할 변화가 일어날 수 있다. 지식 전달과 학습에 인공지능이 활용될 경우 교사의 역할도 변할 것이다. 방대한 데이터를 기반으로 패턴을 찾아내고 정리하는 일에는 인공지능 기술이 인간의 능력을 뛰어넘기 때문이다. 따라서 업무 영역에 있어 인공지능과 인간과의 협업은 불가피할 것이다.

이와 반대로 불규칙적이고 복잡한 일은 가치가 올라갈 것이다. 인간관계 조정이나 감정을 다루는 것처럼 변수가 많은 일은 인공

지능이 인간의 역할을 대체하기 힘들기 때문이다. 교사의 경우 지식 전달보다는 학생들의 인성 교육이나 상담, 개개인에 맞는 교수법이 중요할 것이고, 의사도 진단보다는 서비스 영역으로 역할이 확대될 것이다. 공무원의 경우도 대부분의 단순 업무는 대체 가능하지만, 현장의 소통 업무는 인간의 역할이 필요하다. 예술가도 감성을 표현한 예술적 가치에 있어서는 여전히 중요한 역할을 할 것이다.

인공지능은 인간의 동반자

인공지능 시대에는 '문제를 정의하는 능력'을 길러야 한다. 시스템을 이해하고 도구를 사용하는 능력도 필요하다. 그러기 위해서는 사회 변화를 반영한 교육과 인공지능과의 협업, 전통적인 직업 영역의 확대, 기초과학과 원천 기술에 대한 투자, 인재 양성 등에 심혈을 기울여야 한다. 인류가 함께 보조를 맞출 수 있도록 기술 수준이나 변화의 속도를 조절하기 위한 사회적 합의도 필요하다.

역사학자 유발 하라리는 "우리는 우리를 도우라고 기업, 돈, 국가를 발명했다. 그런데 왜 그것들을 위해 우리의 생명을 희생하는가?"라고 묻는다. 인공지능 역시 마찬가지다. 인간이 아닌 존재와의 공존, 인간이 인공지능에 지배당하지 않기 위해서라도 인간의 지혜를 더욱 모아야 할 때다.

새로운 시대, 새로운 직업

지금도 사람들은 일자리를 놓고 인공지능과 경쟁한다. 그러나 인공지능으로 인해 잃을지 모를 일자리에 대해 막연히 걱정하기보다는 인공지능 시대의 직업 세계에서 어떻게 적응하며 살아갈지에 대해 연구할 필요가 있다.

4차 산업혁명 시대의 최고 직업으로는 지능형 컴퓨터 프로그램을 개발하는 '인공지능 전문가'를 꼽는다. 사용자가 말하는 음성을 인식하고 이해해 다른 언어로 자동 통번역을 해주는 소프트웨어, 자연어를 심층 이해하고 스스로 지식을 학습해 인간처럼 판단하고 예측하는 소프트웨어, 대규모의 이미지 데이터를 동시에 분석해 영상이 포함하고 있는 객체와 사물의 관계를 이해하고 인식하는 소프트웨어 등을 개발한다. 여기에서 더 나아가 지능형 소프트웨어를 기반으로 자기 학습이 가능한 로봇이나 심리학과 관련된 연구도 진행한다. 즉, 인간의 두뇌를 모방해 두뇌 작용을 연구하고, 철학적 문제에 대한 해결 방법을 도출하며, 인공 감성을 연구하기도 한다.

　　현재 미국이나 영국 등 대부분의 선진국에서는 많은 인공지능 전문가들이 다양한 방법으로 활동하고 있다. 이들이 주로 활동하는 분야는 소프트웨어 개발이나 시스템 설계, 프로그램 개발과 같은 IT 부문이다. 응용소프트웨어 프로그램 개발자나 소프트웨어 엔지니어, 시스템 개발자, 웹 디자이너, 컴퓨터게임 디자이너 등이 대표적이다.

　　국내의 경우는 공식적인 통계 자료가 많지 않아 인공지능 전문가에 대한 실태를 정확히 알기 어렵다. 인공지능이 주로 로봇이나 게임, 물체 인식, 전문가 시스템 등을 구현하기 위한 세부 기술, 즉 각 부문의 작업의 하위 개념으로 인식되어지고 있기 때문이다. 그럼에도 전문가들은 인공지능 관련 직업 전망을 매우 유망하게 평가하고 있다. 고령화 사회 및 융합기술 시대가 본격적으로 열리는 21세기 중후반에는 뇌 중심의 융합기술 개발이 더욱 중요해지므로 인공지능 전문가가 중추적인 역할을 하게 될 것이기 때문이다. 게다가 인공지능 기술이 빅데이터의 분석에 활용될 경우에는 중요성이 배가될 것이다. 다음은 미래에 각광받을 인공지능 관련 유망 직종이다.

비전 인식 전문가 자율주행자동차나 로봇 등이 도심이나 가정에서 수신호나 차선 등의 각종 영상 데이터를 인식하고 의미를 해석하기 위한 알고리즘을 개발한다. 4차 산업혁명 시대에는 자율주행자동차나 로봇의 활용이 대중화될 것이므로 영상 데이터의 중요성도 커질 것이다. 이에 따라 비전 인식 전문가 역시 꼭 필요한 직군으로 각광받을 것이다.

예측 수리 엔지니어 인공지능 기술을 활용해 이상 징후가 감지된 설비를 고장 전에 유지 보수해 설비 가동률을 개선한다. 인공지능은 4차 산업혁명을 주도할 여러 분야에 두루 활용되는 기술이므로 분야를 가리지 않고 각광받을 것이다. 현재 각 분야의 엔지니어 중 인공지능 기술을 익힌 사람들의 직무 전환이나 이동이 많을 것이다.

오감 제어 전문가 오감을 활용해 가상현실 프로그램을 만들고, 가상공간 내 사물을 이질감 없이 조작할 수 있는 기술을 개발한다. 가상현실이 3D를 넘어 사용자를 위한 맞춤형 수준으로 발전하려면 인공지능의 역할이 꼭 필요하다.

자료 출처 : 조원영 〈지능정보 사회, 새로 등장할 유망 직업은?〉, 미래창조과학부(2016)

 꼼꼼 과학 강의실

인공지능도 유아기가 있었다!

살아있는 모든 생물에는 탄생이 있고, 생명이 없는 사물에도 처음이 있다. 인공지능은 어떻게 만들어져 어떤 과정을 거쳐 지금에 이르렀을까? 치열했던 인공지능 개발의 역사를 살펴보자.

프로그래밍 언어에서 싹트다 인공지능이라는 말은 1956년에 미국의 컴퓨터 과학자인 존 맥카시에 의해 탄생했다. 존 맥카시는 인공지능 소프트웨어를 만들기 위한 프로그래밍 언어 LISP(Locator/Identifier Separation Protocol)를 만들어 인공지능의 기반을 만들었다. 이후 인간의 문제 해결 방식을 모방하는 범용 프로그램 GPS(General Problem Solver)가 만들어졌으며, 1970년대부터는 인공지능을 지식 기반 시스템으로 받아들이기 시작했다.

사람들의 언어를 이해하다 1980년대까지만 해도 인공지능은 완전하지 못했다. 가장 큰 요인은 인간의 언어를 제대로 다루지 못했기 때문이다. 하지만 이런 단점은 '단어 계산'이라는 기술이 적용되면서 해소되었다. 인간이 사용하는 단어처럼 모호하고 부정확한 데이터를 다루는 기술이 개발되면서 인공지능은 인간과 더욱 가까워졌다. 1980년대 말, 일본에서 식기세척기나 세탁기, 에어컨, 텔레비전, 복사기, 자동차 등에 인공지능을 사용하면서 일상 속으로 들어오게 되었다.

사물과 연결되고 감정도 교류하다 2000년대 전후 인터넷 시대와 현재 모바일 시대를 거치면서 인공지능은 컴퓨터(인터넷)-정보(웹·하이퍼텍스트)-사용자(소셜 네트워크)를 연결하는 시대로 발전 중이다. 그중 빅데이터를 중심으로 한 고성능 컴퓨팅과 인공지능이 연결된 지능형 지식 플랫폼은 실시간 분석과 예측 시스템으로 각광받고 있다. 이와 함께 사용자의 의도를 파악하고 감성 교류를 추구하는 심층 질의응답 기반의 지능형 지식 생산·제공 플랫폼으로의 전환도 예고하고 있다. IBM은 자연어 이해, 정보 추출, 기계 학습 기술을 기반으로 Deep QA 기술을 개발해 다양한 분야에 상용화를 추진 중이다. 구글은 자체 개발한 구글 플랫폼에 모든 인터넷 정보를 저장하고 분석하여 사람들의 모든 질문에 정확한 답을 제공하는 지식 그래프를 추구하고 있다.

끊임없이 변모하는 인공지능은 향후 사물 인터넷(IoT) 시대가 열리면서 이종 지식 베이스 및 스마트 기기 간의 자율 협업을 기반으로 새로운 문제를 스스로 해결하는 방향으로 진화할 것이다. 앞으로 인공지능 기술의 발전이 과거와 동일한 속도로 발전한다고 가정할 때, 결국에는 인간과 거의 흡사한 기계가 탄생할 수도 있다.
자료 출처 : https://www-rohan.sdsu.edu/faculty/vinge/misc/singularity.html)

인공지능, 얼마만큼 똑똑해졌나?

'튜링 테스트'라는 것이 있다. 영국의 수학자 앨런 튜링이 인공지능 판별법으로 개발한 테스트로 정교하지 못하다는 일부 비판도 있지만, 테스트를 통과하면 인간에 준하는 사고력을 갖춘 컴퓨터 프로그램으로 인정된다. 2014년 러시아와 우크라이나 연구진은 유진 구스트만(Eugene Goostman)이라는 컴퓨터 프로그램으로 이 테스트를 통과했다. 매년 대학입시를 치르는 로봇도 있다. 일본의 국립정보학연구소에서 개발한 로봇 '도로보쿤'은 2013년부터 매년 대학입시 모의시험을 치르고 있다. 도로보쿤은 2015년, 950점 만점에 511점을 받아 전국 평균 416점을 웃도는 성적을 냈다. 이는 일본의 33개 국·공립대와 441개 사립대에 입학할 수 있는 수준으로 연구소는 2021년까지 도로보쿤의 도쿄대 합격을 목표로 하고 있다. 일본의 소프트뱅크는 2015년 감성 인식 로봇 '페퍼'를 개발해 6개월 만에 7,000대를 판매하기도 했다. 노인이나 환자들의 이동, 용변 · 목욕 지원, 배회 행동 등을 사전에 감지할 수 있는 치매환자 지킴이로 활용할 계획이다.
중국 업체 바이두(Baidu)는 2015년 2월 이미지 인식 기술인 '딥 이미지(Deep Image)'를 발표했다. 딥 이미지는 이미지 감별의 오류율이 5.98%로 당시 세계 최고를 기록했다. 이는 사람의 오류율 5.1%에 매우 근접한 결과다.

 꼼꼼 과학 강의실

우리나라의 인공지능 기술 수준은?

우리나라의 일찌감치 인공지능연구소를 만들어 전폭적인 지원을 하는 선진국과
달리 일부 대학 연구소에서 프로젝트 단위로 인공지능 연구 사업을 수행하는 것이
전부다. 정보통신기술진흥센터(IITP)에서 펴낸 2015년 정보통신기술(ICT) 수준 조사
보고서에 따르면 우리나라는 미국보다 인공지능 기술이 2년 정도 뒤처져 있으며,
미국의 기술력을 100으로 놓고 보았을 때 한국의 기술력은 74.1 정도다. 유럽은 85.1,
일본은 82.2여서 우리보다 다소 앞서 있고, 중국은 70.7로 우리보다 '약간' 뒤처져 있다.
그러나 분류를 좀 더 좁히면 차이는 훨씬 크다. 인공지능 기술 수준으로만 보면 한국은
미국이나 유럽, 일본 등에 비해 '현저히' 뒤처져 있다.
우리나라에서는 2016년 7월 지능정보기술연구원을 설립하였으나 안타깝게도 정치적
논란에 휘말려 본격적으로 추진하지 못하고 있다. 그러나 머지않아 인공지능 전문가
육성을 위한 지원은 체계적으로 이뤄질 것이다. 과학기술정보통신부는 대학 · 연구소
· 기업이 참여하는 개방형 인공지능 기술 연구를 지원해 2015년부터 전문 연구 인력을
양성할 계획을 수립했고, 인공지능 연구개발 프로젝트인 엑소브레인(Exo-Brain)에
연구비를 지원하는 등 단계적으로 지원을 확대하고 있다.
자료 출처 : 한국전자통신연구원(ETRI) 미래사회연구실 〈ECOsight 3.0: 미래사회 전망〉(2015)

인공지능은 정말 인간의 모든 일자리를 빼앗을까?

인공지능은 일자리 지형에 많은 변화를 일으킬 것이다. 실제 자동화 기술은 인간의
수많은 일자리를 대체했다. 특히 공장 자동화 기술은 주로 반복적인 육체노동이나
정신노동 분야의 일자리를 대체해 왔다. 그런데 여기 한 가지 주목할 것이 있다.
청소원이나 헬스 트레이너와 같은 육체노동, 의사나 엔지니어와 같은 정신노동
분야의 일자리는 자동화 기술로 대체되지 않았다는 점이다. 오히려 지난 2013년까지
지속적으로 증가했다. 왜 그럴까? 두 분야의 공통점은 이들의 노동이 반복적이지
않다는 것이다. 매순간 많은 데이터와 변화하는 상황을 인지하면서 맥락에 맞는
적절한 선택을 내려야 한다. 결국 이런 직업은 지금의 기술로는 아직 대체를 할 수 없는
것이다. 물론 인공지능 기술이 계속 발전한다면 이야기는 달라질 것이다. 반복적이지
않은, 인간만이 가능했던 일도 결국은 기계로 대체될 수 있을 것이다.

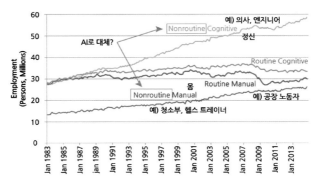

자료 출처 : Santens, 2016

AI는 언제쯤 인간의 지능을 앞설까?

대규모 뇌과학 프로젝트를 가동하고 있는 미국과 유럽, 일본, 중국 등의 성장세를 살펴볼 때 머지않아 인간을 닮은 약한 인공지능 정도는 탄생할 것이다. 인공지능 전문가와 비전문가가 참여한 한 설문조사에서 응답자의 50%가 향후 30년 내 인공지능이 인간의 지능을 넘어설 것으로 예측했다.

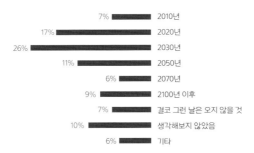

주 : 총 인원 833명

자료 출처 : Klein's survey in Baum et al., 2011 http://aiimpacts.org/klein-agi-survey/

지식으로는
인공지능을
이길 수 없다

———

인공지능 전문가
장 병 탁

Q 인공지능은 어떻게 시작되고, 개발되어 왔나요?

인공지능(AI)이라는 말은 컴퓨터가 생긴 1956년에 처음 생겼습니다. 60년 정도 된 아주
오래된 분야죠. 처음 30년은 기계를 똑똑하게 만들기 위해 지식을 넣어 프로그래밍을
했습니다. 그런데 그렇게 해서는 컴퓨터를 똑똑하게 만드는 데 한계가 있었습니다. 그
이후 30년은 머신러닝, 즉 딥 러닝이라고 해서 기계가 스스로 학습하게 만드는 구조로
발전시켜가고 있습니다.

Q 인공지능이 주목받고 있는 4차 산업혁명에 대해서는 어떻게 생각하시나요?

4차 산업혁명은 가상 세계(디지털 세계)와 물리 세계(현실 세계)가 만나는 것이라고
생각합니다. 1950년대 컴퓨터가 생기고, 이후 인터넷이 생기면서 가상 세계에서는 많은
서비스가 생겨났습니다. 지금 스마트폰으로 할 수 있는 모든 것들이 그런 서비스죠.
4차 산업혁명은 이런 서비스가 다시 물리적인 세계를 만나는 기술인 것 같아요. 예를
들어 물리적인 세상(현실)에서 자동차가 도로를 달리다 인터넷을 만나 자동차 내에서
다양한 서비스를 받게 되죠. 이런 서비스가 모여 현실에서 자율주행자동차라는

바퀴달린 로봇을 만들어낸 거예요. 이 과정에 엄청난 데이터가 생겨나는데, 이런 데이터를 총괄하고, 의사결정을 하는 브레인 역할이 인공지능인 거죠. 인공지능은 4차 산업혁명에서 일어나는 모든 기술의 핵심입니다.

Q 인공지능이 사람처럼 똑똑해질 수 있을까요?

앨런 튜링은 사람의 IQ처럼 컴퓨터가 얼마나 똑똑한지를 정하고 싶어 했어요. 그래서 사람과 인공지능을 비교하는 '튜링 테스트'를 제안했죠. 관찰자가 이 둘을 볼 수 없도록 하고, 사람과 인공지능을 구분할 수 없을 때 비로소 컴퓨터가 인간의 지능을 가졌다고 판단하는 테스트예요. 알파고와 이세돌의 대결, IBM 왓슨과 사람의 퀴즈 대결이 일종의 튜링 테스트라고 할 수 있습니다. 인공지능은 최근 들어 급격히 발전하고 있습니다. 이유는 인공지능 컴퓨터가 스스로 공부하고, 아주 많은 데이터가 생겨나고, 컴퓨터의 메모리 용량이 늘어났기 때문이죠. 문제는 사람은 오감을 통해 주변을 파악하지만, 기계는 아직 그런 센서가 없다는 거예요. 사람들은 억양, 얼굴 표정까지 보면서 판단하잖아요. 기계(인공지능)는 그게 아직 힘들어요. 그리고 기계는 사람처럼 호기심이 없어요.

Q 공학자로서 가장 보람을 느낄 때는 언제인가요?

일본 나고야에서 개최된 '2017 국제 로보컵 대회(RoboCup)'에 대학원생들과 팀을 이뤄 인공지능 로봇 오페어(AUPAIR)로 참가한 적이 있습니다. 오페어는 일상 환경에서 서비스 임무를 수행하는 소셜 홈로봇 부문에서 총 8개의 시나리오 과제에서 모두 1등을 하며 팀이 우승을 차지했습니다. 특히 오페어는 투어 가이드 시나리오에서 박람회장이라는 오픈 환경에서 일반 청중을 상대로 대화를 나누며 흥미로운 설명을 해 박수를 받았습니다. 이를 본 한 국제 심판관이 "로봇이 이번 대회에 최초 도입된 여러 고난도 임무를 수행할 수 있을지 의심스러웠는데, 서울대 팀이 인공지능 홈로봇 리그 로보컵 대회의 새로운 국제 표준을 설정했다"고 극찬했었습니다. 이런 때 정말 보람을 느낍니다.

Q 우리나라 인공지능 수준은 어느 정도인가요?

분야에 따라 다릅니다. 가장 큰 문제는 기초가 튼튼하지 못하다는 거예요. 원래는 인공지능을 만드는 여러 가지 방법이 있는데, 지금은 모두 머신러닝으로 만들고

있어요. 인공지능과 머신러닝 간 상관성이 현재 90% 정도죠. 수학을 잘하면
머신러닝도 잘할 수 있는데, 우리나라는 수학이 약합니다.

Q 이 직업만의 매력은 무엇인가요?

인공지능은 사람을 닮은 기계를 만드는 일입니다. 사람을 알아야 하기 때문에 뇌
과학적인 인지 부분은 물론 심리학 등 포괄적으로 공부를 해야 합니다. 그러면서
수학도 잘해야 하죠. 기계에 알고리즘을 넣는 작업은 수학이 기본이거든요.
다방면으로 많은 것을 공부하고, 연구해야 하는 것이 이 일이죠. 인공지능은 계산이나
게임처럼 스페셜한 영역에서는 뛰어나게 잘해요. 하지만 게임도 잘하고, 금융도 잘
알고, 일기예보도 할 수 있고, 사회 전반적인 지식을 가지고 있는 제너럴리스트는
힘들어요. 알파고를 만든 팀도 고민하고 있는 부분이고, 사람과 인공지능의 가장 큰
차이이기도 해요. 아직 모르는 부분이 많기 때문에 어렵긴 하지만, 그만큼 성취감을 느낄
수 있는 흥미로운 일이기도 합니다.

Q 어려운 점은 무엇인가요?

장점이자 단점인데, 방대한 양의 공부를 해야 한다는 것입니다. 그리고 아직 테스트를
할 수 있는 마땅한 하드웨어(로봇)가 많지 않다는 거예요. 소프트웨어 발전 속도에
비하면 하드웨어인 로봇 쪽 발전은 더딘 편이에요. '2017 국제 로보컵 대회'에서의
일화예요. 일본 소프트뱅크 로봇 페퍼에 인공지능 소프트웨어를 넣어 참가하는
대회였는데, 시험할 수 있는 마땅한 로봇이 없어서 페퍼를 받기만 기다렸죠. 대회
시작 3개월 전 겨우 페퍼를 받아 짧은 시간 동안 날마다 밤을 새우며 프로그램을
반복해서 준비했어요. 연구란 불확실한 것을 확실하게 만드는 작업입니다. 그 과정이
큰 즐거움이지만, 실패를 하는 경우가 많아 인내가 필요합니다.

Q 인공지능 업계는 앞으로 어떻게 달라질까요?

사실 예측하기가 힘듭니다. 지난 10년 동안을 살펴보면 모든 분야는 보통 예측한
것보다 늦었어요. 인공지능도 그랬어요. 그런데 어떤 부분은 상상했던 것 이상으로
발전하고 있어요. 예를 들어 50~60년 전에는 인공지능이 20년 후 체스로 사람을 이길
거라고 했습니다. 실제로는 그보다 훨씬 더 많이 늦어졌습니다. 그리고 많은 전문가가
아직은 인공지능이 바둑으로 사람을 이길 수 없을 거라고 했습니다. 그런데 어떤가요?

알파고가 이세돌과 커제를 이겼습니다. 이처럼 인공지능은 예측하기 어려울 정도로 놀랍게 발전하고 있습니다. 요즘 인공지능을 연구하는 학자들 사이에서 이슈가 되고 있는 것은 기계가 과연 사람처럼 생각할 수 있을까? 자율성을 가질 수 있을까?라는 점입니다. 사람의 감성을 흉내 내고, 데이터에 의해 감성이 있는 것처럼 보이지만, 아직은 아닙니다. 의학이나 과학이 발달한 지금도 인간이 인간에 대해 알고 있는 것은 극히 제한적입니다. 따라서 인간이 지닌 자의식, 섬세한 감정, 호기심 등 수많은 요소를 당장은 인공지능이 흉내 내는 것조차 불가능해보이지만, 앞으로는 어떻게 바뀔지…, 기대가 됩니다.

Q 우리나라가 머신러닝과 AI로봇으로 세계 시장을 제패할 수 있을까요?

물론 가능하다고 봅니다. 우리나라는 제조업이 강한 나라입니다. 디바이스와 인공지능을 잘 접목하면 큰일을 이룰 겁니다. 인공지능으로 세상을 깜짝 놀라게 하려면 혼자 힘으로는 불가능합니다. 기술, 돈, 마케팅 등 여러 사람이 협력해야 합니다.

Q 해당 분야로 진출하고 싶은 청소년이 준비해야 할 것이 있다면 알려주세요.

현실적이지 않은 조언이지만, 놀면서 공부해야 합니다. 놀이 안에는 상황 파악, 룰, 문제 해결, 의사 결정 등 많은 공부가 들어 있습니다. 여행도 마찬가지예요. 스스로 찾아보고, 결정하고, 준비하면서 문제를 해결하고 공부하는 게 진짜 경험이고 지식입니다. 지금 저도 수업 방식을 많이 바꿨습니다. 학생들에게 공식의 의미, 배워야 하는 목적을 알려주고, 공식 같은 지식 부분은 위키피디아에서 찾아보라고 하죠. 문제점을 먼저 발견하고 찾는 게 어렵지 해결하는 것은 인터넷 위키피디아에 답이 다 있습니다. 과거와 달리 이제 지식으로 인공지능을 이길 수가 없습니다. 청소년들은 인공지능을 이용해서 문제를 발견하고 인공지능을 활용해 새롭고 부가가치가 높은 일을 하는 방법을 고민해야 합니다.

PROFILE

장병탁 서울대 컴퓨터공학부와 인지과학/뇌과학 협동 과정 겸임교수다. 서울대학교 인지과학연구소 소장, (사)한국인지과학산업협회 회장. 스스로 학습하고 추론하는 인공지능(Artificial Intelligence), 기계가 인간처럼 학습하는 머신러닝(Machine Learning), 뇌정보처리 구조와 기능을 닮은 인지 로봇을 개발하는 뇌인지과학(Cognitive Science) 분야를 연구하고 있다.

3

자율주행자동차 혁명

미래에는 인간이 운전을 못 해? 안 해?

글 / 김중진

대학과 대학원에서 산업공학과 교육학(진로지도)을 전공하였고 오랫동안 신생 및 이색직업, 유망직업 등 국내외
직업을 연구해 왔습니다. 직업연구자로서 요즘 저의 관심 영역은 새롭게 대두되는 직업세계의 변화를 고려하여
새로운 일자리, 직업을 만들어 보자는 창직과 신직업 등에 관한 것입니다. 청소년기에 적극적인 진로활동을 통해
자기의 미래를 스스로 개척해 갈 수 있도록 직업정보를 개발하여 지원하고 있습니다.

운전을 하지 않아도 되는 자율주행자동차가 보편화되는 세상에서는 어떤 일이
벌어질까? 목적지를 입력하고 차가 알아서 이동하면 그 사이 사람은 게임을 해도 되고,
드라마를 봐도 되고, 잠을 자도 된다. 미래에는 아예 인간이 운전을 못하게 법으로
막아버릴 수도 있다. 자동으로 움직이는 자동차 사이에 사람이 끼어들면 오히려
사고가 날 수도 있기 때문이다. 이제 곧 현실화될 SF영화 속 도시 주인공은 바로
자율주행자동차다.

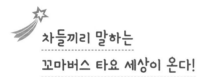

차들끼리 말하는
꼬마버스 타요 세상이 온다!

알아서 목적지까지! 똑똑한 자동차 등장

　　가까운 미래, 운전은 승마 같은 취미생활이 될지도 모른다. 스스로 움직이는 자율주행자동차 사이에서 인간의 판단력에 의한 운전은 오히려 방해가 될 수 있기 때문이다.

　　세계는 지금 누가 먼저 자율주행자동차 기술을 완성하는지를 치열한 경쟁을 벌이고 있다. 현대, BMW, 벤츠 같은 자동차 업체는 물론 구글이나 애플 같은 IT 기업들도 자율주행자동차를 만드는 데

뛰어들었다(애플은 자율주행자동차를 만들다 포기하고 자율주행 시스템을 개발 중이다). 기존의 자동차 업체와 IT 업체가 자율주행자동차를 바라보는 시각에는 약간 차이가 있다. IT 업체는 운전자가 필요 없는 100% 자율주행을, 자동차 회사는 운전을 즐거움을 빼앗지 않는 선에서, 부분 자율주행의 진화를 주장한다. 어느 쪽이든 영화에서나 봤던 스스로 움직이는 똑똑한 자동차가 미래에는 상용화될 것이라는 데는 이견이 없다.

자율주행자동차가 무대 위 주인공

자동차. 자동으로 움직이는 차를 말한다. 그런데 여기에 '자율주행'이라고 하는 단서가 붙었다(무인자동차, 스마트 카, 인공지능자동차라고 부르기도 한다). 기존의 자동차가 엔진과 변속기로 굴러가는 것이었다면, 미래의 자동차는 말 그대로 운전자 없이 스스로 판단하면서 도로를 주행한다. 알아서 출발하고, 알아서 속도를 늦추고, 알아서 멈추고, 알아서 피한다. 물론 말이 아니라 데이터를 통해서다. 이처럼 운전자 없이도 독립적으로(자율) 움직인다(주행)고 해서 자율주행자동차라는 긴 이름이 붙었다.

자율주행자동차라고 하면 아직 먼 일이라고 생각하는 사람들이 있다. 하지만 과학 기술의 발달은 우리의 생각보다 훨씬 빠르다. 전문가들은 완전자율주행이 가능한 시기를 대략 2018~2019년 사이로 예상한다. 하지만 기존의 차가 교체되는 과도기와 인식의 문제 등 복합적인 이유로 자율주행자동차가 완전히 상용화되는 시기를 2030~2035년쯤으로 보는 것이 일반적이다. 이 시기에 도심에서 직접 운전을 하는 사람이 있다면 그건 마치 다들 자동차를 타는데 혼자만 가마를 타고 다니는 것처럼 아주 이상하게 보일지도 모른다.

교통사고 뉴스가 사라진다?

　　자율주행자동차의 긍정적 효과에는 여러 가지가 있겠지만, 가장 큰 목적은 '안전'이다. 경찰청 자료에 따르면 2016년 한 해 동안 발생한 우리나라 교통사고는 무려 220,917건, 사망자 수는 4,292명, 부상자 수는 331,720명이다. 졸음이나 운전 미숙, 실수 등의 이유로 해마다 수천 명의 사람들이 교통사고로 인해 목숨을 잃고 있는 것이다. 만약 이 사고의 대상자가 우리 주변의 사람이 된다면? 생각만으로도 끔찍한 일이다. 하지만 이런 끔찍한 일이 전 지구에서 일어나고 있다. 만약 자율주행자동차가 상용화가 되면 교통사고로 인한 피해는 대폭 줄어들 것이다. 자율주행자동차는 정교한 시스템에 의해 움직이기 때문에 사람이 운전하는 것보다 훨씬 안전하기 때문이다. 물론 시스템 오류나 기타 원인에 의해 사고가 날 수도 있지만, 지금보다 80~90% 이상 교통사고가 줄어들 것이라는 것이 전문가들의 판단이다.

신호등, 횡단보도가 없는 도시

　　얼마 전 미국 위스콘신의 IT 회사인 스리스퀘어마켓이 직원들 손가락 사이에 쌀알만한 크기의 마이크로 칩을 심을 준비를 하고 있다는 기사가 등장했다. 몸속에 심어진 마이크로 칩은 신분을 확인하고, 컴퓨터에 자동으로 로그인을 하고, 간식을 구입하는 데 사용된다고 한다. 교통카드를 떠올려보자. 버스를 타면서 카드를 가져다 대면 '삑!'하고 저절로 결제가 된다. 기술이 발달하면서 지갑을 꺼내고, 돈을 건네고, 거스름돈을 받고, 받은 돈이 맞는지 확인하는 귀찮은 단계는 점점 줄어든다. 고속도로의 하이패스처럼 말이다. 앞으로 자율주행자동차의 등장으로 도시는 훨씬 더 쾌적해지고 깔끔해질 것이다. 도로 표지판, 신호등도 없어질 것이다. 센서로 인식할 수 있는 몇 가지 장치만 있으면 되기 때문이다. 또 자율주행자동차는 도로 안내와 규제를 정확하게 지키기 때문에 도로도 훨씬 더 효율적으로 이용할 수 있다.

더, 더, 더 편리한 생활

자율주행자동차가 상용화되면 가장 커다란 변화는 사실 사람들의 생활이 지금보다 훨씬 더 편해진다는 것이다. 이동하는 동안 일을 하고, 영화를 보거나 잠을 자고, 취미생활도 할 수 있다. 자기계발에 시간을 투자할 수도 있다. 운전면허를 따기 위해 고생할 필요도 없고, 장시간 운전하느라 스트레스를 받을 필요도 없다. 부르면 달려오고, 누르면 알아서 주차한다. 주차장을 찾느라 헤맬 필요도, 주차하면서 차가 훼손될지 걱정할 필요도 없다. 설정만 하면 자동차가 알아서 충전도 하고, 세차도 하고, 수리도 받으러 간다. 애써 자동차를 관리할 필요가 없다. 만일 고장으로 교통사고가 나서 의식을 잃으면? 물론 걱정하지 않아도 된다. 자동차가 알아서 119에 신고해서 상황을 정리하기 때문이다. 그렇다면 굳이 내 차가 필요할까?

내 차가 필요 없는 시대

세상에는 1억 원을 훌쩍 넘기는 차들이 부지기수다. 그동안 차는 부와 권위의 상징처럼 여겨졌다. 차를 오락, 일종의 게임처럼 여기는 사람도 많다. 거리를 질주하며 즐거움을 느끼는 것이다. 그런데 만약 운전을 하지 않아도 된다면? 처음에는 호기심 때문에 차를 살지도 모르지만, 점차 차를 일종의 소모품처럼 여기게 될 가능성이 크다. 자신의 차를 타든 대중교통을 타든 크게 다를 바가 없기 때문이다. 그래서 앞으로는 차를 개인 소유물이 아닌, 이동수단으로 여기게 될 가능성이 크고, 차를 소유하려는 경향도 줄어들 것이라고 전문가들은 예상한다. 대신 대중교통의 개인화, 혹은 한 대의 자동차를 여러 명이 나누어 사용하는 '공유' 서비스가 대세를 이룰 것이라고 보고 있다.

지금도 자동차 중 80%는 주차장에서 잠을 잔다. 만약 이처럼 자동차를 나누어 쓰는 것이 일상화된다면 지금 있는 차의 절반만 있어도 충분히 운송할 수 있다. 전문가들은 자율주행자동차 1대가 개인 소유 자동차 13대를 대체할 수 있을 걸로 내다본다. 만약 차량 공유 서비스가 대대적으로 확산되면 자동차 산업은 제조업에서 이동 플랫폼 서비스 중심으로 바뀌게 될 것이다. 결국 차를 만드는 제조업보다는 자동차를 빌려주는 렌트 산업이 더 커지게 되고, 나아가 자동차 산업의 지형까지 완전히 바꾸게 될 것이다.

자동차 제조 회사와 ICT 회사의 치열한 경쟁

　　그럼, 자동차 제조업은 모두 쫄딱 망하게 되는 걸까? 그렇지는 않다. 새로운 이동수단으로 인해 자동차 전장 부품, 즉 반도체 산업은 더욱 발전할 것이다. 자율주행자동차가 늘어나면 차에 들어가는 다양한 전자 장비도 크게 늘어날 것이다. 반도체는 물론 디스플레이 업계에 포함된 소재 부품 업체에게는 오히려 큰 기회가 된다. 그래서 자율주행자동차는 구글이나 애플, 페이스북 같은 ICT 회사에서 더 열을 올려 기술을 개발하고 있다. 지금 자율주행자동차는 기존의 자동차 회사가 아니라 ICT 회사인 구글이 가장 앞서나가고 있다. 물론 기존의 자동차 회사도 뒤질세라 자율주행자동차 기술 개발에 뛰어든 상태다. 어떤 회사가 완전한 자율주행자동차를 만들어 새로운 자동차 시장을 지배하게 될지, 기업의 경쟁을 지켜보는 것도 꽤 재미있는 일이 될 것이다.

새롭게 산업 지도가 그려진다

이 외에도 자율주행자동차가 상용화되면 많은 것이 바뀌게 될 것이다. 지금은 안전 문제 때문에 물류 이동이 제한적이지만, 자율주행 기술이 완성되면 24시간 배송이 가능해진다. 처리할 수 있는 물류량이 지금보다 2배 이상 늘어날 것이다. 보험업계도 달라진다. 이전에는 교통사고가 나면 운전자가 책임을 졌지만, 이제는 사고의 책임을 자동차를 만든 제조사에서 져야 하는 쪽으로 논의가 되고 있다. 당연히 보험을 드는 주체가 바뀔 것이다.

옛날 옛적, 걸어서 다니던 사람이 바퀴를 발명하고 난 뒤 많은 것이 바뀐 것처럼 자율주행자동차의 등장으로 사회는 또 한 번 커다란 변화를 맞게 될 것이다. 물론 이런 변화가 모두 긍정적인 방향으로만 흘러가는 것은 아니다. 사람들의 가장 큰 걱정, 일자리 문제가 남아 있다.

아직 시작하지 않은 이야기, 곧 시작될 이야기

운전기사도, 교통경찰도 없어진다

부르면 달려오고, 알아서 속도 내고, 알아서 피하고, 알아서 주차하고…. 자율주행자동차도 결국은 인공지능, 바퀴 달린 로봇이다. 인공지능, 로봇하면 사람들이 가장 걱정하는 것은 바로 일자리다. 인간의 일자리를 로봇이 대신하는 것이다.

자율주행자동차가 보편화되면 택시나 버스, 트럭 운전사라는 직업은 사라질 것이다. 특히 목적지가 분명하게 정해져 있는 버스나 트럭 운전사가 제일 빨리 사라질 예정이다. 세계적으로 급성장한 미국의 차량 공유 서비스 업체 우버(Uber)는 휴대폰 애플리케이션을 이용해서 택시와 승객을 이어주는 기술을 개발해 대박을 쳤다. 우버는 현재 포드 사와 함께 자율주행 택시를 개발하고 있다. 이미 첫 운행을 시작했고, 2020년에는 이 택시를 상용화하겠다는 야심찬 목표를 내놓은 상태다. 우버의 경쟁사인 '리프트'도 제너럴모터스와 함께 1년 안에 자율주행 택시를 선보이겠다며 우버에 도전장을 내밀었다. 기업들이 이처럼 속속 기술을 개발하다 보니 화물 운반 기사, 택시 기사, 버스 기사, 대리운전 기사라는 직업은 사라지거나 대체될 가능성이 크다.

이뿐만이 아니다. 운전면허를 딸 필요가 없으니 운전면허 학원도 필요가 없다. 주차장 관리업자도 사라질 것이다. 알아서 자동으로 움직이니 교통경찰이라는 존재도 거리에서 사라지게 될 것이다. 자율주행자동차 하나로 많은 직업이 사라지게 되는 것이다. 생활은 편리해질지 모르겠지만, 무작정 자율주행자동차의 등장을 반길 수만은 없는 것도 이 때문이다.

기대 반 걱정 반, 자율주행자동차의 시대

자율주행자동차의 등장에 소비자들의 반응은 어떨까? 새로운 시대가 온 것에 대해 기뻐할까? 아니면 일자리가 빼앗기는 것을 걱

정하며 우려를 나타낼까? 30여 년 전부터 거론되어온 무인 비행이 여전히 실행되지 않는 점을 감안하면 사실 우리가 생각하는 것보다 자율주행자동차가 실제 거리를 달리기 위해서는 좀 더 시간이 오래 걸릴지도 모른다. 이유는 다음과 같다.

첫째, 자율주행자동차가 보급이 되려면 차의 가격이 싸져야 한다. 자율주행자동차는 고성능 부품의 집합체다. 지나치게 가격이 높다면 사겠다고 나서는 구매자가 없을 것이다. 둘째, 차만 있다고 해서 모든 게 해결되는 것이 아니다. 자율주행자동차가 다니려면 그에 맞춰 도로도 정비해야 하고, 교통 체계도 바뀌어야 한다. 만약 재건설 비용이 너무 비싸면 배보다 배꼽이 커질 수 있으므로, 신도시에만 자율주행 도로를 적용할 수도 있다. 셋째, 안전성 문제다. 안전하다는 것이 증명되지 않는다면 아무도 자율주행자동차를 타지 않을 것이다. 사고가 났을 때 책임 소재와 관련한 법이나 보험 문제 등도 합의를 통해 마련이 되어야 한다. 풀어야 할 문제가 산적해 있는 것이다.

자율주행자동차만 개발된다고 해서 세상이 갑자기 영화에 나오는 도시처럼 짠! 하고 바뀌지는 않는다. 하지만 한 가지 공통점이 있다. 아무도 이런 시대가 올 것이라는 것에 대해 부정하지 않는다는 것이다.

인류는 오랜 역사를 통해 끊임없이 과학기술을 발전시켜왔고, 자율주행자동차 역시 연장선상에 있다. 거스를 수 없는 물결처럼 자율주행자동차는 머지않아 상용화될 것이다. 우리도 자율주행자동차 시대를 대비해 준비해야 한다. 많은 사람이 우려하는 것처럼 일자리 문제가 생길 수도 있겠지만, 또 다른 직업이 생겨나고 대체될 것이다. 게임에서 어려운 스테이지를 뚫고 나면 그다음 스테이지가 기다리는 것처럼 말이다. 미래의 세상은 준비하는 이들에게 문을 연다는 사실, 잊어서는 안 될 중요한 포인트다.

새로운 시대, 새로운 직업

수레가 다닐 때는 말을 모는 마부가 있었다. 지금은 관광지에서나 볼 수 있는 직업이다. 그 후 시간이 흘러 버스가 등장한 뒤에는 버스안내양이란 직업이 생겼다. 지금은 드라마나 책에서밖에 볼 수 없다. 시대가 바뀌면서 직업은 사라지기도, 생겨나기도 한다. 여기서 중요한 것은 직업을 예측할 수 있는 안목이 있어야 한다는 것이다. 물론 새로 생긴 직업이라고 해서 100% 새로운 사람으로 교체되는 것은 아니다. 기존에 일을 하던 사람들이 차세대에 필요한 새로운 지식과 기술을 습득해서 그 자리를 차지할 가능성이 크다. 예를 들어 예전에는 건축가들이 전부 손으로 설계도를 그렸지만, 지금은 CAD를 배워서 컴퓨터로 설계를 한다. 그것과 마찬가지다. 기존의 자동차 정비원이 인공지능, 정보통신, 전자 등을 배워 자율주행자동차를 정비하게 될 확률이 크다.

자율주행자동차 시대에는 시스템 소프트웨어 개발자, 응용 소프트웨어 개발자, 전기공학 기술자, 전자공학 기술자, 통신공학 기술자, GPS 기술자, 인공지능 전문가, 도로계획 및 교통설계 기술자, 지리정보 전문가, 해킹 문제를 해결하는 컴퓨터 보안 전문가나 각종 데이터를 분석하는 빅데이터 전문가, 자율주행이 가능한 시스템이나 부품을 연구, 개발, 설계하는 자율주행자동차 시스템 엔지니어, 인공지능(기계학습) 전문가, 3차원 맵 전문가 등 필요한 직업이 정말 많다. 자율주행자동차는 첨단 기술이 총망라된 산물이기 때문이다. 물론 이 외에도 자율주행자동차와 관련한 새로운 직업이 생겨날 것이다.

자율주행 장치 개발 엔지니어 & 설계사 & 디자이너 어떤 제품이든 마찬가지지만, 물건을 만들려면 설계하고, 개발하고, 디자인하는 사람이 있어야 한다. 자율주행자동차 역시 마찬가지다. 설계사와 디자이너가 자율주행자동차를 멋지게 계획하고 포장하면, 자율주행 장치를 개발하는 엔지니어(Autopilot Engineer)가 자동차가 자율적으로 움직일 수 있는 시스템과 장치를 개발한다.

자동차 레이싱 센터 강사 자율주행자동차 시대에는 운전이 스포츠나 오락 같은 취미생활이 될 것이다. 지금은 말을 이동수단으로 사용하지 않지만, 승마라는 스포츠가 있는 것과 같다. 만약 운전이 취미나 오락 활동이 된다면 그에 필요한 강사나 학원, 레이싱 센터 등의 수요가 있을 수 있다.

로봇 윤리학자 터널에서 아이를 발견했다. 로봇 자동차는 어떻게 대처해야 할까? 선택지는 두 가지다. 아이를 치고 그대로 달리거나 차를 터널 벽쪽으로 몰아 차 안에 타고 있는 사람이 다치거나, 둘 중 하나다. 어느 쪽이든 쉽지 않은 결정이다. 따라서 이런 로봇의 판단을 돕는 로봇 윤리학자의 역할이 커질 전망이다.

꼼꼼 과학 강의실

자율주행 기술은 어떻게 구현될까?

2016년, 인공지능 알파고와 바둑 천재 이세돌이 맞붙은 세기의 대결에서 전문가들은
2:3 정도로 이세돌의 우승을 점쳤다. 그러나 결과는 참담했다. 그나마 이세돌이
1판을 이겨 인간의 자존심은 세운 것에 만족해야 했다. 그로부터 1년 뒤인 2017년,
세계바둑우승자인 중국의 커제와 알파고가 대결을 벌였다. 결과는 커제의 5패였다.
이세돌의 대결로 이미 예견된 참패였지만, 그래도 쓸쓸함을 감출 수 없는 대목이다.
실제 커제는 경기가 끝난 후 울음을 터트렸다. 사실 알파고가 승리할 수 있었던 것은
입력된 수많은 데이터를 놀라운 속도로 분석할 수 있기 때문이다.
로봇은 인간이 아니다. 관절로 이루어진 인간이 너무나 쉽게 문을 여는 것과 달리
로봇이 자연스럽게 문을 열게 하는 기술은 아직도 어렵다. 다시 말해 생명이 없는
자동차가 스스로 움직이려면 혁명적이고도 복잡한 기술이 뒷받침되어야 한다. 여기서
혁명적이란 자동차가 사람처럼 인식하고 행동하는 것을 말한다. 자율주행자동차에는
팔다리가 없어 로봇보다는 움직임이 쉬울 수 있지만, 도로 주변의 수많은 상황을
인식하고 판단해야 하는, 고기능 장치로 이루어져 있다. 다음은 자율주행자동차에
이용되는 기술이다.

컴퓨터 자율주행자동차는 커다란 컴퓨터와 같다. 용량이 큰 '대장 컴퓨터'는 외부
센서로부터 정보를 수신하고 차량이 대처하기 위해 무엇을 해야 할지 결정한다. 용량이
낮은 '부하 컴퓨터'는 대장으로부터 지시를 받아 실제 차량 작동을 수행하는 역할을
한다.

라이다(LIDAR : Light Detection And Ranger) 레이저를 발사해 대상의 거리와
형상 등 물리적 성질을 측정한다.

레이더(RADAR : Radio Detecting And Ranging) 라이다와 마찬가지로 환경 인식을
위한 장치다. 전자기파를 발사해 물체를 감지하는 데 사용한다.

카메라 사람의 눈 역할을 한다. 차선 등 도로 표시, 교통 신호, 보행자, 동물의 형태 등
자동차 주변 물체를 식별한다.

전방카메라
전방영상기록장치
후방영상기록장치
운전자인터페이스
운행기록장치
별도기록장치
우측방레이더
우측방레이더
R-EPS
전측방레이더
전방레이더
ESC
전측방레이더
Caliper
Shock Absorber (프론트/리어)

자료 출처 : 현대자동차

GPS(Global Positioning System) 나는 누구? 여긴 어디? 맞다. GPS는 다들 알고
있고 사용하는 기능이다. 위치와 주행 경로를 판단할 수 있도록 도와준다.

엔코더(Encoder) 엔코더는 바퀴에 장착한다. 바퀴의 회전수를 통해 차량 속도를
확인하고, GPS 오차율을 감소시킨다.

고정밀지도 지금보다 훨씬 세밀한 내비게이션이 3차원으로 구현된다고 생각하면
쉽다. 기존 내비게이션은 오차가 있어도 사람이 개입하기 때문에 별 문제가 없지만,
자율주행자동차는 다르다. 고정밀지도의 위치 오차는 10~20cm에 불과해 차선까지
구분할 수 있다. 운행 중 감지한 도로, 터널 등의 파손 상태, 차선 도색 상태, 건물
노후화 측정 등의 정보도 수집해서 활용한다.

V2X(Vehicle to Everything) 자동차와 자동차, 자동차와 도로 간에 정보를 주고받아
주변 환경을 인식하는 시스템이다. 통신을 통해 레이더나 라이더 등의 센서가 가진
한계를 보완한다. 이 기술은 교차로나 기상 악화 등 시야가 확보되지 않았을 때
정확하게 환경을 인식할 수 있도록 도와준다.

자료 출처 : 〈월간로봇〉 2015년 3월호

꼼꼼 과학 강의실

정말 가능할까? 영화 속 자율주행자동차

자율주행자동차가 등장하는 영화는 아주 많다. 대표적인 것이 스필버그 감독이
만든 영화 〈마이너리티 리포트〉나 지능을 가진 로봇의 시대를 그린 영화 〈아이,
로봇〉이다. 영화에 등장하는 자율주행자동차는 탑승한 사람이 목적지를 말하면
스스로 움직이는데다 수평이나 수직 이동까지 가능해 마치 우주선을 보는 듯하다.
우리나라에서 큰 인기를 끌었던 송중기와 송혜교 주연의 〈태양의 후예〉에서도
자율주행자동차 키스신으로 화제가 됐었다. 물론 현대의 제네시스 DH에 탑재된 기능을
소개하는 PPL(드라마 속 광고)이긴 했지만, 현실에서 드라마를 따라 하다가는 큰
사고로 이어질 수 있다. 아직까지 자율주행 기술이 완전하지 않기 때문이다.
우리나라에서는 〈사이버 포뮬러〉라는 이름으로 방영된 〈퓨처 그랑프리 사이버
포뮬러〉라는 TV 애니메이션도 유명하다. 여기에 등장하는 자율주행자동차 HSR-
3는 자동차 기업인 미쓰비시의 실제 모델로도 유명하다. 자율주행자동차의 가까운
미래를 볼 수 있는 것은 2017년 개봉한 영화 〈분노의 질주: 더 익스트림〉다. 해킹당한
좀비차들이 거리로 쏟아져 나와 떼로 주행하고, 건물에서 비처럼 쏟아진다. 이 영화를
보면 자율주행자동차의 해킹이 얼마나 문제가 되는지 알 수 있다. 영화는 그 자체의
즐거움도 있지만, 영화를 좀 더 차분히 들여다봄으로써 영화의 상상력을 현실에서
어떻게 구현할지, 영화 속 문제를 어떻게 해결할지 현실의 문제와 대책에 대해서도
고민할 필요가 있다. 즐거움은 잠시, 학구적인 관심은 오래 끌고 간다면 더할 나위 없이
좋을 것이다.

자율주행자동차 기술, 어디까지 왔을까?

과거의 자동차는 엔진과 변속기로 만들어진 기계였다. 지금 개발하고 있는
자율주행자동차는 기계, 전기, 전자, 통신, 소프트웨어가 결합된 제품이다. 한마디로
움직이는 로봇이다. 자율주행 기술의 정도를 보면 로봇의 기술도 어느 정도 가늠해볼
수 있다. 기업이 연구하고 있는 자율주행 기술의 수준은 어디쯤 왔을까? 미국의
도로교통안전국(NHTSA)에서 발표한 자율주행 기술 단계를 살펴보자.

자율주행 자동차 발전 단계

단계		내용	진행상황
0단계	비자동화	자동화 기술이 적용되지 않은 과거의 자동차. 수동 시스템으로 운전자가 모두 제어해야 한다.	
1단계	특정기능 자동화	운전자가 특정 주행 조건 아래에서 개별 기술의 도움을 받을 수 있다. 첨단 스마트 크루즈 컨트롤, 차선 유지 지원 시스템 등을 부분적으로 이용할 수 있다. 운전대와 페달 중 1개의 선택적 자동 제어가 가능하지만, 운전자의 감시가 필수적이다.	현재 상당부분 구현
2단계	복합기능 자동화	첨단 스마트 크루즈 컨트롤, 차선 유지 지원 시스템이 결합해 고속도로 주행 시 차량과 차선을 인식하여 앞차와의 간격을 유지하고 자동으로 주행할 수 있다. 운전대와 페달 등 2개 이상을 동시에 자동으로 제어할 수 있다. 여전히 운전자의 감시가 필수적이다.	현재 특정 차종에 구현되어 운행 중.
3단계	제한적 자율주행	운전자의 조작 없이도 목적지 경로상 일정 부분의 자율주행이 가능하다. 도심에서는 교차로나 신호등, 횡단보도 등을 인식해 자동으로 차량을 제어하고, 고속도로에서는 일정 구간의 교통흐름을 고려해 자동으로 차선을 변경하고 끼어드는 등의 부분적인 자율주행이다. 제한된 조건 내에서 자율주행이 가능하다. 특정 상황에서는 운전자의 개입이 필요하다.	현재 자율주행 기술을 개발하는 다수의 기업들이 시험 중
4단계	완전 자율주행	모든 상황에서 자율주행이 가능한 단계다. 도어 투 도어, 즉 시동을 켠 후 목적지에 도착해 주차가 완료되는 시점까지 완전한 자율주행이 이루어진다. V2X가 실현돼 보다 넓은 지역의 정보를 수집하고 이를 통해 최적의 경로로 주행하는 것이 가능하다. 운전자는 목적지만 입력하면 된다.	현재는 미완

※ 개발자나 연구자에 따라 5단계로 구분하기도 한다.

남들이 가지 않은
길을 가는
즐거움

———

자율주행자동차 전문가
심 현 철

Q 드론을 연구하다 자율주행자동차 쪽으로 확대를 하셨습니다. 연구를 확대하게 된
계기가 있나요?

어릴 때 만화와 미국 드라마를 좋아했습니다. 〈요철발명왕〉이라는 만화를
통해 하늘을 나는 자동차, 사람 없이 날아다니는 비행기에 대한 꿈을 가졌고,
〈에어울프〉라는 미국 드라마를 보며 헬리콥터의 매력에 푹 빠졌었죠. 대학원 졸업
후 현대자동차에 입사해 자동차를 연구했습니다. 그후 미국 버클리 공대에 들어가
박사 과정을 밟았죠. 1999년 드디어 드론의 자동 비행에 성공했고, 미국 방송국에서
취재할 정도로 이목을 끌었지만, 외국인이라는 한계에 부딪혀 연구에 어려움을 겪기도
했습니다. 어쨌든 드론을 계속 연구했고, 2006년 카이스트에서 무인시스템제어
연구실을 꾸리게 되었습니다. 드론의 핵심은 무인 시스템이에요. 자율주행차도
마찬가지고요. 둘은 통하는 데가 있고, 범위를 확대해 무인이동체를 만드는 모든 일에
특화시키기로 한 거죠.

Q 자율주행 기술의 현재 수준은 어느 정도일까요?

무인 기술은 2000년대 초반, 군용 기술로 개발됐습니다. 2010년 초반부터 구글이나 테슬라가 시범 운행을 했고, 싱가포르에서는 현재 공원이나 안전하게 통제가 되는 공간에서는 자율주행자동차를 운행하고 있습니다. 프랑스 회사인 나비야에서는 자율자동차 버스나 관람차를 판매하고 있어요. 대중교통으로 사용하고 있긴 하지만, 공간은 아직 한정적으로 공원이나 박람회 같은 시설 안에서만 사용하고 있습니다. 우리나라에도 총 20대 정도에 실험용 자동차가 있고, 자율주행자동차가 안전한지 걱정하는 사람이 많은데, 자율주행자동차가 상용화된다면 안전합니다. 수많은 테스트를 거쳐 안전이 담보되어야 비로소 상용화가 되기 때문이죠. 자율주행자동차의 보급에 맞춰 그와 관련된 법률이나 제도가 잘 갖추어진다면 인간은 이 새로운 기술을 더 안전하고 쾌적하게 즐길 수 있을 거예요.

Q 무인기를 만들면 정말 신나고 재미있을 것 같습니다.

달에 가는 것과 서울 시내에서 주행하는 것 중에 뭐가 더 어려울까요? 답은 서울 시내를 주행하는 것이 더 어렵다고 할 수 있습니다. 복잡한 지상 구조물들과 장애물들을 정확히 인식하고 경로를 탐색해 운행을 실행하려면 정교하고 신속한 센서와 인지 시스템이 필요하기 때문이죠.

현재 자율주행자동차에서 중요한 기술은 인지 기능이에요. 자동차를 만드는 기술은 중요하지 않습니다. 이미 오래 전에 개발된 기술이거든요. 사람처럼 운전을 하려면 인지하고, 판단해야 하는데 아직은 힘든 상태죠. 사람 수준으로 자동차가 판단할 수 있게 만드는 바탕이 딥러닝(소프트웨어) 기술입니다. 최근에는 인공지능 소프트웨어와 관련해 오픈된 소스가 많기 때문에 인터넷에서 찾아서 테스트해볼 수 있는 프로그램이 많아요. 앞으로는 지적 호기심. 문제를 풀어 나가려는 태도와 지구력, 사람들과 협업하는 것이 중요합니다. 컴퓨터 코딩을 배우는 것도 중요하지만 관심 있는 분야를 찾아 좋은 강연을 찾아 듣는 것도 아주 큰 도움이 될 거예요. 제가 처음 드론을 만들겠다고 했을 때 사람들은 공상과학이라며 웃어 넘겼습니다. 하지만 저는 아무도 가지 않았던 길에 매료됐습니다. 그리고 세상에 없는 기술이니 자신이 만들어낸 기술이 세계 최초가 될 수도 있죠. 대학에 가서 학점 관리하는 것도 중요하지만, 그보다는 새로운 연구에 매진하는 게 훨씬 더 즐겁고 재미있습니다.

INTERVIEW

Q 어려운 점도 많지 않나요?

무인 기술을 개발하다 보니 대부분의 연구를 야외에서 해야 합니다. 학생들이 길에서
시간을 많이 보내죠. 처음 설계한 자율주행자동차는 시동을 켜야야 컴퓨터가 작동하기
때문에 컴퓨터를 트렁크에 켜두고 온종일 자동차 엔진 가스를 마시면서 연구하기도
했습니다. 출장이 많아 체력적으로 많이 힘들고요. 육체적으로 힘든 점도 크지만, 기술
진전이 더디면 심적으로도 많이 힘들죠. 세계 최고의 드론 업체인 중국의 DJI가 보여준
것처럼 좋은 물건만 있으면 얼마든지 글로벌 시장에서 성공할 수 있습니다. 기관마다
기술을 공유해야 시너지 효과를 얻을 수 있는데 협업하고 공유하는 문화가 너무
부족한 것이 사실입니다. 요즘은 기술의 주기가 굉장히 짧은데, 우리나라는 의사결정
속도가 너무 늦고, 공무원의 전문성이 부족한 것이 큰 문제입니다. 이런 문제를 빨리
해결해야 4차 산업혁명 시대에 필요한 기술을 개발할 수 있을 거라고 생각합니다.

Q 앞으로 무인 분야는 어떻게 달라질까요?

로봇이 운전하는 자동차나 항공기는 더 이상 먼 미래가 아닙니다. 10년 안에 현실화될
것이고, 사회 전반적으로 커다란 영향을 미칠 것입니다. IT 분야의 공신력 있는 리서치
기업 가트너에서 만든 도표를 보면 신기술이 생기면 환호하고, 거품이 생기고, 정점을
찍습니다. 필요한 기술이면 살아남아 안정화가 되고, 효율이 떨어지는 기술은 내려가고
도태되는 곡선 그래프죠. 자율주행자동차는 이제 막 시작해 탄력을 받은 기술입니다.
발전 가능성이 큰 기술이라는 거죠. 지금 제가 개발 중인 무인 기술은 하늘과 땅에서
모두 이동 가능한 자동차입니다. 인지 판단 시스템과 로봇의 자율성 범위를 넓히는
프로그램이 개발되면 하늘을 나는 무인자동차도 더는 꿈은 아니게 될 것입니다.

Q 인공지능이 굉장히 빠르게 발전하고 있는 것 같아요.

앞으로 세상은 천재급만 살아남아 특정한 몇 퍼센트만 이익을 가지고 가고, 중간
계층이 할 일은 모두 로봇으로 대체될 거예요. 결국 로봇이 할 수 없는 일만 인간이
하게 되겠죠. 어떤 과학자는 인류가 인공지능(AI)에 의존하기 시작하면 뇌가 퇴화돼
결국 인공지능에 지배당할 수밖에 없다고까지 합니다. 또 만약 자동차가 전기자동차로
모두 바뀌면 지금 자동차 회사들의 시스템(공정)은 모두 바꿔야 하고, 많은 사람이
일자리를 잃게 될 거예요. 그렇다면 직장을 잃게 되는 노동자들은 어떻게 될
것인가라는 문제에 직면하게 됩니다. 결국 노조 갈등과 여러 가지 문제로 큰 사회적

갈등이 생기게 될 것입니다. 따라서 학교 교육 방향 등 4차 산업혁명 시대에 맞는
준비가 필요합니다.

Q 청소년들을 위한 조언을 한마디 해주신다면?

얼마 전 학생들이 "선배들이 하지 않은 생소한 분야를 연구하면 힘들다"는 말을
듣고 너무 너무 놀랐습니다. 남들이 이미 자리 잡은 곳에 무슨 발전이 있겠습니까?
블루오션은 남들이 가지 않은 길에서 나타나는 것입니다. 아무도 드론에 관심이 없었던
1991년, 전 혼자 이 길을 택했고, 무인 이동체 연구를 지금까지 하고 있습니다. 등산할
때 정상을 보면 걱정이 생기죠? 과연 내가 이 산을 오를 수 있을까 하고. 하지만 한
걸음 두 걸음씩 걸어가다 보면 어느새 정상에 오른 자신을 발견할 수 있을 것입니다.
연구도 마찬가지입니다. 끈기를 가지고 열심히 하는 자세가 중요합니다.

PROFILE

심현철 카이스트 항공우주공학과 교수. 드론 연구자 1세대로 1991년부터 현재까지 26년간 연구 중이다.
최근 자율주행자동차로 연구 분야를 확대, 인공지능이 탑재된 무인기 개발을 진행 중이며 무인 이동체를 만드는
일이 필요한 분야를 특화시키는 작업을 하고 있다. 현재 국토교통부 민간 무인항공기 안전운항기술개발 사업 연구
책임자로도 활동 중이다.

4

빅데이터 혁명

쓰레기더미에서 건져 올리는 가늠할 수 없는 '가치'

글 / 박상현

대학과 대학원에서 응용통계학을 전공하였고 오랫동안 우리나라 노동시장과 직업에 대한 조사, 분석 및 연구를 해왔습니다. 노동시장의 고용동향 분석은 물론 워크넷을 방문하는 국민들에게 다양한 직업세계에 대한 내용을 조사 분석하여 직업정보를 전달하는 것이 제 역할이죠. 미래직업연구자로서 요즘 저의 관심 영역은 인공지능(AI), 사물인터넷(IoT), 자율주행차, 빅데이터, 핀테크 등 4차 산업혁명 시대에 새롭게 부상하는 신기술로 인해 미래 직업세계 변화와 직무변화를 조사 예측하고 분석하는 것입니다.

카톡으로 대화를 나누고, 인스타그램에 사진을 올리고, 인터넷으로 기사를 보고, 댓글을 남긴다. 모바일로 쇼핑을 하고, 송금을 하고, 음악을 듣는다. 좋아요, 싫어요, 공감, 비공감을 누르고, 별점을 준다. 이렇게 우리는 매일 인터넷을 하며, 알게 모르게 어딘가에 흔적을 남긴다. 이 흔적들은 하나하나가 곧 데이터가 되고, 그 양은 엄청나다. 아무런 의미가 없을 것 같은 이 흔적이 미래에는 원유보다 더 소중한 자산이 될 것이라고 하는 '빅데이터'다.

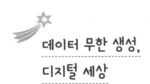
데이터 무한 생성,
디지털 세상

사회에 도움이 되는 평균값

　한국인의 평균 수명은 82.1세로 60세 안팎이었던 1970년대보다 수명이 20년이나 늘었다. 한국 직장인들의 평균 일하는 시간은 연평균 2,113시간(2015년)으로 OECD 국가 중 멕시코 다음으로 길고, 평균 퇴직 나이는 52.5세다. 한국 남자의 평균 키는 173cm이고, 한국인의 스마트폰 애플리케이션 평균 사용 시간은 200분으로 세계에서 최고다.

이렇게 평균을 알고 있으면 좋은 점이 무엇일까? 평균 수명이나 평균 퇴직 연령을 알면 그에 맞춰 노후를 준비할 수 있고, 스마트폰 사용 시간을 알면 자신의 생활 패턴을 돌아보며 이용 시간을 줄이고자 노력할 수도 있다. 개인적인 이점 외에도 평균 수치를 알 수 있으면 정책을 세우거나 사회를 발전시키는 데 도움이 된다. 이러한 이유 때문에 기업이나 정부에서는 이미 오래 전부터 데이터를 모아 분석한 뒤 추론하는 통계학을 연구해왔다. 그런데 갑자기 왜 데이터를 모으고 분석하는 통계학에 기초하는 '빅데이터'란 용어가 급부상하고 있는 걸까?

디지털 환경에서 생성되는 모든 데이터

2000년대 초반, 전 세계적으로 인터넷 붐이 일면서 구글과 같은 신흥 기업이 폭발적으로 성장하면서 인터넷상의 데이터량도 가늠할 수 없을 정도로 늘어났다. 인터넷에 이어 스마트폰까지 보급되자 SNS 등을 통해 누구나 간편하게 24시간 데이터 생산과 소비를 할 수 있게 되었다. 한번 생각해보자. 우리가 아침에 눈을 떠서 잠이 들기 전까지 하루에 인터넷에 남기는 흔적이 얼마나 되는지. 메일을 확인하고, 친구들과 소통하고, 쇼핑을 하고, 좋아하는 연예인의 기사를 검색하고, 맛집을 검색하고, 유튜브로 동영상을 올리고, 인스타그램이나 페이스북에 댓글을 남긴다. 아마 손가락은 물론 발가락을 다 동원해도 셀 수 없을 것이다. 그런데 이런 행위 하나하나가 모두 데이터가 된다. 이렇다 보니 정보의 양도 과거와는 비교할 수 없을 정도로 어마어마하다.

만들어지는 데이터의 종류도 과거와 달라졌다. 데이터에는 두 가지 종류가 있다. 고객 이름, 거래처, 판매처 등 형태가 있고 연산이 가능한 '정형 데이터'와 텍스트나 영상, 이미지, 음성처럼 형태가 없고 연산이 가능하지 않은 '비정형 데이터'다. 과거에는 형태가 있는 정형 데이터만을 수집해서 활용했다. 그런데 정보화 기술이 발전하면서 정형 데이터보다는 반정형 데이터, 비정형 데이터가 훨씬 더 많이 생겨나게 되었다.

이렇게 생겨난 방대한 데이터를 미국의 실리콘밸리 사람들이 '빅(Big)'이라는 단어를 붙여 부르게 되었다. 양도 어마어마해 수십 테라바이트(Terabyte) 혹은 수십 페타바이트(PB, Petabyte)* 이상이 되어야 빅데이터라고 한다.

문제 해결사,
빅데이터

디지털 세상의 보물창고 '빅데이터'

2012년 시장조사 기관인 가트너 그룹은 빅데이터를 다루는 기술을 세계 10대 기술로 선정했다. 전문가들은 빅데이터를 '정보화 사회의 원유'에 비유하거나 '빅데이터를 다루는 자가 미래 산업의 주역이 될 것'이라고 한다. 도대체 빅데이터가 얼마나 대단하기에 이처럼 요란하게 구는 걸까.

처음에는 데이터의 종류가 워낙 다양하고 방대해 이를 수집,

* 1테라바이트는 약 1,000기가바이트, 1페타바이트는 약 1,000테라바이트를 가리킨다.

분석할 수 있는 기술이 없었다. 그러나 이제 기술 기반을 갖추어졌고, 이를 통해 사람들의 행동은 물론 생각과 의견까지 분석하고 예측할 수 있게 되었다. 사실 빅데이터는 원유처럼 쌓아두기만 하면 가치가 전혀 없다. 땅속에서 뽑아낸 원유도 정제해서 경유나 휘발유 등으로 가공해야 사용할 수 있다. 가공을 해야 자동차도 움직이고, 난방도 하고, 플라스틱으로도 만들 수 있다. 데이터도 마찬가지다. 아무리 데이터가 산더미처럼 많아도 쌓아놓기만 해서는 쓸모없는 원유와 같다. 그러나 이 데이터를 새롭게 가공하면 이전에는 알지 못했던, 새로운 가치를 만들어낼 수 있다.

예를 들어 모바일 쇼핑몰을 운영한다고 치자. 그러면 빅데이터 기술을 활용해 요즘 소비자들이 즐겨 찾는 키워드는 무엇이고, 어느 사이트에서 얼마나 머물며, 실제 구매할 때는 가격과 상품 평가 중 어떤 요인이 영향을 미치는지 등을 사전에 분석한다. 이 결과를 가지고 광고를 할 때는 소비자가 즐겨 찾는 키워드를 사용하고, 상품평 등을 어떻게 활용할지 방법을 찾는다. 흩어져 있던 데이터를 모아 쇼핑몰 매출에 도움이 되는 가치를 찾아내는 것이다.

미래 사회의 경쟁력 좌우하는 빅데이터

빅데이터를 활용한 좀 더 구체적인 예를 들어보자. 미국 국세청은 2011년, 대용량 데이터와 IT 기술을 결합한 '통합형 탈세 및 사기 범죄 방지 시스템'을 구축했다. 이 시스템의 분석을 통해 고의로 세금을 체납하는 사람들을 찾아냈고, 연간 3,450억 달러에 이르는 엄청난 규모의 세금 누락을 막아냈다.

우리나라도 빅데이터를 활용하고 있다. '심야버스'를 계획하고 있던 서울시는 빅데이터의 도움을 받아 자정 이후 가장 붐비는 택시

노선을 분석했다. 빅데이터 분석 결과에 따라 원래 계획에 없던 노선을 수정·추가함으로써 시민들로부터 큰 호응을 얻었다. 경찰청은 빅데이터를 활용해 범죄 유형에 따른 지역, 시간대별 범죄 다발 지역과 위험도를 통합 분석해 범죄율을 줄이는 효과를 봤으며, 관세청과 국세청은 역외 탈세 정보를 공유하는 것만으로 연간 1,000억 원에 가까운 세수 증대 효과를 냈다. 기상청도 호우나 풍랑, 강풍, 한파 등 기상 예측 프로그램을 무료로 제공해 국내 항공업체가 항공기 이륙과 운항, 착륙 등에 활용하도록 도왔다. 이처럼 빅데이터를 잘 활용하면 불확실한 환경을 제거하거나 리스크를 최소화할 수 있어 기업은 경쟁력을 높여 생산성 향상과 매출 확대를, 정부는 공공기관 서비스 효율을 높일 수 있다.

우리 속담에 '구슬이 서 말이라도 꿰어야 보배'라는 말이 있다. 빅데이터도 흩어져 있는 엄청난 양과 다양한 형태의 정보를 모으고, 분석하면 많은 문제를 해결할 수 있는 새로운 가치를 창출할 수 있다.

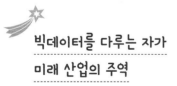

빅데이터를 다루는 자가
미래 산업의 주역

부르는 것이 값, 몸값 비싼 빅데이터 전문가

미국을 비롯한 정보 선진국들에서는 빅데이터를 다루는 전문가를 데이터 사이언티스트(Data Scientist), 즉 데이터 과학자로 이

해한다. 빅데이터 전문가는 기존 데이터 분석을 수행하던 데이터 분석가보다는 높은 수준의 전문성을 갖추어야 하는데다 다수의 빅데이터 처리 경험을 통해 노하우도 축적해야 하므로 단기간에 육성하기 어렵다. 미국의 경우에는 MIT, 스탠포드대학, 노스캐롤라이나주립대학 등 유수의 대학들에 데이터 사이언티스트 과정이 별도 개설되어 있지만, 현재 빅데이터 전문가의 수요에 비해 공급은 한창 모자라는 형편이다.

현재 글로벌 인터넷 기업인 구글, 야후, 아마존 등과 SW 솔루션 기업들(IBM, Oracle, SAS, SAP 등)은 빅데이터 시장의 주도권을 확보하기 위한 치열한 경쟁을 벌이고 있는데다 공공기관에서도 빅데이터 전문가를 필요로 하고 있다.

2011년 5월 발표된 맥킨지 보고서에 따르면 미국에서는 2018년까지 14만~19만 명의 빅데이터 전문가, 150만 명 정도의 데이터 관리자와 분석 인력이 필요할 것이라고 전망했으며, EMC가 발표한 〈데이터 과학자 연구 2011〉 보고서는 향후 5년 동안 데이터 과학자에 대한 수요가 공급을 뛰어넘을 것으로 내다봤다. 현재 미국 내 빅데이터 과학자의 평균 초봉은 약 10만 달러(약 1억 1천만 원, 2014년 기준)에 달하지만, 빅데이터 전문가를 구하지 못해 몸값은 점점 높아지고 있다.

기회를 잡는 자가 성공하는 법

국내에서도 사정은 비슷하다. 대기업 계열사를 비롯한 금융업계가 앞을 다투어 빅데이터 전담 부서를 설치하고 있고, 정부에서도 빅데이터의 중요성을 인식하고, 공공 빅데이터센터 설립과 빅데이터 산업 활성화 추진 계획을 밝힌 상태다. 이렇듯 곳곳에 빅데이터 전문 인력이 필요하지만, 전문성을 갖춘 인력은 한참 부족한 상황이다.

대학의 학사 및 석사 과정, 그리고 빅데이터 활용센터와 빅데이터 아카데미, 서울대 빅데이터연구원, 한국폴리텍대 융합기술교육원 등을 통해 전문 인력 양성을 활발하게 진행하고 있다. 하지만 관련 기관의 교육 과정에서 실제 데이터를 다룰 수 있는 사람이 부족해 데이터 분석 및 관리 업무 경력자를 모집하고 있다. 이 때문에 몇몇 기업에서는 회사 내에서 자체적으로 빅데이터 관련 교육을 진행하기도 한다.

선진국들은 빅데이터를 디지털의 보물창고로 활용하고 있는데 반해 한국은 엄격한 개인정보 규제 등에 막혀 아직 빅데이터 기반

산업이 취약한 것이 사실이다. 다행히 2016년 정부 합동으로 발표한 〈개인 정보 비식별 조치 가이드 라인〉에 따라 위축되어 있던 빅데이터를 활용하는 산업과 범위는 지금보다 훨씬 늘어날 것이다.

세계는 지금 소리 없는 전쟁 중이다. 살아남기 위해서는 전문성을 갖춰야 한다. 현실은 미래를 준비하는 사람들에게는 기회가 된다는 사실을 잊어서는 안 될 것이다.

새로운 시대, 새로운 직업

빅데이터 전문가는 데이터라는 원석을 발굴해 보관하고 가공하는 역할을 한다. 새로운 부가가치를 창출해야 하기 때문에 기획력도 필요하다. 또 최신 유행이나 트렌드를 많이 다루기 때문에 세계 각 기업이나 분야별 시장 동향을 수시로 파악해야 하며, 세계 각국의 빅데이터와 관련한 새로운 기술과 내용, 기사와 논문 등을 신속하게 찾아내는 것도 중요하다. 그리고 빅데이터 전문가에게는 트위터와 인터넷에 떠도는 자신들의 회사 관련 검색어와 댓글을 분석하거나, 자사 제품과 서비스에 대한 고객 반응을 실시간 파악해 즉각 대처하는 것도 일상적인 일이다(SNS 분석).

이처럼 빅데이터를 제대로 활용하려면 먼저 사용자가 원하는 가치가 무엇인지 기업의 요구 사항을 확인하고, 필요한 데이터를 검색해서 준비한 다음 적절하게 분석할 수 있는 모델을 구축하고, 모델링 작업을 거쳐서 실전에 적합한지 확인하는 작업 등의 과정이 필요하다. 이러한 작업을 도와주는 사람이 빅데이터 전문가인 데이터 과학자다. 빅데이터 전문가는 통계학, 컴퓨터과학, 머신러닝 등

기본적인 분석에 대한 이해뿐만 아니라 프로그래밍 실력과 특정한 도메인에 대한 비즈니스도 필요하다.

　빅테이터를 다루는 직업군은 단계별로 다음과 같이 분류할 수 있다. 첫째는 데이터를 수집하고 저장하며 처리하는 분야, 둘째는 수집된 데이터를 분석하고 예측하는 분야, 셋째는 분석 결과와 가치를 활용하는 분야 등이다. 세부적으로는 데이터 엔지니어, 마케팅 스토리텔러, 공간 빅데이터 분석가, 데이터 시각화 디자이너, 전략 컨설턴트, 데이터 사이언티스트 등을 꼽을 수 있다.

전략 컨설턴트 다양한 데이터 분석 결과로부터 의미 있는 가치를 찾아낸 뒤 기업의 사업 전략이나 마케팅 전략, 인사 및 조직 관리, 재무 및 회계 관리, 생산 및 품질 관리 등 전반적인 기업경영 전략을 수립하고 컨설팅하는 일을 한다. 일반적으로 경영 컨설턴트 직무 중에서 고급 수준의 영역에 속한다.

데이터 엔지니어 정형 또는 비정형 데이터를 수집해 저장하고, 저장된 데이터를 분류하고 검증하며, 이를 다시 가공하거나 분석하는 등의 일을 한다. 즉, 데이터를 수집하고 저장하는 전 과정을 전문적으로 처리하여 관리하는 사람이 데이터 엔지니어이다.

데이터 사이언티스트 다양한 데이터로부터 특정한 패턴을 찾아낸 뒤 비즈니스에 활용하는 일을 한다. 현재 빅데이터라고 부르는 직업이 바로 데이터 사이언티스트이다.

공간 빅데이터 전문가 도로나 건물, 행정구역, 항공사진, 도로명 주소 등 기본적인 공간 정보에 위치 정보를 결합하는 일을 한다. 이 정보는 네비게이션 길찾기나 실시간 버스 정보 안내 시스템 등에 활용된다. 공간 빅데이터는 이미 위치를 파악하는 여러 가지 서비스에 이용되고 있다.

데이터 시각화 디자이너 빅데이터 분석 결과를 쉽게 이해할 수 있도록 도표나 그림 등 시각적 수단을 통해 정보를 효과적으로 전달하는 일을 한다. 유사 직업으로는 컴퓨터 과학이나 통계학 등의 과학 정보를 표지판이나 지도, 기술 문서 등에 적용하는 인포그래픽 디자이너가 있다.

마케팅 스토리텔러 이야기를 통해 알리고자 하는 바를 전달하는 사람이다.

가령, 영화나 게임, 애니메이션, 광고 등의 문화 콘텐츠를 언어 체계로 활성화하는 일을 담당한다.

빅데이터 전문가의 단계별 세부 부상 직업

영역	내용	직업
비즈니스	해결하거나 개선되어야 할 업무 또는 의사결정 내용 예측 적용	마케팅 스토리텔러, 데이터 시각화 디자이너
도메인 지식	업무 또는 의사결정 내용에 대한 상세 지식 응용	전략 컨설턴트
분석	데이터 마이닝, 회귀 분석, 패턴 분석, SNS 분석	빅데이터 분석가
IT	자연어 처리, SQL 또는 병렬 처리 등의 테크닉 적용	데이터 사이언티스트
데이터	4V의 속성을 지닌 휴먼 · 시스템 · 빅데이터 분석 (4V: Volume, Velocity, Variaty, Value)	데이터 엔지니어

자료 출처 : 박상현(2017), "4차 산업혁명과 직업정보 빅데이터 시스템 구축 방안 모색", 고용이슈 제10권 제1호(2017년 1월호), 한국고용정보원.

빅데이터의 종류

종류	정형 데이터	비정형 데이터
특징	형태가 있고 연산이 가능한 데이터	형태가 없고 연산이 가능하지 않은 데이터
형태	고객 이름, 거래처, 판매처 등	텍스트, 영상, 이미지, 음성
저장 구조	REBMS	파일, NoSQL
분석 방법	데이터 마이닝, 회귀 분석	정형화 데이터 애플리케이션에 따라 텍스트 마이닝, SNS 분석

꼼꼼 과학 강의실

빅데이터, 어떻게 바라보아야 할까?

빅데이터란 한마디로 요약하면 '디지털 환경에서 생성되는 모든 데이터'를 의미한다.
국립중앙과학관에서는 "너무 방대하여 기존의 방법이나 도구로 수집이나 저장, 분석
등이 어려운 정형 및 비정형 데이터들"이라고 정의했으며, 글로벌 컨설팅 회사인
맥킨지는 보고서에서 '전형적인 데이터베이스 S/W 툴의 능력으로 수집, 저장, 관리,
분석할 수 없는 규모의 데이터 집합'을 빅데이터라고 규정했다. 이 때문에 보통은
빅데이터를 '방대한 양의 데이터'라고 통칭하기도 한다.
하지만 빅데이터에 대한 개념을 정의할 때 방대한 양에만 집중해서는 안 된다.
빅데이터는 단순히 양만 많은 정보가 아니라 미래 사회의 경쟁력을 좌우할 중요한
자산이기 때문이다. 빅데이터를 다루는 기관의 특성과 관점에 따라 약간씩 차이가
있지만, 최근에는 빅데이터를 보는 관점이 많이 달라졌다.
미국의 IT 기업인 가트너(Gartner)는 '빅데이터란 높은 통찰력, 의사 결정, 프로세스
자동화를 위해 비용 효과가 높은 혁신적인 정보 처리 과정을 요하며, 대용량의
데이터 규모, 빠른 속도, 높은 다양성을 지닌 정보 자산'이라고 정의했으며,
국가정보화전략위원회에서는 '대용량 데이터를 활용, 분석해 가치 있는 정보를
추출하고 생성된 지식을 바탕으로 능동적으로 대응하거나 변화를 예측하기 위한
정보화 기술'이라고 정의했다.
어떤 기획을 가지고 어떤 가치 있는 정보를 뽑아내느냐, 이것에 따라 빅데이터의 활용
가치는 완전히 달라진다.

빅데이터, 어떤 식으로 처리될까?

빅데이터는 분석 기술을 활용해 방대한 양의 정보를 분석한 뒤 여러 가지 사업에
활용할 수 있다. 사람들의 행동 패턴 또는 시장의 경제 상황을 예측하면서
데이터마이닝, 네트워크 분석, 패턴 분석, SNS 분석 등의 분석 방법으로 도출된 결과를
시각화한다.
2016년 정부는 개인정보가 안전하게 보호되고 산업계에서는 빅데이터를 합법적으로
사용할 수 있도록 하기 위해 〈개인 정보 비식별 조치 가이드라인〉을 발표했다. 이

가이드라인이 어떻게 적용되는지를 살펴보면 빅데이터의 기술에 대한 이해를 도울 수 있을 것이다.

1 가명 처리 이름, 대학, 나이 등 개인정보를 알아볼 수 없도록 처리한다.
ex. 홍길동, 35세, 서울 거주, 한국대 재학
→ 임꺽정, 30세, 서울 거주, 국제대 재학
* 필요한 세부 기술 : 휴리스틱 가명화, 암호화, 교환 방법

2 총계 처리 개인정보를 취합해 통계의 평균치를 낸다.
ex. 임꺽정 180cm, 홍길동 170cm, 이콩쥐 160cm, 김팥쥐 150cm
→ 물리학과 학생 키 합 : 660cm, 평균키 165cm
* 필요한 세부 기술 : 총계 처리, 부분 총계, 라운딩, 재배열

3 데이터 삭제 개인과 관련된 날짜 정보(합격일 등)는 연 단위로 처리한다.
ex. 주민등록번호 901206-1234567 → 90년대 생, 남자
* 필요한 세부 기술 : 식별자 부분 삭제, 레코드 삭제, 식별 요소 전부 삭제

4 데이터 범주화 집단별 분석이 가능하도록 범위를 만든다.
ex. 홍길동, 35세 → 홍씨, 30~40세
* 필요한 세부 기술 : 감추기, 랜덤 라운딩, 범위 방법, 제어 라운딩

5 데이터 마스킹 데이터의 길이, 유형, 형식은 유지한 채 읽기 쉽도록 데이터를 익명으로 생성한다.
ex. 홍길동, 35세, 서울 거주, 한국대 재학 → 홍OO, 35세, 서울 거주, OO대학 재학
* 필요한 세부 기술 : 임의 잡음 추가, 공백과 대체
출처 : 개인 정보 비식별 조치 가이드라인(www.privacy.go.kr), 정부 합동(2016.6)

이처럼 흩어져 있는 데이터를 모아 가치 있는 자료로 만들기 위해서는 많은 과정과 기술이 필요하다. 따라서 빅데이터를 다루기 위해서는 고도의 지식과 기술이 필요하며, 자격이 필요하다.

 꼼꼼 과학 강의실

빅데이터 전문가가 되기 위한 자격과 준비 사항은?

빅데이터 전문가는 분석을 할 때 창의적인 접근이 필요하기 때문에 호기심도 중요하다.
오랜 시간이 걸리는 분석 과정을 인내하기 위한 끈기와 꾸준히 공부하는 자세도
필요하다.

대학 각 대학의 빅데이터 관련 학사나 석·박사 과정에서 준비할 수 있다. 연세대학교
정보대학원, 충북대와 울산과기대 석사 과정, 이화여대 석·박사 통합 과정, 카이스트,
국민대학교 등 여러 대학에 빅데이터 교육 과정이 개설되어 있다. 그 외에도 대학에서
통계학 또는 컴퓨터공학, 산업공학 등을 전공하면 기술적인 베이스를 갖추는 데 도움이
된다. 빅데이터 전문가는 드러난 수치를 단순하게 나열하는 연구를 하는 것이 아니기
때문에 경영학이나 마케팅 분야의 지식과 경험을 쌓아두면 기술적인 베이스와 융합해
시너지 효과를 발휘할 수 있다. 따라서 인문학 전공자라면 통계학을 추가로 공부하면
된다. 기존 직장인들은 단기 전문 교육 과정을 통해 자기 계발 차원에서 빅데이터를
연구하는 추세다.

단기 교육 과정 서강대학교, 한국데이터베이스진흥원에 단기 교육 과정이 있고,
빅데이터분석 활용센터와 빅데이터 아카데미, 서울대 빅데이터연구원, 한국폴리텍대
융합기술교육원 등에서도 전문가를 양성하고 있다.

전문 인력 양성 프로그램 과학기술정보통신부에서도 향후 전문 인력 양성 프로그램을
개발하고 제도적인 기반을 갖추어 시장 수요에 대응할 계획이다. 이에 따라
2017년까지 국내 최고 수준의 데이터 과학자 1,000여 명 등 수준별 전문 인력 5,000여
명을 빅데이터 인력으로 육성할 예정이다.

직업 교육 훈련 최근에는 4차 산업혁명 시대를 대비한 ICT, BT, 응용SW 분야 전문
인력 양성을 위하여 서울대 빅데이터연구원, 한국폴리텍대 융합기술교육원 등에서도
직업 교육 훈련을 진행하고 있다.

데이터 분석 전문가, 따로 자격증이 있을까?

지난 2014년 4월부터 데이터 분석 등의 직무 역량을 검증하는 데이터 분석 전문가 자격검정이 실시되고 있다. 전문가는 기업 실무 경력자를 대상으로 하며, 준전문가는 대학 전공자를 대상으로 한다. 2016년부터는 국가공인 자격으로 승격되면서 자격증의 종류가 빅데이터 분석 준전문가(ADsP), 빅데이터 분석 전문가(ADP), 2017년부터 신설된 의료정보분석사(기사) 등으로 나뉘어졌다. 자격검정의 시행은 빅데이터 전문 직업 육성은 물론 일자리 창출에도 기여할 것이다.

한눈에 정리하는 빅데이터 전문가 되기 과정

항목	내용
적합한 사람	경제, 통계, 심리 등 다방면에 고도의 지식을 갖추고 호기심과 아이디어가 풍부한 사람, 오랜 분석과정을 끈기 있게 견디는 사람에게 적합하다.
필요한 자격	데이터 분석 등의 직무역량을 검증하는 데이터분석전문가 자격검정 시험- 빅데이터분석 준전문가(ADsP), 빅데이터분석 전문가(ADP), 의료정보분석사(기사) 등
필요한 공부	통계학, 컴퓨터공학, 산업공학 등을 전공하여 기술적인 베이스를 갖추고 경영학이나 마케팅 분야의 지식과 경험을 쌓아두면 기술적인 베이스와 융합해 시너지 효과를 발휘할 수 있다.
교육 과정	각 대학의 빅데이터 관련 학사나 석박사 과정에서 준비할 수 있다. 빅데이터분석 활용센터, 빅데이터 아카데미, 서울대 빅데이터연구원, 한국폴리텍대 융합기술교육원 등에서도 전문가를 양성하고 있다.
진출 분야	다양한 기업의 관리부서, 검색포털사이트 업체, 사설 데이터분석 업체 등

데이터가
미래 가치를
만든다

———

빅데이터 전문가
장 수 진

Q 빅데이터를 간단하게 설명해주세요.

빅테이터는 모든 산업혁명에 있어서 가장 큰 핵심입니다. 데이터 없는 혁명은 있을
수 없기 때문이죠. 어떤 기술 분야에서 혁명이 일어나고 있는지도 데이터에 근거해서
판단해야 하기 때문에 데이터 없이는 혁명도 없습니다. 그리고 그 결과도 데이터로
나오죠. 데이터가 가지고 있는 투명성과 검증성은 명확한 부분이라 흥미로운
분야입니다.

오늘의 경제지수라는 게 있습니다. 매일 나오죠. 월간, 연간도 있어요. 그런데 일주일
전, 한 달 전하고 경제가 어떻게 바뀌었는지 어떻게 알 수 있을까요? 지나봐야 아는
거잖아요. 지금 당장은 아무런 의미가 없어 보여도 이런 데이터가 매일 쌓이면 미래를
예측할 수가 있게 됩니다. 그게 빅데이터인 거죠.

Q 우리나라에서 처음으로 빅데이터 연구소를 열었습니다. 그 과정이 궁금합니다.

일찍부터 컴퓨터에 눈을 떠서 전산 관련 대기업을 다녔습니다. 그러다 1996년 창업을
해서 우리나라에서 처음으로 PDF 파일 한글화에 성공을 했죠. 인터넷 시장의 빠른

확산을 예견하고, 인터넷 시장이 확산되면 무엇이 가장 크게 발전할 것인가를 연구해 대용량 기업 메일 기술을 연구했죠. 그후 메일 서버 개발에 착수해 기업용 메일 서버를 대용량으로 만들어 사업화에 큰 성공을 이루었습니다. 이 기술로 신소프트웨어 대상을 받았을 정도니까요. 30대에 승승장구 하면서 새로운 인터넷 개발 기술을 위해 무리하게 투자했지만, 큰 실패를 맞봐야 했죠. 1년 반 동안 내가 무엇을 해야 하나 고민하다 그동안 제가 해왔고, 제일 잘하는 데이터를 설계하고 분석하는 일을 하기로 했습니다. 그래서 2006년부터 경제 데이터를 만들기 시작했어요. 그리고 2011년도에 경제 빅데이터를 완성했습니다. 이 빅데이터로 특허를 신청했는데, 특허청 사무관이 "이게 대한민국 1호입니다"라고 해서 깜짝 놀랐었죠. 제가 국내외 경제학 관련 석·박사 통계를 분석해보니 약 40만 명입니다. 그중에 아무도 그걸 특허를 안 냈더라고요. 사실 누가 지원해주는 것도 아니니 누가 그 험한 길을 걸으려고 하겠어요. 저도 7년 반이나 걸렸습니다. 특허를 받고 모 경제신문사의 데이터 센터를 설립했고, 제가 센터장을 맡아서 2013년에 경제 빅데이터라는 새로운 용어와 경제 지수를 발표했습니다. 전 경제학 관련 학위도 없고, 특허 하나 받았을 뿐인데 센터장으로 입사해 20여 명의 경제 석학이 있는 경제신문사에서 단독으로 경제 빅데이터를 만들고, 지속해서 연구를 했지만, 끝내 연구비와 실적이 생각보다 늦어져서 다시 독립을 하게 되었죠. 지금은 2014년 설립한 JPD 빅데이터 연구소에서 정치, 경제, 스포츠 이 세 가지의 빅데이터를 만들고 있습니다.

Q 빅데이터의 역사는 어떻게 되나요?

이론적으로는 2011년부터 나왔지만, 실제로는 스마트폰부터입니다. 이전에는 기업이나 공공기관 외에는 데이터를 가질 수가 없었죠. 그런데 휴대폰이 생기면서 개인도 데이터를 만들 수 있게 됐습니다. 수치화할 수 없는 것을 비정형 데이터라고 하는데, 스마트폰이 생기면서 비디오, 음성, 사진 같은 비정형 데이터가 무수하게 쏟아진 거예요. 결국 빅데이터의 시초는 스마트폰이라고 보면 됩니다. 데이터가 무슨 가치가 있냐고 생각할 수도 있겠지만, 데이터가 모이고 잘 분석하면 가치가 생깁니다.

Q 해당 분야에 관한 국내외 연구 수준은 어떤가요?

사실 우리나라의 빅데이터 수준은 굉장히 미흡해요. 선진국보다 5년 이상은 뒤처져 있다고 봅니다. 인식도 뒤처져 있죠. 빅데이터를 마케팅 정도에나 쓸 수 있는 것으로 알고 있거든요. 하지만 빅데이터는 훨씬 더 큰 가치를 만들어낼 수 있어요. 제가 빅데이터를 가지고 실리콘밸리, 중국 상하이, 일본 도쿄, 영국 런던을 돌며 120여 개의 기업을 다녔어요. 그런데 거기 있는 사람들이 자료를 못 읽어요. 체계적인 방법의 알고리즘을 가진 회사가 없었어요. 저처럼 10년 동안 미친 짓을 한 사람이 없었던 거죠. 그래서 개인적으로 자신감을 얻었습니다. 방향을 알고 있으니 잘할 수 있을 것이라고 믿습니다.

Q 이 직업만이 가지고 있는 매력은 무엇일까요?

빅데이터는 눈으로 보이지 않는 실체 없는 디지털 데이터입니다. 그렇기 때문에 보이지 않는 데이터로 보이는 가치를 창출해야만 합니다. 실제 제가 돈을 받고 컨설팅을 해주는데, 기업이 제게 고맙다고 합니다. 본인들은 자기네 가치가 어느 정도인지 제대로 몰랐는데, 제 컨설팅을 받고 깨닫게 됐다는 거죠. 그 가치를 빅데이터가 찾아주는 거예요. 중국에서도 22개의 회사를 만났는데, 한 기업당 평균 회원 수가 4억 명이에요. 우리나라에서는 천만 명만 돼도 엄청나다고 하는데 중국은 3, 4억 명씩이 평균 회원인 거예요. 만약 7억 명의 회원을 가진 기업이 있다고 쳐요. 그런데 그 7억 명의 회원을 가지고 뭘 해야 할지 모른다면 얼마나 안타까울까요? 현재, 기업의 빅데이터 경영전략 컨설팅을 하고 있는데, 국내 전 산업 분야인 42개 업종에 대해 빅데이터로 분석하고, 인공지능에 의한 산업지표를 제공하는 서비스와 컨설팅을 합니다. 이게 가능한 건 알고리즘화된 축적된 데이터가 있기 때문이죠. 데이터가 있으면 정말 할 일이 많아요. 매일 설레고 기대가 됩니다.

Q 힘든 점도 많을 거 같습니다.

일정 시간을 신념과 참을성으로 버텨야 합니다. 빅데이터는 요리처럼 레시피가 있어서 금방 배울 수 있는 게 아니에요. 오히려 장인정신에 가깝죠. 제대로 된 요리사가 되려면 3년 동안 그릇만 닦아야 한다고 해요. 어떤 사람은 한 달만 그릇 닦고, 바로 칼질 배우면 되지 별것도 아닌 걸 뭘 그렇게 오래 하냐라고 하지만, 전 그걸 이해합니다. 힘든 과정을 겪어낸 사람이 되어야 솔루션과 가치를 알려줄 수 있는 거죠. 그런 장인정신이 없으면 살아남을 수 없다고 판단하는 거예요. 돈을 벌고 유명해지고 싶어 전문가가 되고자 하는 사람이 있다면 이런 사람은 오래 가지 못해요. 궁금한 걸 파고들어 분석하다 보면 자연스럽게 전문가가 됩니다.

Q 앞으로 빅데이터 업계는 어떻게 달라질까요?

빅데이터 전문가가 인공지능 전문가로 바뀔 거예요. 인공지능이 판단하는 기준의 근거는 데이터예요. 지금 인공지능을 프로그램으로 보고 있는데, 그건 어리석은 생각이에요. 인공지능은 2차 데이터예요. 1차 데이터는 쓰레기처럼 보이는, 그저 많이 모아 놓은 빅데이터예요. 이 중에서 의미 있는 것을 2차, 3차 필터링해서 만든 데이터가 인공지능이 판단하는 근거를 제공하는 겁니다.

Q 해당 분야로 진출하고 싶은 청소년들을 위한 조언을 해 주신다면?

중고등학교에서 배우는 수학 정도면 훌륭한 교육은 끝났다고 생각합니다. 빅데이터는 알고리즘이 중요한데, 알고리즘은 사칙연산이면 충분하거든요. 책을 많이 읽으면서 정리하는 사람이 필요해요. 그냥 책을 많이 읽어서는 의미가 없고, 책을 읽으면서 그 책을 정의하고 정리하는 거예요. 키워드 검색을 다시 키워드로 만드는 것, 그걸 2차 데이터라고 하는데 1차에서 2차로 바꾸고, 2차에서 또 의미를 만드는 거예요. 다시 말해서 단어(wording)에서 의미(meaning)을 찾아내고, 의미에서 다시 더 중요한 의미를 찾아내는 거죠. 일종의 모험이에요. 확률 게임이죠. 책을 많이 읽으면 안 읽는 사람들보다 유리하겠지만 책을 많이 만 읽어서는 안돼요. 무엇을 느끼느냐가 중요합니다. 어렵게 생각될 수도 있는데, 쉽게 훈련하는 방법이 있습니다. 자신의 활동을 데이터로 만들어보는 거예요. 다른 곳에 가서 배울 필요 없습니다. 자신이 몇 시에 학교에 가고, 몇 시간 공부하고, 몇 시간 밥 먹고, 놀고, 생각하는지 등 이런 모든 활동을 모두 데이터로 바꿀 수 있습니다. 자신이 정의한 활동이나 목적을 데이터 형태로 만들어내는 것을 '데이터셋'이라 하고, 그 약속된 과정을 꾸준히 해나가기 위한 자질을 '마인드셋'이라고 저는 정의하고 있습니다. 이 두 가지를 해나갈 수 있다면, 누구나 빅데이터 최고 전략 전문가가 될 수 있습니다. 미래는 새로운 데이터 인재가 필요합니다. 자신의 활동을 분석해 데이터로 만드는 훈련을 먼저 꾸준히 해보세요.

PROFILE

장수진 두산그룹 기획실, SNI Korea, 헤럴드경제 데이터 연구소 등을 거쳐 우리나라 첫 빅데이터 연구소인 JPD빅데이터연구소를 세웠다. 경제, 정치, 스포츠, 세 가지 빅데이터를 집중적으로 연구하고 있다. 현재 산업과 접목해 새로운 프로젝트를 진행 중이다. 경험으로 사업을 하는 사람이나 기업에 세상의 흐름을 예측해주는 빅데이터로 컨설팅을 한다.

5

3D 프린팅 혁명

인공심장부터 자동차까지, 만들지 못할 것은 없다!

글 / 김동규

대학원에서 건축공학 석사와 교육학 석사 그리고 경영학 박사 학위를 취득하였고, 현재는 한국고용정보원
미래직업연구팀장으로 재직 중입니다. 청소년 및 근로자의 진로선택에 도움을 주고자 직업연구 및 직업정보 개발에
노력하고 있습니다. 최근 관심 분야는 4차 산업혁명 도래에 따른 직업세계 변화, 경력경로 개발, 자격·훈련제도 혁신,
국가직무능력표준(NCS) 개발 등이며, 저서로는 '한국직업전망', '한국직업사전' 등이 있습니다.

미국의 한 디지털 디자인을 하는 대학생은 3D 프린터로 직접 치아교정기를 만들어
교정에 성공했다. 미국에서 치과에 갔다면 1천만 원이 넘게 들었을 치료비에 약 7만 원을
썼다. 러시아의 한 스타트업 회사는 하루 만에 뚝딱 약 36㎡(11평) 크기의 집을 지었다.
비용은 약 1,200만 원이 들었다. 3D 프린터로 운동화도 만들고, 자동차도 만들고, 심지어
인공심장까지 만든다. 도대체 3D 프린팅은 어떤 기술이기에 '21세기형 요술램프'라고
불리는 것일까?

3D 프린팅 제조는 신발뿐 아니라 의류 시장에 새로운 가능성을 열어 주었다.

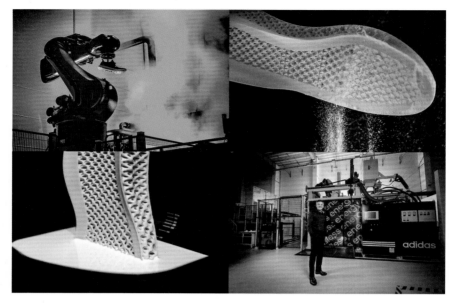

알라딘의 요술램프,
하나도 부럽지 않다

알아서 척척, 주문하는 대로 만들어준다

600 → 10.

무슨 숫자일까? 운동화 브랜드로 유명한 아디다스 공장에서 일하는 근로자 수의 변화다. 기업들은 그동안 생산 비용을 줄이기 위해 중국이나 동남아시아, 인도 등 더, 더 싼 곳을 찾아 공장을 이전했다. 아디다스 역시 해외에 공장이 있었지만, 얼마 전 23년 만에 다시 독일 내로 공장을 이전했다. 그런데 전 세계를 대상으로 연간 50

만 켤레의 운동화를 만들어 수출하는 아디다스의 새 공장에서 일하는 근로자 수는 달랑 10명뿐이다. 게다가 똑같은 신발을 찍어내는 것이 아니라 소재, 디자인, 색, 깔창, 신발 끈 등 소비자가 주문하는 대로 만들어준다. 어떻게 이런 일이 가능할까? 로봇, 그중에서도 3D 프린터가 일궈낸 혁명이다.

괴물 같은 생산 능력을 갖춘 기술

아디다스의 기존 공장에서 연간 50만 켤레 이상의 운동화를 만들려면 600명의 근로자가 필요하다. 하지만 로봇과 3D 프린터가 컴퓨터 지시에 따라 자동으로 움직이는 스마트 공장에서는 근로자가 필요 없다. 기계(로봇)를 관리하는 사람 10명이면 된다. 인도에 있던 기존의 아디다스 공장에서는 신발 한 켤레를 만드는 데 6주가 걸렸지만, 독일로 이전한 스마트 공장에서는 5시간 만에 뚝딱 만들어 낸다. 생산성에서 차이가 극명하게 갈린다. 기업 입장에서는 당연히 후자를 택할 것이다.

물론 3D 프린터가 만들 수 있는 것이 운동화뿐만은 아니다. 2016년 2월 스페인의 바로셀로나에서 열린 MWC(모바일월드회의)에서는 3D 프린터로 만든 주행 가능한 자동차가 등장했고, 알라딘의 요술램프 지니가 만드는 것처럼 하루 만에 집도 만들 수 있다. 그뿐만이 아니다. 혈관이나 인공심장처럼 사람의 몸속에 들어가는 장기도 3D 프린팅 기술을 적용해 만들 수 있다. 한계가 없을 것 같은 3D 프린팅, 과연 어떤 기술일까?

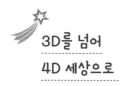

3D를 넘어
4D 세상으로

액체 로봇이 현실로?

　3D 프린팅은 제품을 형틀에 굳히거나 덩어리를 깎거나 잘라내는 방식이 아니라 벽돌을 쌓듯 '켜켜이 쌓는' 기술이다. 평면의 2차원적인 도면이 아니라 CAD* 등을 사용해 입체적인 형태의 3차원으로 설계한다. 그리고 그 도면에 따라 레이저가 재료를 녹여 층층이 쌓아올린다. 영화 〈미션 임파서블〉에서 가면이 만들어지는 장면을 보았다면 쉽게 이해할 수 있을 것이다. 이처럼 조형 재료가 수많은 레이어(층)로 이루어지기 때문에 프린터(Printer) 혹은 프린팅(Printing)이라는 말을 사용한다.

　현재 3D 프린팅 기술은 임플란트나 기계나 장비의 부품처럼 복잡하고 소형인 제품부터 자동차나 무인비행기, 건물처럼 커다란 물건도 단번에 만들 수 있을 정도다. 게다가 현재 MIT 자가조립연구소에서는 열·물 등의 조건에서 시간의 변화에 따라 스스로 형태나 성질을 바꾸는 '자가 변형 물질'을 개발하고 있다. 바로 4D 프린팅 기술이다. 이 기술이 성공한다면 영화 〈터미네이터 2〉에 나오는 악당, 액체 로봇을 현실에서도 볼 수 있을지 모른다.

* Computer Aided Design: 컴퓨터에 입력한 설계 정보를 그래픽 디스플레이 장치를 이용해 화면에 구현하는 기술

영화 〈터미네이터2〉의 액체로봇.

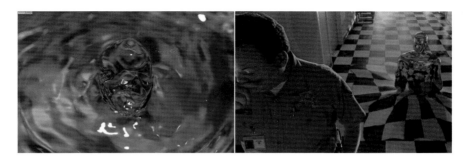

4D 세상이 온다

3D 프린팅 기술이 마치 4차 산업혁명을 맞아 새롭게 등장한 기술처럼 이야기했지만, 3D 프린팅 기술이 등장한 것은 무려 30여 년 전인 1983년이다. 그럼 그동안 이 오래된 기술은 어디에 있었던 것일까? 창고 속에서 때를 기다리며 잠자고 있었을까? 아니다. 그동안 3D 프린팅 기술은 기업이나 연구소 등에서 제품 샘플이나 모형을 만들 때, 콘셉트 디자인을 구현할 때 제한적으로 사용했다. 기업 입장에서는 아주 유용한 기술이었던 셈이다.

이런 3D 프린팅 기술이 대중화될 수 있었던 것은 2009년을 기점으로 3D 프린팅의 특허가 하나둘씩 만료되면서 오픈소스가 공개되었기 때문이다. 이전에는 3D 프린터 한 대 값이 수천만 원을 호가했지만, 이제는 저가의 기계가 속속 만들어지며 개인용 시장이 활성화되고 있는 것이다. 특히 2016년 말 '금속' 3D 프린팅 핵심 특허가 만료됨에 따라 앞으로 본격적인 3D 프린팅 시대가 열릴 것으로 전문가들은 예상하고 있다.

이 외에도 플라스틱이나 나일론, 고무, 스테인리스 스틸·티타늄 등 거의 모든 금속 재료를 사용할 수 있다는 장점과 3D 디지털 도면의 제작 도구로 쓰이는 CAD처럼 일반인이 사용하기 쉬운 소프트웨어가 보급되었다는 것도 산업현장 활용성과 대중화를 앞당긴 이유다. 현재 세라믹, 풀 컬러 사암, 목재, 식재료, 바이오 같은 소재도 한창 개발 중에 있다.

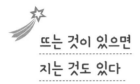

뜨는 것이 있으면
지는 것도 있다

환경오염까지 줄이는 착한 3D 프린터

세상은 3D 프린팅 혁명으로 인해 많은 혜택을 보고 있다. 첫째, 제품을 만드는 시간과 비용이 비약적으로 줄어들었다. 실제 현대자동차는 연간 8,000여 개의 부품을 3D 프린터로 제작해 개발 비용을 종전의 20% 수준까지 절약했다. 그뿐만이 아니다. 아무리 모양이 복잡해도 일체형(One-body)으로 뚝딱 물건을 만들 수 있고, 제품 구성이 단순해져 고장률도 낮출 수 있다. 게다가 기존의 제조 기법으로는 만들 수 없는 아이디어도 3D 프린팅 기술을 이용해 얼마든지 만들 수 있다. 제품 성능이 좋아지고, 창작의 폭이 극도로 넓어진 것이다.

좋은 점은 또 있다. 불필요한 재료의 낭비를 줄일 수 있어 환경오염도 줄어든다. 물건을 미리 만들어 창고에 쌓아둘 필요가 없으므로 운송비나 재고 관리 같은 물류비도 줄일 수 있다. 무엇보다 중요한 것은 자동차 같은 고가의 제품도 개개인의 취향에 맞춰 만들 수 있다는 것이다. 심지어 3D 디지털 도면만 있으면 소비자가 직접 물건을 만들 수도 있다. 지금의 대량 생산 중심에서 맞춤형 대량 생산 중심으로 바뀌게 되는 것이다.

산업 구석구석에 활용 가능한 3D 프린터

3D 프린팅 기술이 제품 제작에만 사용되는 것은 아니다. 적용 분야는 무궁무진하다. 고고학자나 고생물학자라면 3D 프린터를 이용해 토기 파편이나 고생물 화석의 소실된 부분을 쉽게 완성해 연구에 활용할 수 있고, 전시 전문가는 관람객을 위해 유물 등 전시물을 실제 만지고 느껴볼 수 있도록 3D 프린터를 활용할 수 있다. 외과 의사도 복잡하고 어려운 수술을 하기 전 미리 장기를 만들어 연습해 수술 성공률을 높일 수 있다(실제 세계 의학계는 심장수술과 뇌수술 등에 3D 프린터를 적극 활용하고 있다). 교사도 자신이 구상한 아이디어를 3D 프린터로 만들어 창의 수업을 진행하거나 복잡한 이론을 3D 프린터로 직접 만들어 설명하는 체험형 교육이 가능해진다.

생산 현장도 변화시킬 수 있다. 육체를 사용해야 하는 기존의 노동 방식에서 벗어나 3D 프린터로 덜 힘들고, 덜 위험하고, 덜 더러운 근무 환경을 만들 수 있다. 남성 중심의 생산 현장은 여성 친화적으로 바뀔 수도 있고, 청년층이 중소제조업체를 기피하는 현상도 완화될 것이다. 어쩌면 3D 프린터로 전 세계에서 중노동에 시달리고 있는 아이들을 구제할 수 있을지도 모른다.

일 자체가 흔들흔들, 사라질 운명의 직업들

액체 로봇과 체험형 수업은 즐거운 상상이지만, 일자리 감소는 악몽이다. 3D 프린팅 기술과 3D 모델링 기술이 더 정교화되고 확산된다면 금형원이나 주물원 같은 직업의 일자리가 위협을 받을 수 있다. 3D 프린터는 숙련 기능원보다 더 복잡하고 정밀한 형상을 만들어낼 수 있기 때문이다. 일본도 3D 프린팅 기술의 보급으로 인해 일본의 제조 경쟁력이 약화될 것이라 우려한 바 있다. 치아의 본을 뜨고 각종 보철물을 수작업하는 치과기공사도 3D 프린터로 인해 위협을 받는 직업 중 하나다. 아직 치과기공물 3D 프린터 가격이 고가이긴 하지만, 점차 3D 프린터를 이용한 치과기공물 제작 시스템을 갖춘 곳이 늘어나고 있다. 따라서 기능원들은 생산기술 발전에 대응하여 새로운 기술을 익히고 기존 노하우와 접목하는데 게을리 해서는 안 된다.

3D 프린터는 조립이 필요 없는 일체형 제품을 만들 수 있기 때문에 부품 조립원도 영향을 받는다. 이미 유럽항공방위산업체(EADS)는 바퀴와 페달, 안장, 몸체 일체를 3D 프린터로 인쇄해 '에어바이크(Airbike)'라는 일체형 자전거를 제작했다. 고장률이 낮아 정비원 수요도 줄어들 것이다.

이 외에도 다른 제조업에 비해 자동화와 기계화가 어려운 분야로 인식되고 있는 건축 분야도 3D 프린터의 위협을 비켜가지는 못할 것으로 예상된다. 실제 머지않은 미래에는 전체 시장의 30~50%의 제품이 3D 프린터로 만들어질 것이며, 사람들의 일하는 방식이나 소비 방식에도 큰 영향을 미칠 것으로 전문가들은 예상하고 있다.

3D 프린터로 인쇄된 세계 최초의 건물이 두바이에 세워졌다.

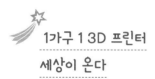

1가구 1 3D 프린터
세상이 온다

하늘에서 음식이 내린다면?

　　아디다스의 경우, 완전 자율화 공장을 만들면서 기존 직원의 무려 98%를 실업자로 만들었다. 세상의 우려대로 로봇이 사람의 일자리를 완전히 장악한 케이스다. 하지만 모든 일은 양날의 검. 부정적인 면만 바라보아서는 곤란하다. 3D 프린팅 기술은 기존의 직업에 좋은 영향을 주기도 하고, 새로운 직업을 만들어내기도 할 것이다.

3D 프린팅 식품 개발자나 3D 프린팅 전문 요리사처럼 말이다. 두 직업 모두 3D 프린팅 기술을 이용해 새로운 식품을 개발하거나 요리를 하는 직업이다. 예를 들어 미래의 영양 공급원이라고 부르는 식용 곤충(단백질 파우더)와 해조류를 사용해 닭다리 형태의 먹음직스러운 음식을 3D 프린터로 제조하는 식이다. 바꾸어 말하면 미래에는 재료만 있으면 어떤 요리든 가능하다는 이야기다. 실제 2016년 영국 런던의 한 레스토랑은 3D 프린터를 사용하여 요리를 만드는 팝업 스토어를 열기도 했으며, 3D 시스템즈에서는 과자나 케이크에 사용되는 슈가 아트 등을 만들어낼 수 있는 셰프제(Chefjet)를 발표하기도 했다.

3D 프린팅 식품 개발자나 3D 프린팅 전문 요리사는 이전에는 결코 생각해보지 않았던 직업이다. 하지만 이제 그 가능성을 염두에 두어야 한다. 실제 3D 프린팅 식품 개발은 현재 제약 업체나 건강식품 업체, 일반 식품 업체 등에서 연구 개발 중이다. 이처럼 사라질 것을 두려워할 것이 아니라 새로운 기술을 이용해 무엇을 할 것인가를 생각하는 것이 더 중요하다.

누구나 제작자, CEO가 될 수 있는 시대

3D 프린팅 기술은 도면과 재료만 있으면 다양한 물건을 만들어낼 수 있어 '21세기의 연금술'이라고 부르기도 한다. CAD 및 3D 프린팅 전문 업체인 인텔리코리아의 한명기 이사는 "3D 프린팅 기술의 발달은 아이디어를 가진 사람이 제작까지 하게 되는 생산 기술 보편화 사회와 대량 맞춤 시대를 이끌 것"이라고 말했다. 세상은 3D 프린팅 기술로 인해 더욱 더 창의적이며 역동적으로 변하게 될 것이다.

얼마 전 정부는 '100만 메이커스'를 양성한다는 계획을 밝혔
다. '메이커'는 다가올 새로운 산업혁명을 주도하며 제품 제작과 판
매의 디지털화를 이끄는 사람으로, 제품을 직접 생산할 수 있는 인

건축용 3D 프린터, Kamer Make

사진 출처 : 두스아키텍츠, 씨넷디

3D 프린터로 제작한 일체형 자전거

사진 출처 : EADS

력을 키우겠다는 의지다. 과거에는 좋은 아이디어가 있어도 그것을 실현하기까지 많은 어려움이 따랐다. 하지만 이제 3D 프린터가 있다. 아이디어만 좋으면 누구나 제품을 만들어 팔 수 있다. 누구나 CEO가 될 수 있는 것이다. 어쩌면 3D 프린트용 재료를 집에 갖춰두고, 물건이 필요할 때마다 집에서 뚝딱 만들어 쓸 수도 있게 될지도 모른다.

물론 실제 이런 일이 가능해지기까지는 제법 긴 시간이 필요할 것이다. 그러나 스마트폰이 출시된 후 어느 시점을 순간으로 폭발적으로 전 세계에 퍼져나간 것처럼 3D 프린터도 그렇게 되지 않으리라는 보장이 없다. 다가올 3D 프린터 시대에 맞추어 능동적으로 대비해야 하는 이유다.

새로운 시대, 새로운 직업

증기기관이나 전기, 자동차, 컴퓨터, 인터넷 등 새로운 기술과 제품이 등장했던 때와 마찬가지로 3D 프린팅이라는 새로운 기술의 등장은 기존의 직업을 사라지게도 하고, 기존의 직업을 새롭게 변화시키기도 하며, 완전히 새로운 직업이 생겨나게도 할 것이다.

가장 먼저 생각해볼 수 있는 것은 3D 프린터 개발자, 3D 프린팅 생산공정 분석가, 3D 프린터용 재료 기술자 같은 3D 프린팅 엔지니어다. 3D 프린팅으로 만들어 낼 수 있는 것은 무궁무진하기 때문에 3D 프린터의 활용성이 커지고 3D 프린터 산업이 성장하면서 이런 엔지니어를 찾는 업체들이 부쩍 늘어날 것이다. 그리고 3D 프린터 강사에 대한 수요도 증가할 것이다. 지금도 3D 프린터를 도입하려는 기업이나 창업 희망자, 취미로 즐기는 개인을 대상으로 교육이 이루어지고 있다. 원하는 부품을 얻기 위해 디지털 소재 단계부터 소재를 설계하는 3D 프린팅 소재 코디네이터, 기술 자문을 담당하는 3D 프린팅 컨설턴트도 엔지니어링 분야에서 새롭게 생겨날 직업으로 꼽힌다.

유통업계 쪽에서는 3D 프린터용 재료 판매업자가 부상할 것으로 보인다. 현재도 관련 업체가 영업 중이지만, 3D 프린터가 보편화되면 관련 업체나 종사자가 증가할 것이다. 종이 프린터 회사들이 본체보다 잉크 판매로 이익을 남기듯 3D 프린터 제조 회사들도 3D 프린터 재료 판매를 통해 이익을 남기는 경영 전략을 펼 가능성이 크다.

분야별로 3D 출력물의 물성과 신뢰성을 평가하고 안정성을 인증하는 3D 출력물 품질 및 신뢰성 평가 전문가가 생겨날 가능성도 크다. 이들은 3D 출력물이 저작권법에 저촉되지 않는지 여부도 검증하게 될 것이다.

3D 모델러 CAD를 사용해 3차원 출력물의 형상 정보를 새로 만들거나 3D 스캐너 등을 사용해 자동차, 항공, 메디컬 등 응용 분야에 적합하도록 3차원 출력물의 형상 정보를 가공한다. 각종 설계나 디자인을 디지털 도면으로 옮기는 일을 하던 사람은 비교적 간단한 추가 교육만 받으면 '3D 모델러'로 경력 개발을 할 수 있다. CAD를 다루는 사람은 3D 프린팅 부품 설계 전문가로 발전할 수도 있다.

맞춤형 개인 소품 제작자 개인 취향과 신체에 맞는 고품질 제품에 대한 수요는 꾸준히 증가하고 있다. 3D 프린터의 소재 품질이 더욱 향상된다면 완구

류, 운동기구, 액세서리, 인테리어 소품, 신발 등 대부분의 분야에서 개인 맞춤형 제품을 소량 제작해 직접 판매하는 창업자가 증가할 것이다. 우리나라에도 3D 프린터로 고객의 얼굴이나 전신, 태아의 피규어를 제작해주는 전문점이 등장했다.

B2C 부품 제작 및 창업자 3D 프린터가 확산되면 대기업으로부터 제품을 공급받는 것이 아니라 완제품이나 부품을 직접 기획하고 만들어 판매하는 오픈 마켓이 늘어날 것이다. 제품뿐 아니라 설계한 디지털 도면을 판매할 수도 있다. 고가의 산업용 3D 프린터를 이용하고자 하는 사람들을 위한 3D 프린터 전문점도 등장할 전망이다. 3D 프린터가 확산되면 취미 이상의 전문적인 목적으로 3D 프린터를 이용하고자 하는 수요가 커질 수 있다.

바이오 인공장기 제작사 환자를 위한 개인 맞춤형 인공 턱뼈나 치아, 연골, 인공 혈관, 귀 등의 장기를 전문적으로 제작하는 일을 한다. 지금은 일부 병원에서 의사나 과학자를 중심으로 3D 바이오 프린터가 활용되고 있지만, 향후 3D 바이오 프린터가 상용화되면 이 업무를 전담하는 전문 직업이 생겨날 것이다. 병원을 중심으로 부설 바이오 인공장기 전문센터나 전문부서가 설치되면 병원 소속으로 근무하게 될 수 있다.

3D 디자인 중개 사이트 운영자 3D 디지털 디자인을 거래하고 중개한다. 3D 프린터가 확산되면 생산 설비나 넓은 공간이 필요 없으므로 누구나 쉽게 제품을 만들 수 있게 된다. 디지털 도면을 사고팔 수 있는 시스템과 제도가 만들어지면 작곡가가 음원에 대한 저작료를 받듯이 자신이 창작한 디지털 도면에 대해 저작료를 받는 시대가 열릴 수 있다. 이미 선진국에는 3D 디자인 중개 사이트가 운영되고 있다. 3D 프린팅 서비스 업체인 셰이프웨이즈(Shapeways)

에서는 수십만 개의 설계도가 유통되고 있으며, 1년에 수십만 달러가 거래될 정도다. 물론 3D 디자인 중개 사이트 업체가 온라인 3D 프린팅점을 같이 운영할 수도 있다.

불법 디지털 도면 검열관·프린팅 저작권 인증 및 거래사 3D 프린터가 상용화되면 제품 설계 도면이 불법으로 유통될 수 있고, 복제한 제품을 무단으로 판매하는 등 지적 재산권 침해 사례가 증가할 것이다. 따라서 온라인에서 위험한 디지털 도면이 불법 유통되는 것을 모니터링하고 방지하고, 무단으로 특정 제품을 복제 생산하는 것을 방지할 필요가 있다. 심지어 3D 프린터로 총기류와 같은 위험물을 제작할 수도 있다. 따라서 3D 프린팅 저작권 인증 및 거래사는 원작자의 창작물 권리 보호를 위해 불법 행위를 감시하는 일을 한다(기존의 변리사가 이 일을 담당할 수도 있다). 또한 불법 디지털 도면 검열 업무는 산업 기밀이나 테러 방지를 담당하는 정부기관이 앞서 진행할 것이다.

꼼꼼 과학 강의실

3D 프린팅 기술, 어떻게 구현될까?

3D 프린팅 기술은 세계 1위 3D 프린터 업체인 3D 시스템즈(3D Systems)의 공동 창업자인 찰스 헐(Charles W. Hull)이 개발했다. 3D 프린팅은 다양한 조형 재료를 레이저로 녹인 뒤 층층이 쌓는 적층(Additive Manufacturing) 과정을 거쳐 3차원의 입체적인 물체를 만들어낸다. 플라스틱과 같은 고체 물질을 녹인 뒤 여러 겹으로 쌓아 제품을 만드는 방식을 압출적층방식(FDM, Fused Deposition Modeling)이라고 한다. 3D 프린터로 만드는 제품은 먼저 제품의 형상을 이미지로 디자인하고, 컴퓨터 프로그램을 활용해 3D 모델링 과정을 수행한다. 그다음 출력물의 조건에 맞는 최적의 소재와 장비를 선택해 설계된 디자인대로 프린터가 작업할 수 있도록 좌표 값, 속도, 온도 등을 설정한다. 작업이 제대로 진행되고 있는지 파악하기 위해 수시로 프린터기의 진행 사항을 점검하면서 사상(다듬질) 작업, 도색 및 코팅 등 후처리 공정을 통해 제품이 완성된다.

과학이 예술 세계도 넘볼 수 있을까?

예술은 인간의 감성을 대변하는 작품이다. 이러한 예술을 과학이 만들어낼 수 있을까? 3D 프린터는 매우 복잡하거나 대상과 재료의 한계를 극복하기 힘든 것도 만들어 낼 수 있어 창의적인 예술품을 제작하는 데도 알맞다. 아직은 실험적 단계에 그치고 있지만, 일부 패션디자이너들이 3D 프린터를 활용해 의상을 제작하고 있는 것이 사실이다. 하지만 3D 프린팅 기술이 더욱 발전되고 보편화된다면 전문적인 3D 패션디자이너가 출현할 것이다.
그리고 이전에는 구현하지 못했던 디자인의 도자기나 설치 미술, 조형물 등을 디자인하고 제작할 수 있어 3D 프린팅을 전문으로 하는 예술가가 등장할 수도 있다. 마치 스마트폰으로만 사진을 찍는 포토그래퍼가 등장한 것처럼 말이다.

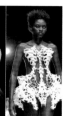

3D 프린팅 기술에도 한계가 있을까?

보철, 보청기, 안경, 옷, 신발은 물론 인공 근육, 혈관, 장기 등의 인체조직, 게다가
음식까지 만들 수 있는 3D 프린팅의 기술에도 한계가 있을까? 사실 3D 프린팅의
기술의 끝은 그 한계가 보이지 않는다. 그러나 3D 프린팅 기술은 사출 성형(Injection
Molding)에 비해 대량 생산 효율이 낮기 때문에 다양한 품종을 소량 생산하는
데는 맞지만, 대량 생산을 하기에는 적합하지 않다. 하지만 이런 한계도 조형 속도와
내구성을 개선한다면 얼마든지 극복할 수 있다. 만약 기술 발전을 통해 공장 대량 생산
방식에 버금가는 효율성을 달성하게 된다면 제조업은 일대 혁명을 맞이하게 될 것이다.
세계 각국 정부 및 많은 기업이 3D 프린터 산업의 높은 성장성을 내다보고 개발과
투자를 경쟁적으로 확대하고 있다. 미국의 버락 오바마 전 대통령도 2013년
연두교서에서 "3D 프린팅이 세상에 존재하는 모든 제조 방법에 혁명을 가져올
것"이라고 천명하기까지 했다.

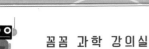

꼼꼼 과학 강의실

3D 프린팅에 의한 직업 세계의 변화 방향 총정리

구분	변화 방향	관련 직업	내 용
새로운 기회를 맞이한 직업들	생산성 향상 및 기술 혁신 주도	· 시제품 제작 기술자 · 제품 개발자 & 연구자 · 의사(surgeon) · 교육자 & 전시전문가 · 미니어처 제작자 · 귀금속가공사	3D 프린팅은 기술적 특성상, 시제품 제작이나 소량의 부품 제작 시에 시간과 비용을 현격히 줄이고, 복잡한 디자인의 제품 개발 및 제조를 가능케 하기 때문에 일찌감치 자동차나 항공우주, 의료 등 다양한 분야에서 주목을 받았고, 생산성 향상과 기술 혁신에 기여하고 있다.
	3D 프린팅 관련 기술직 인력수요 증가	· 3D 프린터 개발기술자 · 3D 프린터용 재료기술자 · 3D 프린터 운영전문가	3D 프린터 산업에 대한 정부의 지원에 힘입어 3D 프린터와 스캐너 등 관련 기기의 연구 개발 및 제조업, 관련 서비스업이 성장할 것으로 예상되며, 관련 기술직에 대한 수요가 증가할 것으로 예상된다.
	3D 프린팅 서비스 부문 신규인력 수요	· 3D 프린팅 기술영업원 · 3D 프린터 정비원 · 3D 프린터 강사 · 3D 프린터용 재료 판매업자	3D 프린팅 기술의 발전과 확산은 기기 및 재료의 판매, A/S, 활용 교육 등 관련 서비스 부문의 성장을 동반한다.
	경력개발 및 직무확장의 기회	· 3D 모델러 · 3D 프린팅 부품설계 전문가	새로운 기술의 등장은 근로자에게는 새로운 기회가 많아진다는 것을 의미한다.
위기에 직면한 직업들	전통적 생산직 근로자의 일자리 감소	· 주물원/금형원/목형제작자 · 공작기계조작원 · 치과기공사 · 부품조립원/수리원 · 건축기능원(콘크리트공, 형틀목공 등) · 패션소품 제조원(주얼리 제품, 안경 제조 등)	금속 재료를 정밀하게 절삭하고 다듬는 방식의 제조 과정에서는 숙련기능원의 역할이 중요하지만, 3D 프린터를 이용하면 더 복잡하고 정밀한 형상을 만들어낼 수 있기 때문에 숙련기능원에 대한 수요가 줄어들 가능성이 있다.
	물류업 종사자의 일자리 감소	· 물류업 종사자	3D 프린팅의 특성인 소비 현장 생산, B2C의 확산, 리드 타임이 없어짐에 따른 재고 관리의 필요성 감소 등은 물류업 종사자의 일자리에 부정적 영향 요인이다.

새로운 직업의 탄생과 일자리 창출	의료 분야	· 바이오 인공장기 제작사
	판매 및 유통 분야	· 맞춤형 개인 소품 제작자 · B2C 부품 제작 및 창업자 · 3D디자인 중개 사이트 운영자

	컨설팅 및
	엔지니어링
	분야
		· 3D 출력물 품질 및
		  신뢰성 평가 전문가
		· 3D 프린팅 소재
		  코디네이터
		· 3D 프린팅 컨설턴트

	문화예술 분야	· 3D 프린팅 예술가 · 3D 패션 디자이너
	식품 및 요리 분야	· 3D 프린팅 식품 개발자 · 3D 프린팅 전문 요리사

	공공 등 기타
	분야
		· 불법 디지털 도면
		  검열 요원
		· 3D 프린팅 저작권
		  인증 및 거래사

증기기관, 전기, 자동차, 컴퓨터, 인터넷 등 새로운 기술과 제품이 등장했던 때와 마찬가지로, 3D 프린팅이라는 새로운 기술의 등장은 의료, 유통, 문화예술, 식품, 공공서비스 등 다양한 부문에서 새로운 직업을 탄생케 하고 일자리를 창출할 것이다.

한계를 뛰어 넘어 미래 가치를 제조한다

———

3D 프린팅 전문가
이 낙 규

Q 3D 프린팅 기술에 대해 간단하게 설명해주세요.

3D 프린팅 기술은 3차원 형상을 2.5차원의 얇은 막 단위 구조를 적층(층층이 쌓음)함으로써 제품을 구현하는 기술입니다. 좀 더 쉽게 말하면 액체든, 분말이든 기본적인 단위 소재를 3차원적으로 쌓는 개념이죠. 열에 의해 녹을 수 있는 열가소성 플라스틱을 이용하거나 빛을 받으면 경화가 일어나는 광경화성 수지를 이용하는 방법이 대표적입니다. 금속 분말을 이용해 고출력 레이저를 분말이 쌓여 있는 베드 위에 쏘아서 적층하는 방식도 있습니다. 이런 3D 프린팅 기술을 통해 현재 산업적인 활용도가 급격히 늘어나고 있습니다.

Q 이 일을 시작하게 된 계기는 무엇인가요?

3D 프린팅 기술은 부품을 제작하는 생산 기술 중 하나입니다. 그동안 기술적 한계가 있어 활용되지 못하다가 최근 소재, 장비 등 성능 개선이 이루어지면서 각광을 받게 되었습니다. 2012년 오바마 대통령이 연두교서에서 3D 프린팅을 언급하면서 국내외적으로 큰 이슈가 된 것이 기폭제가 된 것도 있죠. 제조업 분야에서는 맞춤형

소량 생산, IoT 연계 스마트화, 원격 생산 등 많은 미래 이슈가 있습니다. 3D 프린팅 기술은 이에 가장 부합하는 생산 방식입니다.

국내에서도 2014년 정부가 3D 프린팅 기술 산업발전 전략을 내놓으면서 다양한 정책적 기획이 이루어졌습니다. 이중 산업통상자원부에서 가장 먼저 3D 프린팅 기술 성장기반 조성을 목적으로 '3D 프린팅 기술 기반 제조혁신지원센터 구축' 사업을 지원했고, 한국생산기술연구원이 이를 주관해 수행하게 되었습니다.

Q 3D 프린팅 기술의 현재 연구 수준은 어느 정도인가요?

3D 프린팅 기술은 1980년대에 열에 의해 녹을 수 있는 열가소성 플라스틱을 용융적층, 그리고 빛에 의해 고체가 될 수 있는 광경화성 수지를 레이저 스캔해 적층하는 방식으로 연구를 시작했습니다. 2000년도 이후부터 금속을 포함한 다양한 기능을 가진 재료의 3D 프린팅 공정 및 장비가 개발되었습니다. 금속 3D 프린팅 기술이 발전하면서 현재 자동차, 특수기계, 항공우주 부품 제조 등에 커다란 가능성을 보여주고 있습니다. 또한 3D 프린팅 기술은 생산 기술의 큰 축인 금형 제조 또는 개조, 보수 등에 활용되어 산업 전방위적, 전주기적으로 활용되고 있으며, 앞으로는 더 폭넓게 사용될 것으로 전망됩니다.

3D 프린팅 기술은 산업현장 외에도 먹을 수 있는 식재료, 섬유, 장식재, 보석류 등 다양한 소재를 직·간접적으로 활용하면 생활 전반에 걸쳐 응용할 수 있는 가능성이 있습니다. 또한 맞춤형 제작 방식의 이점을 살려서 환자 맞춤형으로 제작되는 의료기기, 심지어 살아 있는 세포를 포함한 바이오 인공장기를 프린팅하는 기술 연구도 현재 활발하게 이루어지고 있습니다. 이러한 선도적인 연구는 미국, 유럽 등 제조 관련 선진국을 통해 이루어지고 있으며, 국내에서도 산업계, 학계, 연구계에 종사하는 많은 분들이 열정적으로 3D 프린팅 기술 연구를 수행하고 있습니다.

Q 현재 3D 프린팅 기술이 현장에서 적용되고 있나요?

3D 프린팅 기술은 실제 제조 현장에 활용되고 있습니다. 3D 프린팅 기술을 활용하기 위해서는 재료 및 공정 선정 등 많은 기술과 고가의 산업용 3D 프린터를 통한 공공인프라 활용 등이 필요합니다. 이 때문에 3D 프린팅 기술을 제품 개발에 적용하기 위해서는 전문 노하우가 필요합니다. 한국생산기술연구원은 3D 프린터와 연계해 활용할 수 있는 다양한 전문 제조 인프라 및 노하우를 보유하고 있습니다. 따라서

제조혁신지원센터에서 3D 프린터를 활용하는 데 있어 필요한 3차원 데이터의
확보, 설계, 역설계 및 후공정 연계 등 제품제조 전주기에 걸친 통합적 제조기술을
기업에 효율적으로 지원하고 있습니다. 전주기 종합적 제조 기술 지원은 타 기관 또는
업체에서 수행하고 있는 제조 서비스와 차별되는 부분으로 기업에 많은 도움이 되고
있습니다. 또한 3D 프린팅 기술과 다른 기술을 상호 보완하거나 융합해 제조 기술을
고도화하려는 노력도 기울이고 있습니다.

Q 3D 프린팅 산업이 가지고 있는 매력은 무엇인가요?

3D 프린팅 산업은 기술뿐만 아니라 응용 산업 측면에서도 향후 발전 가능성이
매우 큰 분야입니다. 물론 지금 언론에서 이슈가 되는 것처럼 모든 것을 다 만들 수
있는 만능 기술은 아니지만, 3D 프린팅 제조 방식과 연계하면 다양한 개인 맞춤형
제품을 만들어낼 수 있습니다. 이는 상당한 고부가가치 서비스로 이런 미래 가치가
있는 최첨단 기술을 현장에서 가장 먼저 활용하고, 일선에서 관련된 기술 개발을
담당한다면 대단한 자부심을 느낄 수 있을 것입니다.

Q 힘들고 어려운 점도 많을 것 같습니다.

기술적 한계가 큽니다. 적층 방식을 기반으로 하기 때문에 표면에 결이 남아 마감
퀄리티가 낮은 점과 중·소량이 넘어가는 생산량에 대응할 수 없는 제조 속도가 가장
큰 문제점입니다. 또 사용할 수 있는 재료가 한정되어 있는 것도 문제라고 볼 수 있죠.
물론 이러한 이슈는 재료 부분에서 계속적인 협력 연구를 통해 하나둘씩 해결되고,
그에 따른 응용 범위도 더욱 확대되어 갈 것입니다.

Q 기억에 남는 에피소드가 있나요?

3D 프린팅 기술을 연구하다 보면 생산 현장에 종사하는 분들뿐만 아니라 의료계, 패션
산업계 종사자 등도 다양한 산업에서 종사하고 있는 분들과 만날 기회가 있습니다.
우연하게 의사를 만날 기회가 있었는데, 3D 프린팅 기술에 대한 이야기를 나누며 실제
몸 안에 넣을 수 있는 재료로 의사가 원하는 구조물을 제작해 연구에 활용한 적이
있습니다. 물론 이러한 연구는 현재 많은 연구자들에 의해 행해지고 있는 3D 프린팅
기술의 분야입니다. 앞으로도 다양한 분야에 종사하는 분들을 만나다 보면 생각하지
못한 여러 가지 응용 사례가 나올 수 있을 것이라고 생각합니다.

Q 앞으로 3D 프린팅 산업은 어떻게 달라질까요?

제품 개발 기간이 현저히 단축되어 새로운 제품의 출시가 매우 빈번해질 것입니다. 심지어는 가정에서 여러 가지 생활자재들을 직접 생산해 활용할 수도 있을 것입니다. 세상에 하나밖에 없는 개인 맞춤형 제품이 3D 프린팅 제조 서비스와 연계되어 출시될 수도 있겠죠. 또한, 손상된 피부나 장기를 3D 프린터를 활용해 만든 부품으로 대체하는 기술도 가능할 것입니다. 아마도 앞으로는 3D 프린터를 활용해 상상하는 모든 것을 만들 수 있는 미래가 펼쳐질지도 모릅니다. 이런 주장처럼 3D 프린터가 새로운 산업혁명을 일으킬 만한 기술인지는 확신하기 어렵지만, 3D 프린터의 놀라운 응용 사례는 지금도 계속해서 나오고 있으며, 앞으로도 지속될 것입니다.

Q 3D 프린팅 분야로 진출하고 싶은 청소년들을 위한 조언을 해주신다면?

3D 프린터는 현재 일반 개인이 가질 수 있는 수준의 저가형 장비들도 시중에 많이 나와 있습니다. 심지어 2000년대 중반에 들어서는 영국에서 장비기술, 소프트웨어 기술과 관련해서 오픈소스가 배포되면서 일반인들도 3D 프린터를 직접 만들 수 있게 되었습니다. 이런 오픈소스를 기반으로 직접 3D 프린터를 개발해 비즈니스를 하는 사람도 많습니다. 학생들이 이런 간단한 3D 프린터를 직접 경험해보고, 소프트웨어나 하드웨어를 조립하는 경험을 해본다면 이 분야에 대한 이해가 깊어질 것입니다. 더불어 각자가 평소에 생각하고 상상했던 응용 분야를 창의적으로 결합해 새로운 아이디어를 제시한다면 여러 가지 창업 아이템도 나올 수 있을 것입니다. 단, 3D 프린터가 만능 제조 장비는 아니며 사용하는 재료, 적층 방식에 따라 그 종류도 매우 다양합니다. 따라서 이러한 다양한 방식의 3D 프린터를 직접 보고 출력을 직접 경험해 보는 것이 3D 프린팅 산업에 진출하는 첫걸음이 될 것입니다.

PROFILE

이낙규 KAIST 공학박사이자 한국생산기술연구원 3D 프린팅 제조혁신센터 센터장. 제조혁신지원센터에서 제품 개발에 활용될 수 있는 시제품 제조 기술 지원을 수행하고 있다.

6

사물인터넷 혁명

손가락 하나 까딱하지 않고, 알아서 척척!

글 / 김한준
대학과 대학원에서 산업심리학을 전공하였고 오랫동안 우리나라와 해외의 직업을 연구해 왔습니다. 미래를
준비하는 청소년이나 구직자가 직업에 대하여 궁금해 하는 내용을 연구하고 조사해서 전달하는 것이 제 역할이죠.
직업연구자로서 요즘 저의 관심 영역은 최근 부상하고 있는 '신직업/ 향후 유망직업', '직업세계에서 요구하는 역량',
그리고 최근에는 '4차 산업혁명과 직업세계의 변화' 등에 관한 것입니다.

2008년 개봉한 애니메이션 <월E>의 주인공은 처진 눈 모양을 가진, 좀 불쌍해 보이는 청소 로봇이다. 이 애니메이션에서 사람들은 황폐해진 지구를 버리고 떠나 우주여행을 즐긴다. 손가락 하나 까딱할 필요가 없어져 비대해진 사람들은 기계에 몸을 맡긴 채 시간을 보낸다. 여기서 주목할 것은 '손가락 하나 까딱할 필요가 없는' 기술이다. 모든 것이 연결된 사회, 사물인터넷이 만드는 세상이다.

삼성전자'의 개방형플랫폼 '스마트싱스(SmartThings)는 사물인터넷 기술을 활용해 수도나 배관 등 기본적인 시설부터 각종 전자제품까지 집안 곳곳을 제어할 수 있다.

사진 출처 : 삼성전자

사람이 왕따?
사물과 사물끼리 정보를 나눈다

미래의 어느 날, 다연결 씨의 하루

이른 새벽, 다연결 씨는 잠에 빠져 있다. 지난 밤 내린 눈 때문에 교통상황이 좋지 않아 출근길 도로가 심하게 막힌다는 소식을 접한 스마트폰이 알아서 평소보다 일찍 알람을 울려 깨운다. 덕분에 다연결 씨는 늦잠을 자지 않고 일찍 일어나 출근 준비를 서두른다. 출근하기 위해 집을 나서려고 하자 약병이 아침에 먹어야 할 약을 잊었다는 신호를 보낸다. 영양제를 챙겨 먹은 다연결 씨가 집을 나서자 커피포트의 전원을 포함한 모든 조명이 꺼지고 가스가 자동으로 차단된다. 주차장으로 향하는 다연결 씨. 자동차는 출발 시간에 맞추어 실내 공기를 적정 수준으로 유지한 채 기다리고 있다. 다연결 씨는 쾌적한 자동차에 올라 직장을 향해 출발한다.

출근길, 다연결 씨는 전철 인근의 공영 주차장에 주차 가능한 차량이 얼마나 되는지, 어느 구역에 빈자리가 있는지 스마트폰 애플리케이션을 통해 확인한다. 안전하게 주차한 뒤 사무실에 도착하자 회사의 결제 시스템이 PC 메신저를 통해 오늘 처리해야 할 주요 업무를 알려준다. 반려견을 키우고 있는 다연결 씨는 회사에서도 틈틈이 반려견의 소식을 챙긴다. 반려견을 산책시키는 사람이 집을 방문해 운동을 시키고 먹이도 주는 모습을 스마트폰 애플리케이션을 통해 확인한다. 반려견이 산책한 코스도 알 수 있다. 주차 가능 장소 탐지 센서와 반려견에 장착된 센서가 다연결 씨의 스마트폰과 연결되어 정보를 주고받기 때문이다.

회사 일을 마치고 집에 돌아가자 조명이 환히 밝혀지며 다연결 씨를 반기며, 평소 자주 보던 TV 뉴스 프로그램이 자동으로 켜진다. 냉장고에서 우유가 조금밖에 남지 않았다는 신호를 스마트폰으로 보내면서 5분 후 자동 주문을 넣겠다는 메시지가 뜬다. 우유 주문을 확인한 다연결 씨는 할 일을 한 후 잠자리에 든다. 잠들기 전에는 손목에 찬 웨어러블 기기가 혈압과 혈당 그리고 혈중 콜레스트롤 수치 등 건강 관련된 정보를 측정한 후 이를 건강센터에 보낸다.

사물끼리도 정보를 교환하는 시대

앞에 서술한 내용은 미래, 우리의 일상이 될 수 있는 어느 날의 한 장면이다. 140여 년 전인 1876년, 벨이 전화 특허 신청에 성공한 뒤 사람들은 멀리 떨어진 사람들과 교신할 수 있다는 사실에 놀라움을 금치 못했다. 그로부터 100여 년이 흘러 사람들은 인터넷을 통해 사람뿐만 아니라 물건과도 교신하기 시작했다. 여기서 등장하는 기술이 바로 사물인터넷이다. 'IoT(Internet of Things)'로 통칭되는 사물인터넷에서 'Things(사물)'이란 차, 스마트폰, 가전제품, 로봇, 웨어러블 기기, 약병, 기저귀, 목걸이, 교통 안내판 등 물질세계에 있는 대부분의 유형의 물건은 물론 공간, 데이터 등 무형의 것까지 포함한다. 이러한 광범위한 사물에 작은 칩 같은 센서를 부착해 실시간으로 데이터를 인터넷으로 주고받는 기술이나 환경이 사물인터넷이다.

이런 기술은 별반 놀랍지 않다. 우리는 이미 통신기나 프로그램의 종류에 상관없이 누구나, 항상 '온라인' 상태에서 생활하는, 유비쿼터스* 시대에 살고 있기 때문이다. 그렇다면 사물인터넷이 새삼 중요한 기술로 떠오르는 이유는 무엇일까?

SF영화 속 주인공처럼 스마트해지는 삶

지금까지 인터넷에 연결된 기기들이 정보를 주고받으려면 사람의 손길이 닿아야 했다. 버튼을 누르거나 정보를 불러와야 하는 식이다. 하지만 사물과 사물 간의 교신이 가능해지면 사람의 손길이 필요 없어진다. 예를 들어 사람이 다가가면 키를 꽂지 않아도 자동차 문의 잠금장치가 찰칵, 하고 열린다. 자동차와 사람이 몸에 지

---

* '언제 어디에나 존재한다'라는 라틴어에서 비롯된 유비쿼터스(Ubiquitous)는 언제 어디서든 자유롭게 인터넷 등 통신망에 접속하여 원하는 정보나 자료를 주고받을 수 있는 생활환경을 뜻한다.

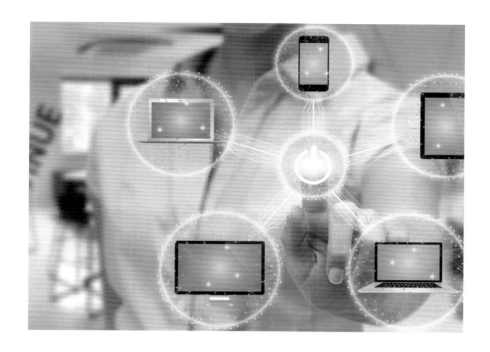

니고 있는 스마트키가 '차 주인이 다가가고 있다'는 정보를 주고받는 것이다. 자동차에 부착된 카드와 톨게이트 시스템이 무선으로 정보를 교환한 후 자동 결제되는 하이패스도 우리의 생활과 가깝다. 이처럼 인터넷에 연결된 기기는 사람의 도움 없이 서로 정보를 주고받으며 여러 가지 작업을 진행할 수 있다. 진정한 의미에서의 '유비쿼터스 시대'라고 할 수 있는 것이다.

사물인터넷이 구현되면 영화에서나 보았던 스마트한 삶이 가능해진다. 냉장고 앞에 서서 "제시카, 오늘 뭘 먹으면 좋을까?"라고 물어보면 냉장고가 냉장고에 보관되어 있는 재료를 살펴보고 추천 메뉴와 레시피를 알려주는 식이다. 앞으로 사물인터넷의 대중화가 가속화되면 TV나 냉장고, 에어컨, 수도, 조명, 도어락, 감시 카메라,

자동차에 이르기까지 수많은 기기가 인터넷에 연결될 것이다. 그리고 이 기기들은 인터넷을 통해 다른 디바이스로 연결되어 제어가 가능해진다. 스마트폰과 TV, 노트북 등 네트워크 기기를 서로 연결해 정보를 주고받는 사람이라면 이미 사물인터넷의 편의를 경험하고 있는, 진보된 기술의 체험자인 셈이다.

가파르게 상승 곡선을 그리고 있는 IoT 시장

우리나라 사물인터넷 기술 점수는요?

지금 세계 각국의 정부와 글로벌 기업들은 차세대 핵심 ICT 사업으로 사물인터넷을 꼽는다. 사물인터넷은 이미 성숙기에 있는 스마트폰 시장을 넘어 자동차, 전자제품, 일상용품으로까지 적용 범위가 확대되고 있어 폭발적인 수요 증가가 예상되기 때문이다. 세계적인 IT 시장조사 전문기관인 가트너(Gartner)는 2012년 10대 전략 기술 중의 하나로 사물인터넷을 선정했고, IoT용 사물 및 기기가 2020년 2,000억 개에서 2040년에는 1조 개 이상으로 증가할 것이라 예상했다. 말 그대로 '폭발적인' 증가세다. 그런가 하면 Machina Research(2013)는 세계 사물인터넷 시장이 2013년 2천억 달러(약 220조) 규모에서 2020년 1조 달러(1,100조)로 성장(연평균 약 26%)할 것이라 전망했다.

현재 우리나라의 사물인터넷 기술은 선진국에 비해 1.7년 정도 뒤처져 있다. 서비스나 플랫폼, 네트워크 기술 등은 세계 최고 수준의 기술을 가진 미국에 비해 1년 정도의 격차가 있고, 디바이스나 보안 기술의 경우는 2~3년 정도 뒤처져 있다. 그럼에도 우리나라의 사물인터넷 시장은 빠르게 성장하고 있다. 스마트폰과 IoT가 만나 가정 기기와 연동되면서 발전하기 시작한 국내 스마트홈 시장은 2015년 11조, 2016년 14조 원 규모를 돌파한 후 매년 20%씩 성장하고 있다. 이 추세대로라면 2019년에는 21조 원을 돌파할 것으로 전망된다. 특히 안전을 중요시하는 사람들의 요구로 인해 IP카메라를 이용한 스마트홈 시큐리티 시장도 발전하고 있는데, 이 시장은 2019년까지 연평균 성장률이 48.1%에 달할 것으로 예상된다. 포화 상태에 이른 통신 시장과 침체된 주택 시장에서 돌파구를 찾기 위한 이동통신사들과 건설사들이 '스마트홈' 경쟁을 벌이는 것도 큰 요인으로 작동하고 있다.

위급한 상황에도 IoT 세상에서는 안심

의료사물인터넷(IoMT)도 가파르게 성장하는 시장 중 하나다. 2016년 225억 달러를 기록한 IoMT 시장은 2021년까지 26.2%의 연평균 성장률을 기록할 전망이다. 시계나 팔찌처럼 손목에 찰 수 있는 웨어러블 기기는 체중이나 혈당, 혈압 등 사람(환자)의 생체 정보를 블루투스나 무선 네트워크를 통해 스마트폰으로 곧바로 전송해 실시간으로 데이터를 기록하고, 또한 측정된 생체 정보를 실시간으로 병원, 건강센터 등의 디바이스에 전송할 수 있다. 또 환자와 의사가 가상공간에서 의사소통을 할 수 있고, 디지털 청진기와 같은 스마트하고 디지털화된 임상 기기 등 응용할 수 있는 곳은 너무나도 많다. 이처럼 사물인터넷에 기반을 둔 융합 서비스가 일상화 스마트워치로 언제 어디서나 사물인터넷을 손쉽게 활용할 수 있게 되었다.

된다면 사람들은 보다 신속한 건강관리 서비스를 받을 수 있고, 의료진은 정확한 정보를 이용해 환자를 편리하고 정확하게 진료할 수 있다. 특히 독거노인이나 움직이기 힘든 환자를 관리할 수 있다면 국가나 도시 차원에서도 커다란 도움이 될 것이다.

알아서 척척, 똑똑해지는 공장

사물인터넷은 사람들의 일상생활뿐 아니라 제조업에도 큰 변화를 가져오고 있다. 공장의 모든 기기를 사물인터넷으로 연결하면 그야말로 '지능형 공장'이 되기 때문이다. 지능형 공장, 즉 스마트 팩토리(Smart Factory)는 기존의 자동화 공정 시스템을 넘어 공장이 스스로 생각하고 움직이게 된다. 모바일이나 웹을 통해 소비자의 주문을 받는 것은 물론 판매점의 제품 판매 상황을 시시때때로 보고하도록 설계된다. 이 과정에서 재료가 떨어지면 스스로 발주해 보충하도록 하고 제품의 생산 여부를 조절하기도 한다.

이처럼 스마트 팩토리가 가능한 것은 의사결정을 하는 인공지능과 데이터를 주고받는 사물인터넷 덕분이다. 이 두 가지의 기술은 제품의 기획에서부터 설계, 제조, 유통판매 등 생산의 전 과정에서 작동한다. 인공지능만 있어서도 안 되고, 사물인터넷 기술만 있어서도 곤란하다. 이 두 가지가 서로 합쳐지면 생산성이나 품질, 고객 만족도 등이 향상되어 놀라운 시너지 효과를 낼 수 있게 된다.

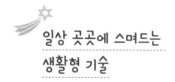

일상 곳곳에 스며드는 생활형 기술

앞질렀다! 휴대폰 가입자 수 < IoT 가입자 수

사물인터넷이 사용될 수 있는 곳과 그 효용성은 무궁무진하다. 외출 중에 누군가 찾아와 초인종을 누르면 휴대폰에 알람 메시지가 뜨고, CCTV와 연결시켜 방문자와 대화도 가능하다. 또 지갑이 멀어지면 경고음을 울리게 할 수도 있다.

이처럼 사물인터넷의 기술과 시장이 확대되면서 네트워크 고도화를 위한 업계 움직임도 분주해지고 있다. SK텔레콤이 참여 중인 로라 얼라이언스(LoRa Alliance)는 2017년 1월 글로벌 로밍 표준 규격을 완성하며 기술 개발에 박차를 가하고 있고, KT와 LG유플러스 등이 참여한 NB-IoT 진영도 2017년 상반기 상용 서비스를 추진하면서 이동통신사들의 치열한 경쟁과 주도권 싸움이 예상된다. 이동통신사 간 전용 네트워트 경쟁이 본격화된 것이다.

단적인 예로 IoT 가입자가 신규 휴대폰 가입자 수를 앞질렀다. 우리나라 전체 이동통신 회선에서 사물인터넷(IoT) 기기가 차지하는 비중은 2013년 5.5%, 2014년 6.5%, 2015년 7.9%로 증가했다. 사물인터넷 가입자 중 착용형(웨어러블) 기기가 41%를 차지했으며 차량 관제 서비스(22%), 원격 관제 서비스(17%)가 뒤를 잇고 있다. 원격 신용카드 결제 단말기, 도어록, 가스밸브, 조명, CCTV 관제장비, 공장 또는 농장의 원격 제어·모니터링 장비까지 생활 곳곳에 IoT가 활용되면서 정체된 이동통신 회선 수를 가파르게 끌어올리고 있는 것이다.

사물인터넷과 휴대폰 신규 가입자 수 추이

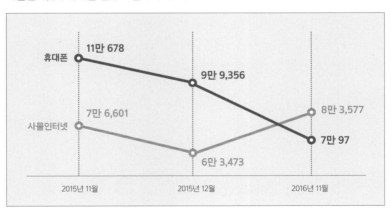

자료 출처 : 미래창조과학부(현 과학기술정보통신부)

사물인터넷의 진정한 역량이 궁금하다

우리 정부는 일찍이 사물인터넷 키우기에 나섰다. 미래창조과학부(현 과학기술정보통신부)는 정보통신전략위원회에서 2014년 〈사물인터넷 기본 계획〉을 수립했고, 2015년 12월에는 글로벌 선도 국가 실현을 위한 'K-ICT 사물인터넷 확산 전략'을 발표하며 스마트 시티 같은 대규모의 IoT 실증단지를 조성하겠다고 밝혔다. 산업통상자원부도 스마트 공장 클러스터를 구축하고 이와 관련한 교육을 이수한 전문 인력을 양성·배출할 계획이다. 또한 사물인터넷 활용 준비도가 높은 6대 전략 분야인 헬스와 의료, 도시와 안전, 제조, 에너지, 자동차와 교통, 홈(주택) 등에 대한 집중 지원을 통해 빠른 성과를 내겠다는 계획을 세우고 있다.

이처럼 정부는 사물인터넷 서비스 시장을 창출하고 확산하며 글로벌 사물인터넷 전문 기업을 육성하는 등 적극적으로 대응할 의지를 밝힌 상태다. 이 같은 정부의 육성 정책과 의지는 특정 분야의 일자리나 전망에 영향을 미치는 중요한 요인이므로 사물인터넷 분야에서 일할 꿈을 가진 사람들에게는 긍정적인 신호라고 할 수 있다.

사물인터넷의 진정한 역량은 아직 제대로 실현되지 않고 있다. 하지만 사물인터넷이 가져올 변화가 클 것이라는 데는 의심의 여지가 없다. 미래를 예측하기란 쉬운 일이 아니지만, 한층 더 성큼 성장할 사물인터넷 시대에 대비해야 하는 것은 분명하다.

새로운 시대, 새로운 직업

전문가들은 본격적인 사물인터넷 시대가 오면 공장에서 일하는 사람이 대폭 줄어들고, 인간은 육체노동에서 완전히 해방될 수 있을 것이라고 한다. 이 과정에서 일부는 일자리 때문에 고충도 겪겠지만, 인터넷에 연결된 사물이 기하급수적으로 늘어나는 '초연결' 사회에서는 산업 전반에 걸쳐 다양한 혁신과 새로운 사업 기회도 분명 생겨날 것이다. 사물인터넷이 가장 적극적으로 활용될 분야로는 교육과 공공안전, 건축, 운송, 의료 등의 분야가 꼽힌다. 그러나 사물에 컴퓨터 칩과 통신 기능을 내장해 인터넷을 연결하는 사물인터넷은 그 적용 범위가 넓기 때문에 사물인터넷 전문가가 하는 일의 범위도 아주 다양해진 것이다. 아직은 사물인터넷이 발달의 초기 단계이기 때문에 업무 영역이 명확히 구분되지는 않고 있지만, 앞으로는 각 분야별로 업무가 세분되어 전문 인력이 생겨날 것이다. 그리고 능력이 있다면 소프트웨어 개발 회사나 통신 회사 등에서는 사물인터넷 분야의 전문가를 높은 몸값을 주고 서로 모셔가려고 할 것이다. 사물인터넷의 업무 영역은 크게 콘텐츠, 네트워크 디바이스, 보안 등으로 나눌 수 있다.

사물인터넷 서비스 기획자 사물인터넷의 '콘텐츠'와 관련된 직업이다. 사물인터넷 개발 단계에서 사람에 대한 이해, 환경에 대한 정보와 분석 등을 바탕으로 서비스를 기획한다. 의료 분야를 예로 들면 개인의 건강 관련 정보 중 수집할 항목을 정해 이를 측정하고 정보를 보내서 건강을 증진시키는 서비스를 계획하는 식이다.

사물인터넷 보안 전문가 TV, 세탁기 등 가전제품은 물론 자동차, 열차, 항공기까지 네트워크로 연결되는 생활환경이 마련되면서 사물 간 보안 문제가 더욱 중요해진다. 일상을 지배하는 거의 모든 기기가 인터넷으로 연결된 상황에서 해킹 등의 위험에 노출되어 있는데, 하나가 뚫리면 도미노처럼 피해를 입어 기존의 PC나 스마트폰보다 더욱 심각한 상황에 이를 수 있다. 취약한 보안에서 비롯된 보이스 피싱, 스팸 메일을 통한 바이러스 유포 등이 최근 사회 문제로 꼽히는 것을 고려할 때, 사물인터넷 보안 전문가의 역할이 더욱 중요해질 것이다. 앞으로 소비자가 네트워크에 연결되는 기기를 선택할 때 보안을 우선적으로 고려한다는 점에서 사물인터넷 보안 전문가가 각광받을 것이다.

사물인터넷 데이터 전문가 사물인터넷과 관련이 깊은 직업은 빅데이터 전문가다. 사물인터넷 등으로 축적된 자료에서 의미 있는 패턴과 예측을 할 수 있는 자료 분석 전문가를 더 많이 필요로 하게 된다. 앞으로 사물인터넷을 통해 습득된 정보들로부터 의미 있는 패턴을 찾아내거나 이 정보를 분석해 부가가치를 높이는 전문가가 더욱 필요할 것이다.

 꼼꼼 과학 강의실

사물인터넷 기술을 완성하는 '디바이스'란?

사물인터넷은 모든 사물 간 네트워크 연결을 통해 대상물들(Objects) 간에 통신을 가능케 한다. 여기에서 필요한 것이 디바이스(Device)다. 디바이스란 일반적으로 어떤 목적을 위해 설계된 기계나 장치로 흔히 주변장치라고도 한다.
최근에는 생활 밀착형 사물인터넷(IoT) 디바이스가 다양하게 보급되고 있다. 웨어러블 IoT 디바이스, 스마트 홈 디바이스, 스마트 에너지 IoT 디바이스, 환경용 IoT 디바이스, 스마트 에너지 IoT 디바이스, 헬스케어 IoT 디바이스 등등 종류는 매우 많다. 이러한 디바이스는 개인뿐 아니라 공공, 서비스, 산업 등 다양한 분야에서 연결될 것이다. 앞으로는 사물의 가짓수만큼 디바이스 수가 생겨날 수 있다.

사물인터넷에 필요한 기술은?

수백억 개의 디바이스들이 거미줄이 얽히듯 서로 교감하고, 사람들이 활동하는 모든 공간에 사물인터넷이 구현되려면 센서 기술을 비롯해 유무선 통신과 네트워크, 서비스 플랫폼 등의 다양한 기술이 융합·발전해야 한다. 블루투스나 근거리 무선통신(NFC), 센서 데이터, 네트워크 등이 이들의 자율적인 소통을 돕는 기술이다.

블루투스(Bluetooth) 휴대폰, 노트북, 이어폰·헤드폰 등의 휴대기기를 서로 연결해 정보를 교환하는 근거리 무선 기술 표준. 주로 10미터 안팎의 초단거리에서 저전력 무선 연결이 필요할 때 쓰인다.

근거리 무선통신(NFC) 10cm 이내의 가까운 거리에서 다양한 무선 데이터를 주고받는 통신 기술. 스마트폰으로 도어락을 간편하게 여닫거나 쿠폰을 저장해 쇼핑에 활용할 수도 있다. NFC 기능이 있는 스마트폰을 기기에 접촉하기만 하면 자동으로 블루투스 페어링이 된다.

통신/네트워크 기술 정보 또는 데이터를 전달하기 위해 컴퓨터들을 서로 연결하는 기술이다.

센서/상황 인지 기술 사용자의 직무·감정·위치를 인지해 사용자가 직접 입력하지 않아도 컴퓨팅이 알아서 해주는 기술이다. 상황 인지 분야는 일반적으로 디지털 홈, 지능형 로봇, 텔레매틱스, 물류 유통 등에 공통적으로 활용된다. 상황 인지 기술은 유비쿼터스 컴퓨팅 기술을 실현하기 위해 필수적으로 요구되는 기술이다.

이 외에도 대량의 데이터를 처리하는 빅데이터 기술, 데이터 마이닝 기술, 사용자 중심의 응용 서비스 기술, 웹 서비스 기술, 보안/프라이버시 보호 기술 등 다양한 형태의 기술이 필요하다.

사물인터넷, 어떻게 구현되나?

사물인터넷 기술이 구현되기 위해서는 먼저 사물에 데이터를 수집할 수 있는 '센서'를 부착해야 한다. 센서는 자동차, 가전제품, 스마트폰, 웨어러블 기기 등에 부착되어 위치나 상황 등을 인지하게 된다. 이렇게 센서로부터 수집된 정보는 무선 네트워크나 무선 통신을 통해 '플랫폼'으로 전송된다. 플랫폼에는 이외에도 다른 사물들로부터 전송된 데이터들이 모여드는데, 이것은 목적과 기능에 따라 선별되어 다시 사물들 간에 주고받는 과정을 거치게 된다. 이렇게 사물인터넷이 완성된다.

생활 밀착형 사물인터넷 서비스 중 하나인 '버스 도착 알림 서비스'의 예를 들어보자. 버스에 부착된 위치 정보를 파악하는 센서로부터 수집된 정보는 무선 네트워크를 통해 교통 상황을 파악하고 분석하여 정보를 송출하는 플랫폼에 축적된다. 이 플랫폼에서 버스를 기다리는 탑승 예정자들에게 기다리는 차가 언제쯤 도착할 것인지 버스 승강장의 안내판에 보여준다.

꼼꼼 과학 강의실

사물인터넷의 기술 및 구현 과정

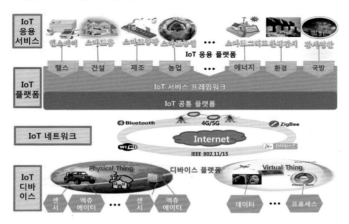

자료 출처 : 사물인터넷의 미래, 한국전자통신연구원, 전자신문사

사물인터넷 전문가에게 필요한 역량은?

사물인터넷 개발자는 주로 통신회사나 소프트웨어 개발업체의 연구소, 또는 정부의
정보통신 관련 업무를 주관하는 부처의 산하기관이나 연구기관에 연구원으로
취업하기도 한다. 사물인터넷 개발자로 일하기 위해서는 기본적으로 정보통신
기술(ICT)과 관련된 역량이 필요하다. 원활한 업무 수행을 위해서는 대학 이상의
학력이 요구되며, 전문적인 기술이 요구되는 분야에서는 대학원 졸업 이상의 학력을
요구하기도 한다. 기본적으로 통신공학, 컴퓨터공학, 전자공학, 제어계측공학 등을
공부해야 한다.

고용노동부는 2017년부터 청소년들이 선호하는 신산업 분야, 즉 사물인터넷, 빅데이터,
증강현실, 핀테크 등의 훈련 과정을 개설하고, 이 분야를 선도할 수 있는 희망자를
선발해 무료로 훈련하고 훈련비도 지원하고 있다. 사물인터넷 관련 직업 교육 내용은
훈련 기관과 교육 수준에 따라 차이가 있을 수 있지만, 플랫폼별로 운영체제 이식과
펌웨어, 디바이스 드라이버, 애플리케이션 등 사물인터넷 관련 소프트웨어를 개발하고,

사물인터넷 플랫폼의 최적화를 수행하는 방법과 역량을 교육한다.
사물인터넷 분야는 기술 자체도 중요하지만, 어떤 부분에 적용하고 확대하여
응용할지가 성공의 관건이다. 따라서 다양한 기기에 확대 적용할 수 있는 응용력과
창의력을 키우는 것이 무엇보다 중요하다. 어떤 부분에 어떻게 사물인터넷을 적용하면
좋을지 항상 관심을 기울이고 생각하는 자세가 필요하다.

타인의
삶에 대한 경험이
IoT 세상의 길을 연다

사물인터넷 전문가
이 재 호

Q 사물인터넷, 정확하게 어떤 개념인가요?

쉽게 말해서 모든 것이 연결된 것을 의미합니다. 사물의 인터넷은 전자기기, 소프트웨어, 센서, 액추에이터, 네트워크 연결이 포함된 물리적 장치, 차량, 건물 등의 상호 네트워킹으로 이러한 물체가 데이터를 수집하고 교환(Collect and Exchange Data)할 수 있게 합니다. 좋은 예가 아마존의 대시버튼(Dash Button)이에요. 필요한 곳에서 바로 어디서나 원 클릭으로 제품을 구매할 수 있습니다. 바닥 난 빨래 세제가 필요하면 세탁기에 부착된 대시버튼을 클릭하면, 바로 주문이 되고, 자동 결제 그리고 아마존의 빠른 배송까지 한 번에 되는 겁니다. 회사, 소비자, 생산자, 제품이 모두 연결되어 있어요. IoT라고 하면 사람들이 'I', 'internet'에 기준을 두는데 그게 아니라 'Internet of Things', 즉 모든 것이 네트워크에 접속되어 있다는 의미입니다. 나도 모르는 와중에 모든 제품과 연결되어 있는 지금을 '초연결' 시대라고 합니다.

Q 사물인터넷의 국내 연구 수준은 어느 정도인가요?

디바이스를 만드는 우리나라의 제조 기술은 세계 톱입니다. 문제는 IoT에서 가장 중요한 센서 기술을 놓치고 있다는 거예요. 예를 들어 만보기를 만들 때 '오늘 천 걸음 걸었다, 만 걸음 걸었다, 당신은 열심히 운동했습니다'라고 하는 기술은 세계 톱인데, 뛸 때 열이 나는지, 땀이 얼마나 나는지를 측정 할 수 있는 기술이 없다는 겁니다. 가스가 누출되거나 습도가 높거나 사람이 열이 나는 것을 측정하는 데는 모두 센서가 필요합니다. 인간이 느끼는 시각, 청각, 미각, 후각, 촉각 같은 오감처럼 말이죠. 이런 원천 기술은 오랫동안 기술이 축적되어야 결과가 나오는데, 당장 성과가 보이지 않으니 투자를 하지 않아 놓친 거죠. 우리나라가 결코 기술력이 없거나 능력이 없는 나라는 아닙니다. 그런데 생각 자체를 안 한 거예요. 그래서 이런 인식 센서는 모두 로열티를 주고 사와야 합니다. 과거 20, 30년 전 세계 최고의 전자 제조업을 키웠던 일본이 요즘은 완제품을 안 만듭니다. 모두 이런 센서 기술로 방향을 전환했어요.

Q 좀 더 쉽게 사물인터넷과 관련된 제품이 있으면 소개해주세요.

치매 환자들은 대소변 인지를 못해서 기저귀 교체 시기를 놓칠 때가 많아요. 장시간 누워 있는 시간이 많은 치매 환자들에게 욕창이 생기지 않도록 하려면 간병인들이 기저귀를 직접 만져봐야 하기 때문에 어려운 점이 많죠. 이런 불편을 고칠 수 있는 방법이 없을까 고민하다가 제가 개발한 것이 치매용 스마트 기저귀입니다. 소변이나 대변이 기저귀에 닿았을 때 인지할 수 있도록 개발한 거죠. 요즘 길을 지나다 보면 주변 레스토랑, 카페 쿠폰이 자동으로 뜨죠? 이런 것도 모두 사물인터넷이에요. 이처럼 무선 기술을 기반으로 하는 센서 기술을 포함한 것이 바로 IoT 기술입니다.

Q 이 직업만의 매력은 무엇인가요?

가장 큰 매력은 나의 상상력으로 새로운 걸 만들 수 있다는 점입니다. 아이디어만 있으면 얼마든지 새로운 걸 만들 수 있습니다. 게다가 장벽도 높지 않습니다. 기기를 좋아하고 프로그램을 알면 누구나 도전할 수 있어요. 살고 있는 집 시스템을 스스로 만들 수도 있죠. 그러기 위해서는 먼저 아이디어를 내고, 아이디어를 특화시키는 것이 중요해요. 그리고 그 아이디어에 대한 특허를 받아두는 것도 중요합니다.

Q 어려운 점은 없나요?

최근 스마트 벨트, 스마트 칫솔 등 IoT 관련 제품이 상당히 많이 쏟아지고 있습니다. 많은 사람이 이런 제품을 만들면 다 성공할 거라고 착각을 해요. 하지만 성공하기란 쉽지 않죠. 아이디어를 사업화해서 돈을 벌 수 있는 시장은 아주 적습니다. 그래서 아주 철저하게 준비해야 합니다. 저도 제품을 출시할 때 각계의 전문가, 심지어 심리상담센터의 교수에게 마케팅 심리 컨설팅까지 받았을 정도니까요. 이런 준비 단계가 없으면 아무리 좋은 아이디어라도 성공할 수 없어요.

문제는 소비자가 당장 필요성을 느끼지 않아도 참신한 아이디어를 내서 먼저 시작해야 성공할 수 있는데, 소비자의 필요성을 안다는 것이 무척 어려운 일입니다. 결국 데이터를 모아 그걸 분석해야 하는데, 우리나라에는 전문가가 부족합니다.

또 한 가지는 규제입니다. 우리나라는 규제 때문에 할 수 없는 일이 많아요. 예를 들어 스타벅스는 계속 커지고 있는데, 엔젤리너스는 왜 못 클까요? 우리나라에는 가맹점 법이라는 것이 있어서 한 점포에서 500m 이내에는 유사 업종에 대해 허가를 내지 않아요. 처음에 자본이 없는 기업은 가맹점비를 받아 성장합니다. 그런데 그걸 못하는 거죠. 그런데 스타벅스는 직영점이에요. 가맹점 법에 적용이 되지 않습니다. 그렇다 보니 유동인구가 많은 곳에 두 개, 세 개 가게를 내도 됩니다. 가맹점 점주를 보호하기 위해 만든 법이 결국 사업자 발목을 붙잡는 거죠. IoT를 하다 보면 규제에 다 걸려요. 그 규제를 뚫는 일이 쉽지 않습니다. 20대에 창업하는 젊은 층에서는 상상을 초월하는 좋은 아이디가 많습니다. 규제가 이런 아이디어를 꺾어서는 안 된다고 봅니다.

Q IoT 업계의 미래는 어떻게 달라질까요?

지금 IoT에는 두 가지 전쟁이 벌어지고 있습니다. 접속(Connectivity)의 전쟁과 플랫폼(Platform)의 전쟁입니다. 사물과의 연결과 관련해서는 블루투스(Bluetooth), 와이파이(WiFi), 지그비(Zigbee) 등 수많은 방법을 고민하고 있습니다. 물론 제품의 특징에 따라 표준화 된 주파수를 사용하면 됩니다. 문제는 플랫폼입니다. IoT 애널리스틱(Analylics)에 의하면 2017년 현재 전 세계 IoT 플랫폼 기업은 무려 450개나 됩니다. 구글, MS, 아마존, 애플, 삼성 등 모두가 플랫폼 표준화 전쟁에 뛰어든 거죠. 그런데 최근 각광받고 있는 것은 누구나 쉽게 아이디어를 상품화할 수 있도록 만든 IoT 플랫폼 OCF(Open Connectivity Foundation)입니다. 이 플랫폼은 개발이 쉽고(Easy for Developers), 기기 간의 상호 운용성(Interoperability), 개발의 확장성(Scalability)이 유용하고, 미래 기기 간 통합(Consolidation)의 길을 제시할 수 있을 것으로 보입니다. 결국 IoT의 미래는 두 전쟁의 승자에 따라 결정되겠지만, 다행히도 플랫폼의 경우는 누구라도 쉽게 사용할 수 있는 OCF가 승자가 될 것으로 보입니다.

Q 청소년을 위해 조언을 해주신다면?

IoT라는 건 모든 사물이 연결이 되는 거예요. 우리는 자신도 모르게 그런 세상에 이미 살고 있습니다. 전 청소년들에게 묻습니다. 그 세상에 묻혀서 그냥 따라가며 살 거냐? 아니면 내가 자발적으로 물길을 만들어 조종하며 나아갈 거냐고 말이죠. 물론 물길을 잘못 올라가거나 막힐 수도 있지만, 그 길은 갈 만하다고 생각합니다.

제가 치매 환자용 스마트 기저귀를 만든 뒤 많은 사람에게 감사하다는 말씀을 많이 들었어요. 스트레스 때문에 부모를 요양원에 보내려다가 스마트 기저귀 때문에 다시 모시기로 했다거나 생활이 안정되고, 정신적으로 여유가 생겼다는 인사, 항상 손 끝에 요도균을 달고 다녔던 요양사들이 덕분에 많이 편해졌다며 인사를 합니다. 이처럼 IoT 세상에서는 성공적인 제품이 정말 많은 사람에게 혜택을 주고 행복을 느끼게 할 수 있습니다. 이같은 성공적인 IoT 제품을 만들기 위해서는 청소년 때 나만의 삶이 아닌, 타인의 생활을 접해보는 것이 중요합니다. 예를 들어 어릴 때 배고픔 없이 컸던 사람이 판사가 됐습니다. 그런데 어떤 사람이 빵을 하나 훔쳤어요. 그 판사는 그 사람에게 너는 게으른 사람이다, 그렇게 배가 고프면 공사판에라도 가서 열심히 일하면 빵을 살 돈을 벌 수 있는데, 그걸 하기 싫어서 빵을 훔쳤다고 판단하죠. 그런데 빵을 훔친 사람은 집에 노부모가 있어서 집을 비울 수가 없는 상태였던 겁니다. 노동을 안 한 게 아니라 못 한 거죠. 이처럼 어려움 없이 자란 사람은 상대를 이해할 줄 몰라요. 따라서 앞으로의 삶을 위해서는 상대방에 대한 간접적인 경험이 없으면 안 됩니다. 타인의 체험을 내 체험으로 만들었을 때, 그 경험을 바탕으로 인간이 필요한 것이 무엇인지 아이디어를 낼 수 있다고 생각합니다. 타인의 생활을 접할 수 있는 가장 빠른 길은 책입니다. 그 외에도 많은 방법이 있을 것입니다. 앞으로는 굉장히 폐쇄된 사회에서 살게 될 것입니다. 간접경험이나 사회봉사 등을 통해 남의 삶을 체험하세요. 그 체험의 결과가 IoT 제품을 만드는 아이디어가 될 것입니다.

PROFILE

이재호 공학박사. 일본타쿠쇼쿠대학에서 객원연구원, 일본학술진흥재단(JSPS)에서 외국인특별연구원, 삼성전자무선사업부에서 수석연구원을 지냈다. 국립금오공과대학교의 겸임교수였으며, 현재 JH BASIC Holdings 대표이사이자 한국해양대학교 겸임교수를 맡고 있다. 23개의 특허를 가지고 있으며, 장영실상·한국전자파학회 학술상·삼성인의 상 등 다수의 수상 경력이 있다.

7

가상현실 혁명

원하는 것을 맘껏 해볼 수 있는, 즐거운 세상

글 / 최화영
대학시절 '나는 어떤 진로를 가져야 할까?' 라는 생각을 참 많이 했습니다. 고민 끝에 나처럼 진로결정을
어려워하는 이들을 돕자고 마음먹었죠. 대학원에서 진로지도 및 경력개발을 연구하고, 현재는 한국고용정보원
미래직업연구팀에서 연구원으로 일하고 있습니다. 직업에 대하여 조사하고, 이를 알림으로써 진로를 탐색하고 있는
많은 분들에게 다양한 선택지가 있다는 것을 알리고 있습니다.

2016년 불어 닥친 '포켓몬고(Go)' 열풍. 사람들은 포켓몬스터를 잡기 위해 도로로 뛰어들고, 절벽에서 떨어지고, 묘지에 갇히기도 했다. 포켓몬스터의 출현이 잦은 곳이 있다는 정보가 뜨면 지역을 불문하고 달려갔다. 물론 포켓몬스터는 현실이 아닌 가상현실의 캐릭터고, '포켓몬고'는 컴퓨터 앞에 앉아서 하던 게임이 한층 진일보한 것이다. '포켓몬고' 외에도 우리가 알고 있는 가상현실이 또 있다. 바로 'Snow' 같은 셀피 앱이다. 실제보다 예뻐 보이는 얼굴과 다양하게 꾸며지는 사진을 보며 사람들은 그 재미에 빠져든다. 이러한 가상현실 기술이 더 발전한다면 어떤 세상이 펼쳐질까?

대중화되고 있는
가상현실

1900년대 초 이미 등장한 가상현실 개념

2009년 전 세계적으로 열풍을 일으키며 개봉한 제임스 카메론 감독의 3D 영화 〈아바타〉 이후 3D 영화는 일상이 되었다. 영화관에서는 같은 영화를 2D로도 3D로도, 그보다 한층 더 나아가 4D로도 상영을 한다. 전용 안경을 쓰고 3D 영화를 보면 평평한 화면이 입체적으로 변하면서 화면 속에서 갑자기 뭔가가 불쑥 튀어나와 자신도 모르게 움찔 놀라거나 피하기도 하고, 물체를 잡기 위해 허공에 대

제임스 카메론 감독의 3D 영화 〈아바타〉.

고 팔을 휘두르기도 한다. 진짜가 아니라는 것을 알면서도 말이다. 이런 3D 영화는 관찰자로 지켜보는 것이기 때문에 현실과의 괴리를 완전히 없앨 수는 없지만, 가상현실(VR, Virtual Reality) 기술이 발전하면 현실과 같은, 완벽에 가까운 체험을 할 수 있게 된다.

가상현실은 본래 '극장'을 비유하는 말이었다. 프랑스의 극작가 이자 연출가인 앙토냉 아르토가 처음 자신의 책에서 사용했다. 컴퓨터를 활용한 가상현실의 개념이 등장한 것은 1970년대 1세대 가상 현실 연구가인 마이론 크루거에 의해서였고, 당시의 표기는 가상현 실이 아닌 인공현실(AR, Artificial Reality)이었다. 현재와 같은 개 념으로 널리 사용하게 된 것은 1980년 후반 미국 컴퓨터 과학자인 래니어에 의해서였다. 이처럼 가상현실이라는 개념이 등장한 지는 오래 되었으나 가상현실은 영화적 소재로만 활용될 뿐, 기술적인 한 계로 인해 대중화되지 못했다.

폭발적인 성장이 예상되는 가상현실 산업

가상현실 산업이 성장할 수 있는 것은 가상현실과 관련한 디바 이스 값이 저렴해져 보급이 확대되었을 뿐 아니라 고용량 파일을 신속하게 전송할 수 있는 인터넷 네트워크 환경이 구축되었기 때문이다. 이제 겨우 토양다운 토양이 다져졌고, 씨앗을 뿌린 상태이기 때문에 앞으로 멋진 VR 산업을 키우기 위해서는 물을 주고, 영양을 주면서 많은 정성을 기울어야 한다.

가상현실 기술을 구현하기 위해서는 시각적인 요소를 제공하는 모니터와 HMD(Head Mounted Display) 같은 디스플레이 장치, 소리를 들려줄 수 있는 오디오 장치, 이를 제어할 수 있는 콘트롤러 등 입출력 장치와 중앙 처리 장치 등 다양한 기기가 필요하다. 또 이런 하드웨어를 가동하기 위해서는 소프트웨어와 이를 채워줄 다양한 콘텐츠가 있어야 한다.

그런데 아직까지는 완벽하게 가상현실을 구현할 수 있는 기술력이 부족하고, 다양한 콘텐츠가 부족한 상황이다. 그럼에도 전문가들은 앞으로 IT 업계에서 VR 산업 분야는 폭발적으로 성장할 것을 예견한다. 구글, 삼성, 소니 같은 세계적인 대기업은 이미 VR 시장에 뛰어들었으며, 오큘러스리프트, 기어 VR, 플레이스테이션 VR 같은 VR 기기 전문 업체도 전용 디바이스를 보급하고 있다.

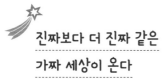

진짜보다 더 진짜 같은 가짜 세상이 온다

셀피 앱으로 이미 체험하고 있는 가상현실

2017년 9월 독일 베를린에서 열린 가전 전시회 'IFA 2017'에서 참가자들은 〈스타워즈〉의 주인공인 제다이가 되어 광선검을 허공에 대고 휘둘렀다. 물론 장난감 광선검이 아니라 레노버와 마이크로소프트가 함께 선보인 증강현실 게임 '제다이 챌린지(Jedi Challenge)'였다. 여기서 말하는 증강현실은 또 무엇일까? 가상현실과는 다른 것일까?

증강현실이나 융합(혼합)현실은 모두 가상현실에 기반을 둔 응용 기술이다. 증강현실(AR, Augmented Reality)은 현실 세계를 배경으로 그 위에 이미지나 정보를 덧입히는 기술이다. 대표적인 사례가 '포켓몬고' 게임이다. 사용자가 현실에서 GPS를 활용해 움직이는 포켓몬스터를 잡아야 한다. 사용자는 카메라를 통해 포켓몬스터를 확인하고 잡는다. 가상현실(VR)은 머리나 눈에 전용 기기를 착용해야 하지만, 증강현실(AR)은 스마트폰이나 태블릿PC만으로도 이용할 수 있다. 우리가 알고 있는 가상현실이 또 하나 있다. 바로 사진을 촬영하면 화면상에서 바로 얼굴 표정이나 메이크업이 바뀌는 '스노우'나 'B612' 같은 셀피 앱이다. 현실에 없는 여러 가지 배경을 접목시키고, 얼굴 모양과 표정을 바꾸는 것도 일종의 AR 기술이 적용된 것이다.

융합현실(MR, Merged Reality)은 현실 세계와 가상의 이미지가 융합되면서 보다 발전된 모습의 가상세계를 구현하는 기술이다. 영화 〈킹스맨〉에 나오는 회의 장면을 떠올리면 이해가 쉽다. 세계 각국에 흩어져 있는 킹스맨들은 안건이 생기면 회의장에 모인다. 비행기를 타고 오는 것이 아니라 영상으로 참여한다. 여기서 중요한 것은 영상 통화처럼 모니터에 사람들이 비치는 것이 아니라 진짜 모여서 회의를 하는 것처럼 테이블에 다들 앉아 있다는 점이다. 융합현실은 이처럼 홀로그램과 가상현실 기술을 이용해 진짜 같은 상황을 연출

영화 〈킹스맨〉의 VR을 이용한 회의 장면.

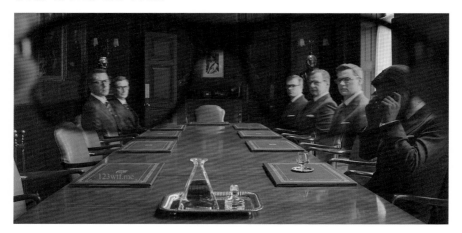

하는 것이다. 융합현실은 현실과 가상을 균형감 있게 조화시키기 때문에 현실 세계와 상호작용이 가능하고, 이를 통해 가상현실이 주는 이질감을 완화시킨다.

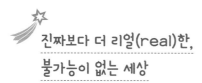

진짜보다 더 리얼(real)한, 불가능이 없는 세상

VR 기술로 더욱 스릴 넘치는 게임

가상현실 기술은 단독으로 사용되었을 때보다 다른 산업군과 결합되었을 때 더욱 커다란 위력을 발휘한다. 현재 가상현실 기술이 눈에 띄는 분야는 단연 게임이다. 오큘러스의 HMD인 '리프트',

HTC의 '바이브', 소니의 '플레이스테이션 VR' 등은 이미 인기를 누리고 있는 가상현실 게임이며, VR 관련 업체들은 기존의 재미를 뛰어넘는 콘텐츠를 제공하기 위해 테마파크, 놀이공원으로 그 영역을 확장하고 있다.

2008년 프랑스에서는 세계 최초로 '퓨처 이즈 와일드(Future is Wild)'라는 증강현실 체험관을 소개했다. 이 체험관에서는 기차를 타고 공간을 이동하며 미래의 지구 환경 변화로 탄생할 생명체들을 만나고, 센서를 통해 미래의 동물에게 직접 먹이를 주는 체험을 해볼 수 있다. 롯데월드에서도 2016년 가상현실과 롤러코스터를 접목했다. 헤드셋을 착용하고 롤러코스터를 탑승하면 중세 시대의 판타지 스토리를 체험할 수 있고, 실제보다 더 급격하게 하강하는 느낌의 스릴을 경험할 수 있다. 포르투갈 록페스티벌인 'Rock in Rio 2016'의 삼성 갤럭시 어드벤처 파크에서는 가상현실을 이용해 마치 화산 속으로 번지점프를 하는 듯한 특별한 경험을 제공했다. 최근에는 이 같은 가상현실 기기와 콘텐츠를 접할 수 있는 VR방이 속속 등장하고 있으며, 앞으로도 VR을 활용한 재미있는 게임은 계속해서 등장할 것이다.

게임 이외에도 가상현실이 일상에 응용될 부분은 많다. 온·오프라인의 유통업체에서는 VR과 AR 기술을 도입하는 사례가 늘고 있다. 현대백화점의 온라인 몰인 '더현대닷컴'은 가상현실 백화점을 선보였다. VR 스토어로 실제 오프라인 매장을 그대로 옮겨서 소비자들이 VR 단말기를 통해 원하는 장소에서 상품을 구매할 수 있게 한 것이다. 가구업체 이케아와 한샘에서는 AR 기술을 도입해 자신의 집이나 사무실에 가상으로 가구 및 인테리어 소품을 배치해보고 구매할 수 있도록 앱을 지원하고 있다.

더현대닷컴의 나이키VR스토어.

오감을 이용한 창의적 교육과 의료 실전

융합현실 기술은 가상의 일을 실제로 일어난 것처럼 체험할 수 있기 때문에 재난 방지나 국방, 우주항공 등 특수 분야에서 적극적으로 활용되고 있다. 기술이 더 보편화되면 기업이나 교육 현장에서도 가상현실 기술을 활용할 것이다.

미국의 융합현실 시스템을 만드는 회사인 zSpace에서는 증강·가상현실 기술을 활용한 교재를 만들었다. 책 위로 인체 모형이나 동물의 입체적인 형상이 나타나 살아 있는 것처럼 움직인다. 입체적인 교재를 통해 학생은 교육에 대한 흥미와 동기를 부여받고, 다양한 감각 정보로 학습해 창의적 사고를 하게 된다. 2016년 삼성전자는 VR과 인터넷 전화의 결합을 통해 부모와 자녀가 가상의 공간에서 대화할 수 있는 '베드 타임 가상현실 이야기(Bed time VR Stories)'를 선보였다. 부모와 자녀가 멀리 떨어져 있더라도 VR 디바이스를 착용하면 함께 동화 속 등장인물의 움직임을 보며 이야기를 나눌 수 있는 것이다. 이처럼 가상현실 기술을 접목하면 오감을 이용한 교육을 할 수 있다.

　네덜란드에서는 오랫동안 입원한 어린이 환자들을 위해 스마트폰과 비지트유(Visit U)라는 디바이스를 활용하고 있다. 어린이들은 이 기기를 이용해 학교는 물론 운동 경기나 친구의 생일파티에 참여해 병원 바깥에서의 경험을 할 수 있게 되었다. 그런가 하면 가상현실 기술은 의사들에게도 도움을 주고 있다. 외과 의사들은 복잡한 수술을 가상현실로 미리 시뮬레이션해 수술의 성공률을 증진시킬 수 있기 때문이다. 또한 수술 집도 장면을 VR로 중계해 전 세계의 의료진과 수련의들의 교육과 훈련에도 기여하고 있다. 재활 훈련에도 가상현실이 활용될 수 있다. 호코마(Hocoma) 사는 재활 훈련에 가상현실을 활용하여 다양한 조건에서 환자의 상태에 따라 안전하고 효과적인 환경을 구축하여 재활을 돕고 있다. 앞으로는 이러한 가상현실 기술을 이용한 콘텐츠가 더욱 풍부해질 것이다.

인간에게 즐거움과 활력을 주는 미래 산업

가상현실 기술 발전으로 춤추는 IT 산업

　세계적인 게임 개발사이자 게임 엔진 개발사인 에픽게임즈의 CEO인 팀 스위니는 가상현실 기술이 현실과 구분되지 않는 정도가 될 때까지 계속 발전할 것이라고 예측했다. 다만, 그런 수준에 이르

려면 누구나 콘텐츠를 만들 수 있고, 누구나 소비할 수 있는 열린 환경이 구축돼야 한다는 전제 조건을 달았다. 에픽게임즈가 2015년에 게임 개발 엔진을 무료로 배포한 것도 가상현실 기술의 발전을 위한 조치였다.

　　글로벌 시장조사업체인 트렌드포스는 2016년 VR 시장 규모는 67억 달러(약 7조 7,500억 원)였으나 2020년까지는 700억 달러(약 81조 530억 원) 규모가 될 것으로 전망했다. 5년 사이에 무려 10배 이상 급성장하는 것이다. 또한 VR 기기는 2016년 1,400만 대에서 2020년에는 3,800만 대를 생산하게 될 것으로 추산했다.

　　가상현실 기술은 우리 생활 전반에 접목될 수 있기 때문에 이와 관련 산업도 함께 성장할 것이다. IT 관련 연구기관인 트랙티카에서도 2014년 VR 고글, 액세서리, 어플리케이션 등이 시장에서 1억 8,000달러(약 2,017억 원)의 가치가 있다고 분석했다. 2020년에는 140% 성장하고, 그 중 150억 달러(약 16조 8,075억 원)는 스마트폰에 기반을 둔 저렴한 VR 장치와 콘텐츠에서 수익이 예상된다고 보고했다. 물론 아직까지 가상현실 기술은 국방, 제조업 등 국가나 정부 위주의 특화된 시장을 중심으로 사용되고 있지만, 앞으로는 HMD, 디스플레이, 소프트웨어, 5G 등의 기술 발전으로 소비자 시장으로의 새로운 시장이 창출될 것이다. 이같은 VR 산업을 일찌감치 깨닫고 있는 세계 각국은 가상현실 기술 개발에 투자하면서 적극적으로 미래 산업을 준비하고 있는 중이다.

현재 판매되고 있는 주요 VR 기기들

제품명	일체형			스마트폰 연동형		
	바이브	오큘러스 리프트	플레이 스테이션 VR	기어 VR	데이드림 뷰	카드보드
제조사	HTC	오큘러스	소니	삼성전자	구글	구글
구동 기기	윈도우 PC	윈도우 PC	플레이 스테이션 게임기	삼성전자 고가 스마트폰	안드로이드 기반의 데이드림 플랫폼 지원 스마트폰	모든 스마트폰
특징	이용자 위치 추적 가능, 고화질	페이스북과 연동해 실시간 공유, 위치 추적 가능	이용자 위치 추적 가능, 게임 콘텐트 다양	저렴하지만 삼성전자 스마트폰만 이용 가능	구글이 전략적으로 키우는 데이드림 VR 플랫폼 이용 가능	저렴하지만 위치 추적 등 불가능
가격	799달러	599달러	400달러	100달러	80달러	10달러

자료 출처 : 김상대(2016), 가상현실의 최근 동향과 미래·미래 한국멀티미디어학회지, 20(4), 37-42.

애플과 이케아가 공동으로 개발한 AR 쇼핑앱. 가구를 구매하기 전에 가상으로 집에 가구를 배치해 볼 수 있다.

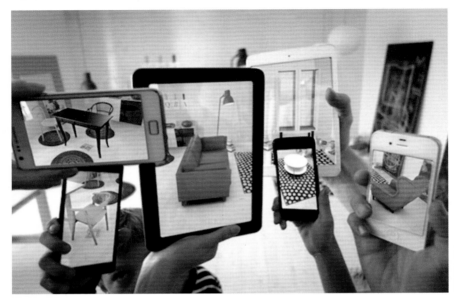

나날이 발전하는 가상현실 기술, 과제도 있다

가상현실 기기는 점점 더 가볍고 저렴해질 뿐 아니라 해상도도 높아질 것이다. 그에 더해 좋은 콘텐츠까지 개발되면 가상현실의 대중화 속도는 한층 빨라질 것이다. 물론 넘어야 할 과제도 많다. 에픽게임즈의 CEO 팀 스위니가 지적한 대로 가상현실의 기술 개발이나 이용에 장애가 없도록 법적, 제도적 보완이 이루어져야 하며 정부의 적극적인 지원도 필요하다. 특히 우리나라의 경우는 충분한 인터넷 환경을 구축하고 있음에도 가상현실 사업이 충분히 발전하지 못하고 있다. 거기에는 우리 기업과 개발자들이 당장 수익이 되는 분야에만 주목하는 탓도 있지만, 셧다운제 같은 게임 규제나 가상현실을 단순히 게임의 배경 정도로만 취급하는 사회의 인식 등도 작용한다.

VR은 그저 가상공간에서 즐기는 콘텐츠가 아니라 우리가 상상하는 모든 것을 담을 수 있다. 따라서 얼마나 발전하고 어떤 방향으로 나아갈지 미처 다 예측하기 어려울 만큼 무한한 잠재력을 가지고 있다. 다른 어떤 분야보다 매력적인 가상현실의 세계에 대해 관심을 기울어야 할 이유다.

새로운 시대, 새로운 직업

이미 세상은 무서운 속도로 달라지고 있지만, 기술 발전이 일자리에 어떤 영향을 미칠 것인지를 예측하기란 쉽지 않다. 특정한 기술이 생김으로 인해 직업 세계에 미치는 영향은 긍정적일 수도, 또 부정적일 수도 있기 때문이다. 다만, 가상현실 기술의 경우는 대체로 긍정적인 측면에서 일자리에 더욱 많은 영향을 미칠 것으로 예상된다.

가상현실 분야에서 중요한 것은 상상력이다. 가상현실은 지금은 존재하지 않는 현실을 이야기한다. 사람들에게 어떻게 하면 더 큰 즐거움을 주고 더 새로운 경험을 선사하느냐는 개인의 상상력에 달려 있다. 기술이 없어도 상상력이 있으면 누군가가 그것을 구현해 낼 수 있다. 따라서 가상현실 시장에서 독보적이려면 상상력이 필요하다. 만약 VR 기술 구현이 대중화되면 VR 체험방을 운영하는 사업자가 늘어날 것이고, VR 체험을 위한 보조교사나 훈련교사 등 새로운 직업이 등장할 가능성도 있다. 이런 직업은 VR 관련 교육을 일정 기간 수료하면 충분히 활동할 수 있을 것이다. 한 가지 주목할 것은 VR과 관련된 직업은 다른 분야에 비해 새로운 직업이 생기기보다는 기존의 직업에서 전환되거나 확장되는 경우가 많을 것으로 예측된다는 점이다. 대표적인 것이 기계공학 기술자, 응용 소프트웨어 개발자, 감독이나 연출자, 멀티미디어 디자이너, 게임 & 애니메이션 기획자 등이다. 이들은 이미 각각의 분야에서 왕성하게 활동하는 직업이지만 VR 관련 지식과 경험을 쌓게 되면 자연스럽게 VR 관련 직업으로 전환될 수 있다.

VR 전문가 3차원 가상현실 시스템을 개발한다. 기획부터 프로그래밍, 제작까지 맡는다. 명칭은 VR 전문가 또는 인공현실 전문가, 가상환경 전문가, 가상세계 기술 전문가, 가상인식 전문가 등 다양하게 부를 수 있다.

AR/VR 콘텐츠 디지털 스토리텔러 영화처럼 가상현실에서도 스토리가 중요하다. 차별화된 콘텐츠는 가상현실에서 중심 역할을 한다. 단, 영화와 영역이 다르기 때문에 콘텐츠 내용이 다르므로, 사람들이 공감할 수 있는 '보편적 스토리' 개발을 해야 한다.

컴퓨터비전 매니저 컴퓨터비전은 행동 인식, 사물 추적, 얼굴 인식 등 인간 눈의 기능과 동일한 형태를 컴퓨터에 행하게 하는 기술이다. 컴퓨터비전 매니저는 카메라로 포착한 정보를 컴퓨터로 처리하는 일을 한다.

홀로그램 전문가 홀로그램 전문가는 홀로그램 디자이너와 엔지니어로 구분한다. 홀로그램 디자이너는 홀로그램의 영상 콘텐츠를 디자인해 제작하고, 엔지니어는 완성된 홀로그램 영상이 제대로 작동하도록 필요한 시스템을 구축한다. 홀로그램 디자인은 한 사람이 전담하기도 하고 여러 명이 역할을 나눠 진행할 때도 있다.

응용소프트웨어 개발자 기계공학의 원리를 응용해 VR 디바이스 및 주변기기를 목적에 맞게 설계하고, VR 제조 공정에 참여하고 감독한다. 응용 소프트웨어 개발자는 VR 플랫폼을 구축할 소프트웨어를 개발하고, 소프트웨어를 활용할 때 나타날 수 있는 여러 문제점을 점검한다.

멀티미디어 디자이너 각종 컴퓨터그래픽 프로그램을 이용해 VR 전문가가 구상한 시나리오의 내용을 실감나는 영상으로 표현한다. 각종 캐릭터와 배경, 아이템, 메뉴나 옵션 등 인터페이스 디자인에 디자이너의 많은 경험이 필요하다.

비주얼 아티스트 가상현실의 비주얼을 책임진다. 현실처럼 생생하게, 혹은 현실에 없는 비주얼을 만들어낸다. 멀티미디어 디자이너보다 한 단계 더 업그레이드된 직무를 수행한다.

VR 감독 & 연출자 다양한 VR 콘텐츠를 개발한다. VR 프로그램에 특화될 경우는 VR 연출자 혹은 VR 콘텐츠 제작자로 부른다. 주요 업무는 영화나 TV 프로그램 등 기존의 분야와 비슷하지만, 가상현실에 최적화된 콘텐츠를 개발한다. 같은 맥락에서 애니메이션 또는 게임 기획자들도 VR 콘텐츠 개발에 참여할 가능성이 크다.

꼼꼼 과학 강의실

가상현실을 즐기기 위한 네 가지 조건

가상현실 기술이 우리의 생활 곳곳에 적용되려면 필요한 조건이 있다. 사용자가 가상의 현실에 몰입할 수 있도록 디바이스, 네트워크, 플랫폼, 콘텐츠 등이 적절하게 구축되는 것이다.

디바이스 머리에 쓰는 기기인 HMD(head-mounted display), 360도 카메라, 센서나 장갑, 총 등의 컨트롤러 등이 대표적인 디바이스이다. 가상현실 기술의 대중화를 위해서는 디바이스의 품질 개선과 개발이 절실히 요구된다. 따라서 가상현실 디바이스를 연구·개발하는 직업이 증가할 것으로 보인다.

네트워크 가상현실 콘텐츠는 인터넷 트래픽 용량의 확대가 필요하므로 고도화된 네트워크 구축이 필수적이다. 영상을 선명하게 보려면 멀티 카메라 시스템 관련 대규모의 데이터 처리가 불가피하기 때문이다. 이에 통신 및 네트워크 관련 전문가에 대한 요구도 커질 것이다.

플랫폼 가상현실의 저변을 확대하기 위해서는 가상현실 플랫폼이 확대되어야 한다. 가상현실 제품과 서비스 개발을 지원하는 소프트웨어 플랫폼은 현재 구글, 페이스북이 선두로 나서고 있다. 앞으로 더욱 다양한 플랫폼의 개발이 요구되는 만큼 소프트웨어 개발 전문가들의 역할이 커질 것으로 기대된다.

콘텐츠 가상현실 콘텐츠는 게임을 비롯하여 테마파크 등의 엔터테인먼트, 교육, 보건의료 분야 등과 접목하여 활용되고 있다. 다양한 분야와의 융합으로 성장할 가능성이 크므로 각 분야와 관련한 콘텐츠 개발이 확대될 것으로 예측된다. 현재 VR 산업에 종사하는 이들이 성장 가능성을 높이 평가하면서도 아쉬워하는 분야가 바로 콘텐츠 개발 부문이다. 높은 몰입감을 가져다 줄 콘텐츠 개발자나 디자이너 등의 전망이 밝다.

VR과 홀로그램이 만들어지는 과정은?

사람들이 원하는 가상세계가 무엇인지 파악한 뒤 개발 방향을 설정해 기획안을 만든 다음 컴퓨터 프로그램 언어와 3차원 컴퓨터 그래픽 제어 기술을 활용해 프로그래밍을 한다. 이후에는 각 분야의 전문가들이 기획안을 바탕으로 사물을 스케치하고 색이나 질감을 입혀 가상현실 시스템을 디자인하며, 사용 장비에 따라 입력 장치나 인터페이스 장치, 입체 디스플레이 자세 추적 장치 등을 제작한다. 3차원 가상현실 소프트웨어가 완성되면 소프트웨어에 오류는 없는지 테스트하고 수정 작업을 거쳐 제품을 완성한다.

홀로그램은 파동을 통해 패턴이 영상을 만들게 하는 작업이다. 홀로그램의 경우는 먼저 모델러(Modeler)가 3D 그래픽 디자인 작업을 하면 맵퍼(Mapper)가 색을 입히고, 애니메이터(Animator)가 움직임을 구현한다. 그리고 렌더러(Renderer)가 최종적으로 영상을 완성한다. 물론 완성 과정은 여러 번의 수정 작업을 거치게 된다.

진짜처럼 생생한 세계를 만드는 핵심 기술은?

진짜보다 더 진짜 같은 가상현실의 세계를 체험하려면 머리에 착용하는 고글인 HMD, 사용자의 행동을 VR 상에 반영하기 위한 사용자 인터페이스, 가상현실을 실제처럼 만드는 시청각 정보, 이 세 가지의 핵심 요소가 필요하다. 어느 것 하나라도 부족하면 생생한 가상현실이 만들어질 수 없으므로 이 세 요소가 가상현실 기술의 발전 정도를 나타내는 척도라고도 볼 수 있다.
HMD(Head Mounted Display)는 가상현실을 눈앞에 보여주는 기기로 헬멧이나 고글,

꼼꼼 과학 강의실

안경 등에 렌즈 또는 반투명 거울을 부착해 화면을 볼 수 있도록 돕는다. 가상현실을
경험하기 위해서는 필수적인 기기이며 개인화된 디스플레이라고 할 수 있다.
사용자 인터페이스 기술은 센서가 사용자의 몸짓을 인식해 더욱 생생한 체험이
가능하도록 돕는 기술이다. 제스처를 인식하는 방식은 착용형과 비착용형으로
구분되며, 장비를 활용해 양손으로 직접 가상공간에서 작업할 수 있도록 하거나
움직임을 추적하기 위해 깊이 카메라를 활용하여 동작을 인식하는 방식이 있다.
VR 영상을 더욱 생생하게 해주는 HMD, 인터페이스 관련 네 가지 기술을 살펴보자.

시선 추적&포비티드 렌더링 사람의 눈에 있는 시신경은 아주 좁은 영역에만
밀집해 있고 나머지 구역에는 엉성하게 분포되어 있다. 포비티드 렌더링(Foveated
Rendering)은 사람의 눈의 구조를 본 딴 방식이다. 즉, 사람의 눈이 보고 있는 아주
좁은 영역만 최대의 해상도를 구현하고 그 주변은 점차 낮은 해상도로 만드는 것이다.
포비티드 렌더링 기술을 시선 추적 기술과 함께 적용하면 가상현실 사용자는 선명한
화면을 경험할 수 있고, 구현에 필요한 그래픽 퍼포먼스는 절약할 수 있게 된다. 시선
추적 기술이 적용된 HMD로는 삼성 벤처스가 투자한 일본 업체 포베(Fove)의 HMD를
꼽을 수 있다.

무선화 각종 무선기기가 일상화된 요즘이지만, 무선 HMD는 아직 찾아보기 어렵다.
이유는 가상현실을 체험할 때 나타나는 '멀미 현상' 때문이다. 멀미 현상은 HMD를
착용했을 때 사용자의 움직임을 센서가 읽고 화면에 반영할 때까지 걸리는 시간차로
인해 일어난다. 무선 HMD를 사용할 경우, 센서의 정보가 와이파이와 서버를 거쳐
전달되어 정보 전달의 시간이 더 길어지기 때문에 여간해서는 멀미 현상을 극복하기
어렵다. HMD의 무선 정보 전달 속도 개선이 이루어진다면 더욱 편리한 가상현실
체험이 가능해질 것이다. 최근에는 클릭트가 무선 보정 기술인 Onair VR을 개발해
세계적인 관심을 받고 있다.

포지셔널 트래킹 멀미 현상은 가상현실의 이동 상황에서도 발생한다. 가상현실에서는
시각적으로 이동해도 실제로는 제자리에 있는 경우가 많은데, 이때 신체가 혼돈을
느끼기 때문이다. VR을 여러 차례 체험함으로써 가상현실이 전달하는 시각적 자극에

자주 노출되면 서서히 적응하게 되지만, 사람에 따라서는 멀미가 해소되지 않을 수도 있다. 포지셔널 트래킹은 이런 멀미 현상을 예방하는 기술으로 현실에서 일어나는 몸의 이동을 가상현실에서 동일하게 재현하여 실제와 가상현실 간의 격차를 줄여준다. 현재는 주로 PC를 기반으로 한 VR 기기에 이 기술이 적용되고 있다.

모션 캡처 대표적인 사용자 인터페이스 기술인 모션 캡처(Motion Capture)는 수십 년간 영화의 CG 캐릭터 표현에 사용되어 왔다. 모션 캡처 관련 업체들 대부분이 가상현실에 적용시킬 수 있는 솔루션을 내놓고 있다. 오큘러스 리프트는 터치 컨트롤러(Touch Controller)라는 기술로 물건을 잡거나, 총을 쥐고 쏘거나, 포인팅을 하는 몸짓을 반영시켰으며 HTC 바이브도 손을 추적하는 디바이스를 내놓았다. 플레이스테이션 VR은 기존의 무브 컨트롤러를 재사용하고 있다.

가상현실에서도 촉각과 후각, 미각을 느낄 수 있나?

시각과 청각 이외에 촉각과 후각, 미각을 가상현실에서 실현시키기란 쉬워 보이지 않는다. 하지만 꼭 실현해내야 할 기술이기도 하다. 현재 촉각과 관련한 기술은 크게 두 가지로 구분된다. FF(Force Feedback)는 사용자가 기계를 통해 힘과 움직임을 느끼게 하는 기술로, 게임 분야에 널리 활용되고 있다. TF(Tactile Feedback)는 실물을 만지는 것 같은 질감을 주는 기술로, 피부 조직의 느낌을 구현하는 등 의학 분야에서 주로 활용되고 있다. 촉각 기술은 전용 시뮬레이터 장치를 주로 활용해 왔으나 최근에는 장갑이나 슈트처럼 직접 착용하는 웨어러블 기기로 발전하고 있다.
발전의 양상을 보이는 촉각과 달리 후각과 미각은 사람에 따라 느끼는 정도가 달라 아직까지 개발된 기술은 없다. 그러나 현재 실험이 이루어지고 있으며, 향후 이 기술이 발전한다면 더욱 완성도 높은 가상현실 체험이 가능해질 것이다.

시공간의 제어로
막대한
비용 절감 효과를 노린다

VR 전문가
서 동 일

Q 가상현실(VR)은 어떤 기술이라고 정의할 수 있나요?

가상현실이란 '시간과 공간을 제어하는 기술'이라고 정의할 수 있을 것 같습니다. 우리가 말하는 현실이란 특정한 시간대와 공간을 뜻하죠. 이 부분은 우리가 전혀 통제할 수 없는 부분이에요. 공간이야 내가 다른 장소로 움직이면 되는 것 아니냐고 말할 수 있지만, 일단 내가 속해 있는 공간을 순간적으로 바꿀 수는 없죠. 그리고 우주와 같은 공간은 일반인이 체험하기에는 더욱 무리가 있고요. 이런 점에서 가상현실은 시간과 공간을 임의적으로 조종해 새로운 시간대와 공간을 만들어낼 수 있는 기술이라고 볼 수 있습니다. 지금까지 우리는 TV라고 하는 창문을 통해 세상에 존재하는 새로운 시간대와 공간을 보아왔지만, 가상현실 기술은 새로운 시간대와 공간을 '보는' 것이 아닌 직접 '체험'하는 것으로 바꿀 수 있다는 점이 기존 영상 출력 기술들과는 다른 차별점이라고 할 수 있죠.

Q 왜 전 세계는 4차 산업혁명을 이야기하는 것일까요?

전 세계가 4차 산업혁명을 이야기하는 이유는 간단합니다. 3차 산업혁명이 가지고 올 수 있는 혁명적 변화에 한계가 왔기 때문이죠. 모든 산업혁명은 두 가지의 가치에 의해 정의가 되고 발전해왔다고 생각합니다. 이 두 가지의 가치는 바로 '생산성 증가'와 '비용 절감'입니다. 이를 설명하기 위해서는 '수학체감의 법칙'을 살펴볼 필요가 있습니다. 수학체감의 법칙이란 투자한 가치만큼 최종 생산물 결과가 비례하지 않는 것을 말합니다. 예를 들어 현재 스마트폰에 사용되는 4.5~5.7인치 정도의 작은 액정 화면에서는 더 이상 해상도를 높일 필요가 없습니다. 더 투자를 해서 기술을 개발해도 소비자가 느낄 수가 없거든요. 그러면 시장의 리더들은 힘들어집니다. 기술이 상향평준화되면 리더 회사가 누렸던 수익성이 떨어지기 때문이에요. 컴퓨터그래픽 카드도 마찬가지입니다. 지금 잘 나가는 게임들은 5년 전 그래픽카드로도 잘 돌아갑니다. 더 잘 만든 카드가 나와도 소비자가 쓸 만한 콘텐츠가 없기 때문에 소비자가 외면하는 것이죠. 이러한 수학체감 법칙이 산업의 여러 분야에서 나타나고 있습니다. 그렇기 때문에 새로운 성장 동력이 필요합니다. 이를 채워줄 수 있는 것이 인공지능과 자율주행자동차, 사물인터넷 그리고 가상현실 등이죠. 이대로는 성장할 수 있는 시장이 없는 데다 3차 산업이 이룩한 생산성의 극대화와 비용 절감이 한계에 도달했기 때문에 4차 산업혁명이 필요한 것입니다.

Q 한국에서 4차 산업혁명은 어느 정도 진행되고 있나요?

인공지능과 3D 프린팅, 사물인터넷 그리고 가상현실 등은 전 세계적으로 각광받는 4차 산업혁명 기술이죠. 그런데 한국은 4차 산업혁명에서 언급되는 이러한 기술을 발전시키는데 기본이 되는 순수 과학지식이 부족한 상태입니다. 지금까지 우리나라는 앞서나가는 기술을 빨리 습득해서 성장해왔습니다. 그렇기 때문에 실패를 용납하지 않고 남들이 만든 기술을 검증하고 효율화시키는 일에만 몰두해왔습니다. 그런데 4차 산업혁명에서 요구하는 많은 기술은 아직 시장에서 검증되지도 않았고, 지금 당장 시장성이 있는 것이 아닙니다. 다시 말하면 아직 많은 실패가 필요한 부분이고, 그 실패를 통해 기술을 계속 검증하며 완성해나가야 하는 단계라는 뜻이죠. 게다가 상당히 창조적이고 혁신적이며 융복합적인 아이디어를 요구합니다. 왓슨, 구글의 알파고 등 인공지능이 학습한 데이터는 수많은 시행착오에서 만들어진 데이터이며 앞으로도 많은 실패를 하며 완성될 내용입니다.

그런데 한국은 4차 산업혁명에 대한 교육 환경과 직업군은 물론 투자와 회사가 설립할 환경이 전혀 준비되어 있지 않습니다. 전문가 집단도 부족하죠. 전 세계적으로는

4차 산업혁명의 물결이 일렁이는데, 새로운 산업에 뛰어드는 창업가도 찾아보기 어렵습니다. 투자 활성화가 되어 있지 않기 때문입니다. 제조업은 투자 대비 소득이 바로 보이는데 반해 4차 산업혁명은 아직 시장이 형성되지 있지 않은 상태에서 앞으로 5~10년 정도 집중적으로 파야 하기 때문에 우리나라에서 어려운 것입니다.

Q 해당 분야에 관한 세계의 상황과 국내 수준은 어느 정도인가요?

현재 가상현실이 갖고 있는 기술적 한계는 많습니다. 현실을 인지하는데 사용되는 것은 총 다섯 가지의 감각인데 아직은 시각, 청각 부분만 어느 정도 구현한 상태일 뿐 후각, 촉각, 미각은 아직 연구 단계입니다. 그리고 여전히 가격도 비쌉니다. 이런 이유로 가상현실이 대중화 되는 데는 시간이 좀 더 필요할 것입니다. 그럼에도 가상현실에 관심이 집중되는 것은 이 기술이 융·복합 산업이기 때문입니다. 가상현실의 하드웨어는 스마트폰이나 TV 디스플레이와 달리 아직 화질이 부족합니다. 앞으로 더 좋아질 여지가 많습니다. 콘텐츠를 만드는 입장에서도 기존의 게임보다 훨씬 더 높은 사양을 요구하기 때문에 좋은 그래픽 카드와 칩을 만들 만한 이유가 됩니다. 기술이 진보하면 현재 가상현실에서 느끼는 어지러움을 빨리 잡아낼 수 있습니다. 더 발달될 여지가 있다는 것은 성장성이 있다는 이야기죠. 아직까지는 가상현실 기기를 쓰면 무겁고 불편하지만, 앞으로는 훨씬 더 나아질 것입니다. 예를 들어 1990년대 나온 핸드폰은 무겁고 크고 비싸고 배터리도 약했습니다. 그걸 보면서 핸드폰 시장을 의심하는 사람도 많았죠. 하지만 지금은 어떤가요? 핸드폰 세상이 되었습니다. 가상현실도 마찬가지입니다. 지금의 다소 불편하고 무거운 기기만 보고 이것이 뜰 것인지 의심하는 것은 굉장히 근시안적입니다. 지금은 우리가 시간과 공간을 제어할 수 없어 막대한 비용을 들였던 산업을 어떻게 바꾸어갈 것인지 고민하고 거기에 맞게 우리가 준비할 것이 무엇인지 고민해야 할 시점입니다.

Q 앞으로 VR 시장은 어떻게 달라질까요? 직업으로서의 전망은 어떻게 보시나요?

좋은 콘텐츠 개발에는 콘텐츠 기획 능력부터 시작해서 개발하는데 시간이 많이 걸리는 부분입니다. 하드웨어가 등장해야 개발할 수 있는 분야이기 때문에 더욱 시간이 많이 걸리죠. 따라서 지금부터 향후 1~2년 사이는 소비자들이 열광하는 산업으로 성장하지 못할 수 있습니다. 하지만, 가상현실 시장은 산업 자체로의 매력이 높고 시공간의 제어에 의해 현재의 생활 패러다임을 바꿀 수 있는 가능성이 있는 기술입니다. 예를 들어 여행 산업을 살펴보죠. 90세 할머니가 있습니다. 여행을 하려면 돈, 시간, 건강이 있어야 하잖아요. 하지만 90세 할머니는 그런 조건을 충족시키기 어렵습니다. 그렇다고 여행을 포기해야 할까요? 현실에서는 포기해야겠지만, 가상현실은 그런 사람들에게 새로운 경험을 제공할 수 있습니다. 기기를 쓰는 순간 다른 시간대와 공간에 존재할 수 있으니까요. 영화 〈매트릭스〉, 〈토탈 리콜〉 등 가상현실에 관련된 영화를 보면 가상현실이 우리의 삶에 어떤 영향을 끼칠지 조금은 상상할 수 있을 것입니다. 지금은 가상현실이 이런 공상 과학 같은 내용처럼 이상해보일 수 있지만, 여러 가지 융·복합 기술을 사용하면 우리가 상상도 못하는 새로운 세상이 열리게 될 것입니다. 그 시장을 누가 선점하고 앞서가느냐가 미래 산업의 패권을 가져가는 것이죠.

Q 해당 분야로 진출하고 싶은 청소년을 위한 조언을 부탁드립니다.

가상현실 분야로 진출하고 싶다면 상상력을 키우라고 이야기하고 싶어요. 가상현실은 지금 존재하지 않는 현실을 이야기하는 것입니다. 사람들에게 어떻게 하면 더 큰 즐거움을 주고 더 새로운 경험을 선사하느냐는 개인의 상상력에 달려 있습니다. 이미 상상력을 가상현실로 만들 수 있는 기술은 존재합니다. 기술이 없어도 상상력이 있으면 누군가가 그것을 구현해낼 수 있는 거죠. 내가 그 시장에서 독보적이려면 상상력이 필요합니다. 〈해리 포터〉를 쓴 조앤 롤링이 만들어낸 경제적 가치는 잘나가는 반도체 회사의 경제적 가치와 맞먹는다고 해요. 작가는 자신의 상상력을 펜으로 표현합니다. 가상현실은 펜 대신 기술로 상상력을 구현하는 것이에요. 기계공학, 컴퓨터 공학 등 기술을 공부하는 것도 의미가 있겠지만, 진정한 부가가치는 팀을 만들어서 원대한 상상력을 발휘하는 것입니다. 이런 측면에서 이공계 출신뿐만 아니라 인문학 전공자도 VR 산업에 진출하는 것을 환영합니다.

PROFILE

서동일 VR 전문가. 중학교 때 캐나다로 유학, 대학에서 수학과 응용통계학을 전공했다. 졸업 후 2006년 게임회사인 엔도어즈 해외사업 파트장으로 사회생활을 시작했으며, 이후 한국게임산업진흥원에서 글로벌 비즈니스 매니저, 스케일폼 코리아 지사장을 거쳐 오토데스코리아 게임웨어 사업총괄부장으로 근무했다. 2012년, 가상현실이 사회에 줄 변화와 꿈을 이루기 위해 스타트업 회사인 오큘러스 VR 코리아 지사장을 맡았지만, 오큘러스가 페이스북에 매각되면서 그만두고 가상현실 게임 콘텐츠를 제작하는 볼레 크리에이티브를 창업했다. 현재 외로움이라는 감정을 주제로 VR 콘텐츠를 만들고 있다.

8

바이오기술 혁명

기아와 질병, 병든 지구를 살릴 구원의 기술

글 / 박가열

대학에서 심리학을 대학원에서 문화와 사회에 관한 심리학을 세부 전공하였고, 2000년부터 우리나라와 해외의 직업정보네트워크, 진로개발 및 취업지원에 대해서 연구해 왔습니다. 미래를 설계하는 청소년이나 취업을 준비하는 구직자의 진로와 직업에 관한 궁금증과 어려운 문제를 해결해주기 위해 연구하고 개발하는 것이 저의 주요한 역할입니다. 직업과 진로에 관한 연구자로서 요즘 저는 '미래사회에서 직업세계가 어떻게 변화하는 지'와 '기술혁신이 일자리에 미치는 영향', '4차산업혁명과 사회혁신의 관계' 등에 관심이 있습니다.

동물 중 독보적인 '지능'을 자랑하는 인간은 지구상에 있는 수만 가지 생명체 중
유일하게 불을 사용하고, 도구를 발전시켜왔다. 없던 기술을 하나 개발하는 것은
어렵지만, 개발된 기술을 바탕으로 한 발 더 앞으로 나아가는 것은 달리는 물체에
가속도가 붙는 것과 같다. 앞으로, 앞으로 전진해온 과학 기술은 이제 인간의 영역을
넘어 신의 영역을 넘보고 있다. 그리고 그 기술은 현재 지구와 인류를 재난에서 구할 수
있는 구원의 기술로 주목받고 있다.

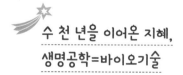

수 천 년을 이어온 지혜,
생명공학=바이오기술

늙고 싶은 사람은 아무도 없다

생명을 뜻하는 그리어스의 'Bios'에서 유래한 '바이오(Bio)'는 살아 있는 존재, 즉 생물을 의미한다. 생물과 생명을 다루는 바이오기술(Bio Technology)은 미래 인간의 건강과 행복을 좌지우지하게 될 중요한 핵심기술이다. 사실 생물학적인 시스템을 활용해 인간에게 유익한 물건을 만들어내는 바이오기술은 새로운 것이 아니다. 수 천 년 전부터 인간은 빵이나 맥주, 간장처럼 미생물을 사용해 음식을 만들거나 서로 다른 나무에 접을 붙여 식물을 개량하는 등의 기술을 이용해왔다(이런 발효공학이나 농업공학 역시 바이오 기술의 일종이다). 그런데 이미 있어왔던 기술이 4차 산업혁명 시대에 다시금 주목을 받는 이유는 무엇일까? 그것은 인류의 오랜 소망과 관계가 깊다.

태초의 인류는 살아남는 것이 소망이었지만, 도구를 사용하게 된 이후에는 배불리 먹고 자유롭게 일하는 것으로 바뀌었다. 세 번의 산업혁명을 거치는 동안 인류는 충분하지는 않아도 대부분의 소망을 이루었다. 하지만 여전히 갈망하는 꿈이 있으니 바로 불로장생이다. 죽지 않는 몸, 불사(不死)를 꿈꿨던 진시황이 신하들에게 불로초를 찾아오라고 했던 것은 유명한 일화다. 이처럼 늙지 않고, 건강하게, 오래오래 사는 것은 인간의 보편적이면서도 절대 시들지 않는 꿈이다.

인간의 문제를 단번에 해결할 핵심 과학 기술

불로장생까지는 아니지만, 과학의 기술은 불로장생에 대한 꿈을 좀 더 가깝게 만들었다. UN에서 2012년에 발표한 확률적 인구 전망에 따르면 2015년에 태어난 여성은 평균적으로 약 85세(남자는 77세)까지 살 것으로 예측되지만, 2040년에 태어날 여성들은 약 90세(남자는 약 83세)까지 살 것으로 예측된다. 바야흐로 100세 시대가 목전에 다가온 것이다.

인간의 기대수명이 늘어남과 동시에 인구 역시 점차 늘고 있다. UN에 따르면 세계 인구는 현재 72억 명 정도지만, 2050년경에는 90억 명에서 123억 명에 이를 확률이 높다고 전망했다. 저출산이 심각한 사회 문제로 꼽히는 우리나라의 상황과는 정 반대로 앞으로 30년 뒤 많게는 거의 두 배 가까이 세계 인구가 늘어나게 되는 것이다.

지구라는 한정된 공간에서 인구가 늘어나고, 고령화가 지속되면 많은 사회적 문제를 낳는다. 당장 자원 고갈, 식량, 환경오염 등의 문제를 떠올릴 수 있다. 영화 〈킹스맨〉의 악당인 발렌타인이나 〈인페르노〉에 등장하는 천재 생물학자 조브리스트가 전 세계 인구를 절반으로 줄여야 한다는 논리도 인간이 급증하면 바이러스처럼 지구를 훼손시킬 수 있다는 것이다. 세계 공통의 현상인 노령화도 문제다. 노동 인구의 감소에 따른 생산성 저하는 물론이고, 노령화된 사회 구성원들의 삶의 질이 크게 떨어질 수도 있다.

어쨌든 이런 저런 다양한 문제로 1996년에 노벨 화학상을 수상한 스몰리(Smally) 박사는 앞으로 인류가 풀어야 할 10대 과제로 인구 증가, 에너지 문제, 식량 부족, 물 부족, 질병, 빈곤, 환경 악화, 테러와의 전쟁, 교육 그리고 민주화 등을 제시한 바 있다. 그리고 이런 문제의 대부분을 해결할 핵심 기술의 중심에 바이오기술이 있다.

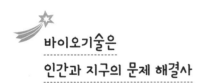

바이오기술은
인간과 지구의 문제 해결사

빨강, 하양, 초록이 불러오는 산업혁명

DNA를 가위로 자르고 붙이고 교정하는 유전자가위를 바탕으로 하는 바이오기술은 사람들의 삶과 연관되는 대부분의 영역에 적용된다. 생물의 유전자를 연구하는 유전학, 발효의 주체인 미생물을 연구하는 발효공학, 농업공학, 동식물학, 의학 등은 물론 석유를 대체할 화학연료 공급이나 대체 에너지원, 폐기물 재순환, 오염 제어 등 환경 산업까지 그 범위가 무한하다. 이에 경제협력개발기구(OECD)는 지난 2006년 바이오기술을 기반으로 인류에 편익을 가져다주는 다양한 경제 활동을 '바이오경제(Bioeconomy)'로 정의하고, 이중 파급력이 큰 분야를 세 가지로 나누어 발표했다. 첫째는 보건의료 분야인 레드 바이오산업, 둘째는 식량 및 자원 분야의 그린 바이오산업, 마지막이 환경 및 에너지 분야에 해당하는 화이트 바이오산업이다. 이들은 3차 산업혁명을 불러온 IT기술 못지않게 인류에게 영향을 미치게 될 것이며, 많은 선진국이 바이오산업에 대한 투자를 계속해서 늘리고 있다.

아프지 않은, 질병 없는 세상을 그리다

레드 바이오산업은 사람의 '붉은 피'에서 붙여진 이름으로 보건·의료 분야에 적용된다. 인간의 질병을 연구하는 분야인 만큼 전체 바이오산업의 65%를 차지할 정도로 시장 규모가 크다. 레드 바이오기술은 바이오기술(BT)과 정보기술(IT)이 융합된 의료제품과 의료 서비스 등을 포함하는 'IT 헬스케어'와 질병 진단이나 치료·예방을 위한 기술인 '바이오신약' 분야로 구분된다. 항암제나 백신 같은 신약이나 줄기세포를 이용한 난치병, 인공 장기 개발을 위한 복제돼지 개발 등이 해당된다. 특히 줄기세포나 유전자 기술은 희귀 난치병을 해결할 수 있을 뿐 아니라 노화를 예방하거나 치료할 수 있어 더욱 주목받고 있다.

21세기형 보릿고개가 온다?

　　자연의 색에서 따온 그린 바이오산업은 농작물, 즉 먹거리를 개발하는 산업이다. 현대에 굶어죽는 사람이 있다는 것을 상상하기는 쉽지 않지만, 실제 지구 반대편에서는 여전히 많은 사람이 기아에 허덕이고 있다. 2006년 10월, 유엔 식량 농업 기구(FAO)가 제출한 보고서에 따르면 2005년 기준으로 10세 미만의 아동이 5초에 1명꼴로 굶어 죽었으며, 3분에 1명이 비타민 A의 부족으로 시력을 잃었다고 한다. 미래는 더 암담하다. 현재 지구는 기후변화로 인해 지구 사막화가 곳곳에서 벌어지고 있다. 식량을 키울 수 있는 땅이 점점 줄어들고 있는 것이다. 이 때문에 생명과학자 중에는 기후로 인해 '21세기 보릿고개'가 올 수 있다고 경고하기도 한다. 이런 지구의 식량부족 그리고 빈곤 문제를 해결하는 것이 그린 바이오기술로 식량자원 개발 분야와 환경 조건을 인공적으로 조절해 농작물을 생산하는 식물공장 시스템 분야로 구분된다. 우리가 알고 있는 슈퍼옥수수나 병충해를 이겨내는 상추 등이 이에 해당하며, 제초제나 바이러스 저항성 유전자변형작물(GMO), 건강 기능식품이나 생산성이 증진된 식물을 개발, 그리고 재배 시설과 작물의 생육 상태를 과학적으로 분석·조정하는 스마트팜 등이 모두 그린 바이오산업에 들어간다.

바이오기술의 적용 분야

레드 바이오 산업
보건 & 의료

그린 바이오 산업
식량 & 자원

화이트 바이오 산업
환경 & 에너지

네델란드 아인트호벤 공과대학 학생들이 만든 친환경 전기자동차 'LINA'. 생분해성 플라스틱으로 만들어 언젠가 차량을 폐기하더라도 땅에 묻으면 흙으로 돌아간다.

과학 기술에 내려진 특명, 지구를 구하라!

마지막으로 공장에서 나오는 검은 연기를 하얗고 맑은 공기로 바꾸자는 의미의 화이트 바이오기술은 환경과 에너지와 관련된 산업이다. 최근 세계는 지구 온난화로 기상이변과 자연재해가 빈번하게 발생하고 있다. 이러한 현상은 자연을 개발이나 정복의 대상이 아닌, 상생의 관계로 설정하고 환경을 보호하기 위해 노력을 기울이자는 움직임으로 번지고 있다. 바이오기술은 자연을 효율적으로 이용하면서도 상생하기 위한 대안으로 주목받고 있다.

화이트 바이오기술로는 새로운 효소를 생산하는 바이오 공정 기술, 바이오에너지 기술, 바이오 식품산업, 환경 모니터링 기술 등으로 구분된다. 실제 옥수수나 사탕수수, 콩, 우유, 해조류 등을 이

사탕수수, 우유, 레몬 등 자연을 이용한 친환경 소재로 만든 바이오 플라스틱 제품들.

용해 바이오 연료나 플라스틱 같은 화학제품을 만들어내기도 하고, 미생물 등을 이용해 하수를 깨끗하게 처리하는 것이 화이트 바이오의 대표적인 사례다. 일반 플라스틱은 썩지 않지만, 바이오기술로 만들어낸 바이오 플라스틱은 미생물에 의해 분해가 되고 미생물을 이용한 청소도 인간에 해를 끼치지 않아 주목받고 있다. 화이트 바이오산업은 아직 걸음마 단계에 불과하지만, 석유 자원에 대한 의존도가 낮아 환경 문제를 해결할 대안으로 떠오르고 있다.

바이오기술이 바꾸는 완전히 새로운 세상

생각을 바꾸면 직업이 보인다

레드, 그린, 화이트 등 색색의 바이오기술을 접목한 미래의 일상은 지금과는 많은 것이 달라질 것이다. 먼저 생각해볼 수 있는 것은 뷰티 용품이다. 바르기만 해도 근육이 생기는 근육증강제나 먹으면 포만감이 생기는 다이어트용 알약, 바르기만 해도 필러를 맞은 효과를 주는 연고, 피부 나이를 감지해 알맞은 처치를 해주는 나노 로봇 등이 등장할 수 있다. 이러한 기술로 맞춤형 미용(Beauty)을 컨설팅하는 셀프 뷰티 숍 마스터가 생겨날지도 모른다.

체중이나 칼로리 소모량, 비만도, 생체 리듬과 활동량 측정 등도 지금보다 훨씬 손쉽게 체크할 수 있어 개인 건강을 고려한 맞춤 음식도 등장할 수도 있다. 빅데이터를 분석해 식재료를 연구하고, 개개인의 체질과 건강 상태에 맞춘 식단을 제공하거나 쓴 맛이 아니라 달콤한 혹은 담백한 맛의 약을 만들어내는 것이다. 이런 기술이 발달하면 지금의 영양사처럼 소비자의 건강 상태에 따라 음식을 매일 만들어 제공하는 음식 코디네이터나 환자의 입맛에 따라 약을 제조하는 닥터 셰프가 등장할 수도 있다. 평생 동안 약을 복용해야 하는 당뇨나 고혈압 환자들에게 먹기 좋은 분자 형태의 약품을 제공할 수 있게 된다.

개인의 노화 속도와 신체 상태를 반영하는, 사람과 함께 늙어가는 식물을 개발할 수도 있고, 우수한 2세를 만들고자 하는 인간의 욕구를 채워줄 수 있을지도 모른다. 조건에 맞춰 남녀를 맺어주는 지금의 커플매니저처럼 미래에는 소비자의 유전자 정보를 수집한 뒤 유전적으로 최적의 조합을 이룰 수 있는 커플을 찾아 이어주는 유전자 전문 커플매니저가 등장할 수도 있는 것이다.

가장 중요한 것은 인간의 건강과 행복

광범위하게 적용되는 바이오기술이지만, 역시 핵심은 유전 정보와 의료 정보다. 최근 지구촌은 전반에 걸쳐 고령화가 급속히 진행되고 있기 때문에 바이오기술을 활용한 보건 의료 서비스는 더욱 절실해지고 있다. 유전 정보를 분석해 질병을 예방하거나 개인 맞춤형으로 치료하는 바이오기술은 이미 세계 곳곳의 보건 의료 현장에서 적용되고 있다.

우리 정부도 미래 성장 동력으로 바이오기술을 보건의료 분야에 접목시킨 '웰니스* 산업'을 육성 중이다. 웰니스 산업이 추구하는 것은 사람의 건강과 행복으로 최적의 건강 상태를 유지하면서 삶의 질을 높이는 제품이나 서비스를 만들어내는 산업으로 정부가 이 산업에 주목하는 이유는 '100세 시대'를 맞아 의료 서비스의 패러다임이 변했기 때문이다. 지금까지의 의료 서비스가 병원이나 의사를 중심으로 이루어졌다면, 미래에는 환자 중심으로 바뀔 것이다. 공급자 중심에서 수요자 중심으로 바뀌는 대전환이 이루어진다는 뜻이다. 패러다임이 바뀌면서 이제까지 '치료' 중심이었던 의료는 '예방'이 중심이 된다. 의료계에서 자주 이야기되는 '헬스케어 3.0 시대**'라는 말도 결국 웰니스 산업과 그 맥락이 닿아 있다.

---

* 웰니스(Wellness)란 웰빙을 뜻하는 well-being, 행복을 뜻하는 happiness, 건강을 뜻하는 fitness를 합성한 말이다. 몸과 마음은 물론이고 사회적으로 건강한 상태를 웰니스라고 한다.
** 사용자 중심의 의료서비스 혁신을 의미한다. 헬스케어 3.0 시대의 특징으로 언제 어디서든 연속적으로 의료 서비스가 이루어지는 '의료의 연속성 확대', 다양한 네트워크를 통해 병원 밖에서도 수준 높은 의료 서비스가 이루어지는 '물리적 공간 한계 극복', 건강과 삶의 질을 높이기 위한 것과 관련된 모든 기술과 산업의 협력 및 융합을 의미하는 '기술과 산업 간 융합 가속화' 등을 꼽는다. 이 세 가지가 이루어지기 위해서는 국내뿐 아니라 해외 병원과 연계하는 글로벌 의료 체계가 이루어져야 한다.

신이 되고픈 인간의 욕망 vs.
지구를 구하고픈 인간의 자애

인간의 행복을 추구하는 과학 기술

　　사람들에게 삶을 위해 꼭 필요한 한 가지만 꼽으라면 어떤 답을 할까? 아마도 자신이 처한 환경에 따라 백 명이면 백 명 모두 다른 답을 할 것이다. 전쟁이나 분쟁을 겪고 있는 지역에 살고 있다면 '평화'가 될 것이고, 굶주림에 시달리는 사람이라면 '음식 혹은 먹거리'라고 답할 것이며, 정치적인 탄압을 받고 있다면 '자유'나 '정의'를 먼저 꼽을 것이다. 또한 질병이나 장애로 인해 고통 받고 있다면 '건강'을, 취업 때문에 고민하고 있다면 '일자리'를 꼽을 수도 있다. 하지만 사는 곳이나 처한 환경이 달라도 공통되는 답이 있다. 그것은 바로 '행복한 삶'이다.

평화나 풍요, 자유나 정의, 건강이나 일자리 등의 문제는 결국 행복한 삶과 연결된다. 따라서 인간은 이제 인류의 행복이라는 문제를 직접 다루고자 하고 있다. 그 과학기술이 바로 '바이오기술(BT)'이다. 그러나 바이오기술이 모든 문제를 해결할 수 있는 만능 해결사는 아니다. 바이오기술이 유전자 조작 식물과 동물을 넘어 복제 인간 같은 인간의 영역으로 확산되고 있기 때문이다. 유전자 교정은 신의 영역이었던 생명체의 설계도를 새로 그리는 것과 같다. 이처럼 자연의 현상을 거스르는 것은 인간과 지구에 유용하다고 해도 윤리적인 비판을 피해갈 수 없는 부분이다.

윤리적 문제에 대한 고민도 있어야

현대 과학은 이미 체내 이식형(in-body) 칩을 개발했다. IT 기술과 바이오기술의 융합으로 만들어진 체내 이식형 바이오센서는 분명 장점이 있다. 체내에 바이오센서를 삽입해 혈압이나 맥박, 체온 등 생체 정보를 수집하고 생체리듬을 분석해 건강 문제를 예측하고, 위험이 감지되면 응급조치를 할 수 있다. 불면증에 걸린 사람에게는 체내 이식 센서를 통해 수면 유도 물질을 투여함으로써 건강을 관리할 수도 있다. 어쩌면 실시간으로 사람의 감정까지 모니터링할 수 있을지도 모른다. 이러한 기술이 가능하다면 감정의 변화를 감지해 주변의 지인에게 알리거나 조언 서비스를 제공해 우울증이나 자살 예방에 도움을 줄 수 있을 것이다. 체내 이식형 칩은 사람의 경제 활동까지 도와줄 수 있다. 디지털 화폐 고지서를 발송하고, 실시간으로 화폐 사용량을 분석해 데이터를 제공하거나 소비 패턴을 분석해 라이프스타일에 대한 조언을 할 수도 있다.

바이오기술로 인해 인간의 삶이 더욱 편리해지고, 위험에 대비할 수 있을 것이다. 하지만 이러한 행위가 인간적인 것인가에 대한 것은 또 다른 문제다. 그래서 체내 이식형 스마트 바이오센서의 사회적 부작용을 우려해 사회 운동을 벌이는 '빅브라더 반대 운동가'의 활동이 점차 커지는 것도 이러한 이유 때문이다.

인체의 신비는 밝혀질수록 놀랍다. 바이오기술이 발전하면 할수록 인간다움에 대한 윤리적 논란은 커질 수밖에 없다. 그렇다고 과거처럼 기아와 질병으로 사람들이 굶어죽도록 내버려둘 수도 없는 법이다. 이처럼 기술의 발달에는 양날의 검과 같은 면이 있지만, 한 가지 변하지 않는 것은 기술이 사람과 사회 구성원의 행복을 지향해야 지속가능하고 발전할 수 있다는 점이다.

새로운 시대, 새로운 직업

바이오기술은 사람들의 경제 활동에서 아주 밀접하면서도 중요한 위치를 차지한다. 현재 세계적으로 수요가 급증하는 분야에서 관련 업체나 연구소들이 바이오기술을 적용한 제품과 서비스를 만들어 내기 위해 노력 중이다. 또한 IT 및 NT(나노기술)와의 융합을 통해 새로운 형태의 제품과 서비스 창출을 모색하고 있다. 예를 들어 의류형이나 액세서리형 헬스케어 기기나 뇌파 감지 안경이나 이어폰 등이 개발될 수도 있고, 나노로봇을 통한 수술이 본격화되면 이를 모방한 게임이 개발될 수도 있다. 지능형 환자 맞춤약 프로그램이 대중화되면 이를 위한 자판기가 생길 수도 있다. 또한 콘택트 렌즈형 스크린이나 과거 여행이나 군대 보급용 스마트 VR 렌즈 등이 개발될 수도 있다.

직업은 사회를 투영하는 거울이다. 따라서 미래 사회에서 펼쳐질 직업 세계를 내다보기 위해서는 사회의 변화상을 두루 살펴야 한다. 세계 곳곳에서 일어나는 변화를 살펴보노라면 바이오기술이 왜 중요한지를 알 수 있음은 물론이고, 미래를 준비하기 위한 열쇠도 발견할 수 있을 것이다. 현재는 없지만, 2030년을 기준으로 미래에 나타나게 될 직업을 예상해본다.

바이오에 대한 끊임없는 호기심과 더불어 사람과 사회에 대한 사랑을 품는다면 훌륭한 바이오 분야의 기술자 및 과학자로 발전하는 데 원동력이 될 것이다. 과학기술과 인문학적 지식을 균형감 있게 갖추기 위해 선현들의 양서를 탐독하면서 그들의 어깨 위에 서서 바라본다면 미래의 바이오기술이 여는 행복한 사회를 맞이하고 구성하는 데 기여할 수 있을 것이다.

1인 가구 위기관리 시스템 전문가 의료 빅테이터 기술과 체내 이식형 스마트 바이오센서를 활용해 1인 가구의 안전을 돌봐 주는 직업이다. 홀로 사는 고객의 체내에 바이오센서를 삽입한 뒤 관리한다. 체내 센서가 위기 상태임을 알리면 응급요원이 현장으로 출동한다. 이후 고객의 상태에 알맞은 응급처치를 한 뒤 관련 기관에 데이터를 전송한다. 필요한 기술로는 빅데이터 기술과 체내 이식형 스마트 바이오센서 등이다.

바이오센서 제작 수리 전문가 체내 이식형 스마트 바이오센서를 수리하거나 교체해주는 전문가다. 사람들의 몸속에 삽입된 여러 가지 센서를 전문적으로 관리한다.

수술용 나노로봇 조종사 수술은 외과 의사들이 하는 전문 영역이지만, 바이오기술이 발전되면 나노로봇을 이용해 어렵고 힘든 수술을 집도하는 전문 조종사도 생길 것이다. 이 조종사는 주로 수술하기 힘든 종양의 위치를 파악하고, 나노로봇을 이용해 수술 시뮬레이션을 한 뒤 수술을 집도한다. 필요한 기술로는 체내 이식형 스마트 바이오센서, 액체 생체 검사, 생체 모방 나노로봇 활용 등이 있다.

지능형 환자 맞춤약 프로그래머 의료 빅데이터 기술을 이용한 맞춤약 개발자다. 고객의 의료 빅데이터를 분석한 뒤 고객의 특성이나 상황에 맞는 맞춤약을 개발한다. 필요한 기술로는 차세대 유전체 분석 칩, 체내 이식형 스마트 바이오센서, 지능형 환자 맞춤약, 의료 빅데이터 기술 등이 있다.

스마트 VR 렌즈 전문 안과 의사 렌즈 삽입술을 시행하는 의사는 현재에도 있다. 하지만 바이오기술이 결합되면 지금보다 전문적인 영역으로 자리 잡을 것이다. 스마트 VR 렌즈란 스마트폰을 대신하는 특수 렌즈를 뜻한다. 스마트 VR 렌즈 전문 안과 의사는 이 렌즈의 삽입 또는 제거 수술을 진행할 뿐 아니라 통신사와 연계해 렌즈 결함이나 통신 장애 등을 관리한다. 필요한 기술로는 체내 이식형 스마트 바이오센서, 인지 및 감각 기능 증강용 가상현실 등이 있다.

러닝메이트 고도의 기술 발전 사회에서는 친구나 동료의 존재가 매우 중요해진다. 여러 분야에서 친구를 의미하는 메이트(Mate)가 생겨날 것이다. 러닝메이트는 말 그대로 고객과 함께 운동하며 관리해주는 사람이다. 주요 업무는 고객과 함께 달려주고 소비 칼로리, 이동거리 등 운동 및 현 신체 상태를 알려주는 것이다. 하지만 단순히 점검이나 관리만 해주는 것이 아니라 운동의 재미와 동기까지 부여해 주는 역할도 맡아 한다. 필요한 기술로는 사이버 메이트 헬스 케어, 체내 이식형 스마트 바이오센서 등이다.

헬스 테크 디자이너 헬스케어 기술과 패션, 산업디자인을 아우르는 디자이너다. 생체리듬을 분석하고 모니터링 기술, 뇌파 감지 및 컨트롤 기술, 감성 치료 기술, 각종 디자인 제품 등을 개발하고 디자인한다. 차세대 유전체 분석 칩, 체내 이식형 스마트 바이오센서, 바이오스탬프, 개인용 노화 속도계, 생체 모방 로봇 등의 기술이 필요하다.

바이오 플라스틱 디자이너 바이오 플라스틱을 활용한 다양한 제품을 디자인한다. 첨단 기술과 아름다운 디자인을 동시에 구현해야 하므로 바이오기술은 물론 바이오 플라스틱의 특성을 잘 알아야 하며, 미학적인 감각도 뛰어나야 한다. 아기의 건강 상태를 모니터링하는 웨어러블 아기용품, 생분해 농사용 비닐과 같은 바이오 농업용품, 땅에 버리면 저절로 비료로 변하는 종이컵 등이 개발될 수 있을 것이다.

 꼼꼼 과학 강의실

사회 격차와 불평등을 해소해줄 첨단 기술은?

세계 경제는 금융 위기 이후 여전히 정체 상태에 머물고 있다. 글로벌 GDP는 향후
50년 간 매년 3%가량 증가할 것으로 예상되지만, 국가와 지역 간 편차는 클 것이다.
중국과 인도 등 신흥개발국은 성장하고 있지만, 우리나라의 장기적인 경제 전망은 그리
밝지만은 않다. OECD는 우리나라의 경제 성장률이 2030년까지 2.7%, 2030년부터
2060년까지 1.0%로 떨어질 것으로 전망하고 있다. 문제는 경제 위기가 계층 간 격차나
불평등을 심화시킬 것이라는 점이다. 한국과학기술평가기획원(KISTEP)도 향후 10년 내
한국 사회에서 가장 중요한 이슈로 '사회 격차 및 불평등의 증가'를 선정하기도 했다.
그러나 과학기술이 이러한 격차를 줄여줄 수 있을 것이라는 의견도 있다. 평등하고 모두
다 잘 살 수 있는 세상을 지향하는 것이다. 이처럼 사회 격차와 불평등을 해소할 미래의
10대 유망 기술로는 스마트폰 이용 진단 기술, 의료 빅데이터 기술, 바이오스탬프, Li-Fi
기술, 가상 촉감 기술, 비콘 기술, 진공 단열 기술, 나노 소재 활용 에너지 하베스팅 기술,
개인 맞춤형 스마트 러닝, 실감 공간 구현 기술 등이 있다.

바이오기술의 미래가 궁금하다면?

마블의 오락영화 〈스파이더맨〉처럼 DNA 지문이나 유전자 재조합, 인간복제는 영화의
좋은 소재다. 또 영화를 통해서 다양한 생명공학에 대한 기본 지식은 물론 기술이
미치는 인간 사회의 영향에 대해 생각해볼 수 있는 좋은 화두를 던져주기도 한다.
유전자 복제 기술을 다룬 최고의 고전은 1993년 개봉된 스티븐 스필버그 감독의
〈쥬라기공원〉을 꼽을 수 있다. 과학자들은 6천 5백만 년 전 공룡의 피를 빤 모기의
화석에서 피 한 방울을 뽑아 공룡 복제에 성공하고, 그렇게 태어난 공룡을 풀어놓은
테마파크 섬에서 인간은 제어할 수 없는 자연의 힘을 경험하게 된다는 내용이다.
1998년 개봉한 영화 〈가타카〉는 유전자 정보와 분석을 기반으로 유지되는 미래
사회를 그리고 있으며, 2013년 개봉된 영화 〈스타트렉 다크니스〉은 유전자 조작으로
전투에 최적화된 인간 병기의 분노를 다루고 있다.
인간 복제나 동물 유전자 조작의 윤리적 문제를 적나라하게 보여주는 영화는 2005년

복제인간의 문제를 이야기하고 있는
영화 〈아일랜드〉.

동물유전자 조작의 윤리적 문제를 보여주는
영화 〈옥자〉.

개봉한 〈아일랜드〉와 2017년 개봉한 봉준호 감독의 영화 〈옥자〉를 들 수 있다.
〈아일랜드〉에서는 장기 공급과 출산 대행 등을 위해 만들어진 복제인간의 문제를
다루고 있으며, 〈옥자〉는 식량 문제를 해결하기 위해 개발된 슈퍼 돼지와 시골 소녀의
순수한 사랑과 우정을 그리고 있다. 봉준호 감독은 〈옥자〉 영화 촬영을 위해 취재를
하면서 육식, 특히 돼지고기를 삼가게 되었다고 고백한 바 있다.
물론 바이오기술이 나쁜 면만 있는 것은 아니다. 바이오기술로 인해 인류는 아프지
않고, 굶지 않으며, 지구는 깨끗해질 수 있다. 단, 이러한 영화적 상상을 통해
과학기술이 발전할 때 그와 동시에 인권이나 윤리적 문제 또한 깊이 고민되어야 할
것이다.

살아 있는 것은
모두
아름답다

———

바이오 전문가
김 성 진

Q 4차 산업혁명과 바이오의 관련성에 대해 설명해주세요.

4차 산업혁명이란 곧 '정보'가 중심이 되는 산업입니다. 4차 산업혁명의 핵심은
빅데이터예요. 바이오도 유전체라는 정보를 이용해 국민의 건강과 고령화 시대에 대비해
빅데이터를 구축하고 있지요. 우리가 건물을 지을 때 가장 먼저 그리는 건 설계도입니다.
우리 몸도 DNA라는 설계도에 의해 만들어져 있죠. 이 DNA를 연구하면 암이 어떻게
생기고, 어떻게 진행되어 가는지 알 수 있어요. 그러나 한 사람의 데이터만으로는 안 되고,
수많은 사람의 데이터가 쌓이면 그게 빅데이터가 되는 것이고, 거기에서 무언가 새로운 걸
찾아낼 수 있을 것이라는 게 4차 산업혁명에서의 바이오입니다.

Q 한국인 최초로 유전체를 해독하셨습니다.

가천대학교에서 한국인 최초의 유전체 해독 프로젝트가 진행되고 있었습니다. 그런데
제가 암당뇨 연구원장으로 부임해보니 5~6억 원 정도 하는 비싼 유전체 분석 기계는
구매했는데, 아무도 이 프로젝트를 이끌어 가지 못하고 있는 거예요. 그래서 제가 그
프로젝트를 맡아서 진행해보기로 했죠. 원래는 재단의 50주년 기념사업의 일환으로

다른 분의 유전체를 해독하기로 하였으나 제가 암당뇨 연구원장으로 부임한 후 제 유전자를 해독하기로 했습니다. 2009년 한국인으로서는 처음, 전 세계에서는 다섯 번째로 개인 유전체를 해독이었어요. 이 때문에 노벨 생리의학상 수상자이자 DNA 이중나선의 발견자인 제임스 왓슨 박사를 만나기도 했고, 제게 '개인 유전체의 개척자', '한국인 최초의 유전자를 해독한 사람'라는 이름이 붙여지게 됐죠. 우연히 맡게 되었지만, 이 일로 인해 유전체 분석 및 헬스케어 전문 기업인 테라젠이텍스가 생겨나는 등 개인적으로는 굉장히 뜻깊은 일이었습니다.

Q 유전체를 해독하면 무엇을 알 수 있나요?

제 유전자 분석을 통해서 아주 흥미로운 사실을 발견했습니다. 제가 정상적인 사람보다 노인성 황반변성의 위험도가 8~9배 정도 높은 거예요. 노인성 황반변성이란 60세 이후가 되면 눈의 황반에 문제가 생겨 점차 시력을 잃는 병이에요. 이걸 알고 난 후 예방을 해야겠다고 마음먹고 항산화제도 많이 복용하고, 컴퓨터 모니터도 LED로 바꾸고, 안과에 자주 가서 검사를 하는 등 눈에 대한 건강에 신경을 쓰기 시작했죠. 그리고 비만이 될 가능성도 높더라고요. 그래서 식이조절도 하고 있습니다. 유전자 검사를 통해 저의 건강의 위험요소가 무엇인가를 알게 됨으로써 실제 제 생활에 많은 변화가 일어났습니다.

Q 이 직업만의 매력은 무엇인가요?

세계 각국을 많이 다녀봤는데, 탄자니아의 응고롱고로라는 분화구는 정말 감동이었습니다. 높이가 약 600m의 둘레 안에 엄청나게 넓은 분화구 바닥이 있는데 그 안에 천지창조가 있는 거예요. 코끼리, 코뿔소, 사자, 하마, 없는 동물이 없어요. 말 그대로 살아 있는 생명에 대한 보고입니다. 이렇게 움직이는 것, 살아 있는 것을 본다는 건 정말 대단한 감동이었지요. 바이오 분야의 매력이라면 이런 살아 있는 현상을 관찰하는 거라고 생각해요. 생명체를 다루면서 왜 응고롱고로의 코끼리와 코뿔소는 유전자 차이가 별로 없는데, 모습이 이렇게 다를까, 라는 식의 의문을 가지고 연구하는 거죠. 이런 연구는 1~2년 만에 끝나는 것이 아니라 평생을 두고 해도 끝나지 않아요. 이런 점들이 이 일의 가장 큰 매력이라고 생각합니다. 건물을 보면서도 아름답다고 감동할 수 있지만, 그건 그때뿐이잖아요. 하지만 들판의 야생초가 주는 감동은 다릅니다. 살아 있기 때문이죠.

Q 힘든 점도 많을 거 같아요. 어려운 점은 무엇인가요?

얼마 전에 아주 감동적인 한 산악인의 이야기를 접한 적이 있습니다. 8,000m 이상의 고산을 등반 중 정상 100m 정도를 남겨놓고 동료가 아픈 거예요. 정상까지 남은 거리가 고작 100m 정도밖에 안 되니까 주변에서는 혼자서라도 다녀오라고 했지만, 이분은 그걸 포기하고 동료를 데리고 산을 내려왔어요. 왜냐하면 정상까지 가는 시간은 짧지만, 동료와 함께 앞으로 살아갈 시간은 길다는 거예요. 저도 그 생각에 공감합니다. 높은 산에서는 어떤 때는 한 발을 내딛는데도 오랜 시간이 걸릴 때도 있다고 하더군요. 그 정도로 힘든 상황이라는 거죠. 이때 포기하면 정상에 이를 수가 없다고 합니다. 정상에 있는 순간은 잠시이지만, 그 목표를 향해 힘든 길을 걸어가는 거죠. 인생도 마찬가지라고 생각해요. 힘들다고 내려놓는 순간 인생은 망가질 수도 있어요. 견디고, 또 견디고, 견뎌야 하는 거죠. 저 역시 지금 이 자리까지 오는 데 한 번도 쉬운 걸음이 없었습니다. 도전하고 결과를 내고, 실패하고, 다시 도전하고, 논문을 내는 등 사람들한테 인정을 받기까지의 과정은 굉장히 길었습니다. 등산과 똑같습니다. 결국은 견디고, 인내하고, 포기하지 않는 것이 중요합니다.

Q 앞으로 바이오 관련 분야는 어떻게 달라질까요?

암, 심장질환, 뇌졸중에 걸리지 않으면 인간은 90세까지는 살 수 있다고 합니다. 그러나 120세, 130세까지 살기 위해서는 노화를 정복해야 한다고 전문가는 이야기합니다. 빅데이터가 많이 쌓이게 되면 노화를 정복하는 것도 불가능한 이야기는 아닐 겁니다. 하지만 한국에서 이러한 연구는 쉽지 않을 것이라고 생각해요. 왜냐하면 바이오 분야에서 유전자, 의료 정보 등 수많은 건강에 관련된 데이터를 축척하기 위해서는 단순히 실험만 해서는 안 되고 정부, 병원, 회사 등 많은 기관의 협력이 필요한데 이를 위해 풀어야 할 많은 장애물이 있기 때문이지요. 유전체 연구만하더라도 한국에서는 주로 정부가 주도하고 있지요. 여러 가지 규제도 많아 시장이 자유롭게 연구를 주도하게끔 해야 성장할 수 있는데 현재는 쉽지 않아요. 이러한 연구가 왜 중요한지에 대한 한 가지 예를 들면 인간은 누구나 다 '절약 유전자'를 가지고 있어요. 우리 몸의 설계도가 에너지를 절약하도록 설계되어 있다는 것이지요. 현재의 인간은 오래 전 빙하시대에서 살아남은 사람들의 후손이라고 합니다. 빙하시대에는 먹을 게 없었잖아요. 그런데 음식을 먹어서 빨리 에너지로 대사되는 사람은 다 죽고, 대사가 느리게 일어나는 사람들은 살아남았어요. 다시 말해 지금의 인간은 대사가 느리게 일어나는 사람들의 후손이라는 거죠. 그런데 과거에는 사냥도 하고, 열매도 따고, 계속 움직였지만, 지금은 활동량이 그렇게 많지 않아요. 반대로 먹을 것은 아주 많아졌어요. 활동량은 줄고 먹는 게 늘어나니까 비만이 되는 거예요. 비만에 걸리면 문제가 되는 질환 중의 하나가 지방간입니다. 지금 글로벌 제약회사에서 가장 큰 시장으로 보고 있는 것이 바로 이 지방간이에요. 상당히 많은 질병이 대사 질환과 연관이 있어요. 인간이 잘 살게 되면서 오히려 고통을 받게 된 거죠. 이걸 어떻게 해결하느냐가 앞으로는 아주 중요한 문제가 될 것입니다. 국민 건강이나 국가 경제에 막대한 영향을 미치는 이러한 연구는 오랜 기간의 투자가 이뤄져야 하는데 이러한 연구는 한국에서 하기가 쉽지 않아요.

Q 바이오 분야로 진출하고 싶은 청소년을 위해 한마디 조언을 해주세요.

요즘은 돈의 유혹에서 벗어나기 참 어렵습니다. 직업을 찾을 때도 대부분 돈과 연결을 시키죠. 좋아하는 것을 직업으로 삼기 참 어려운, 그런 시대에 살고 있습니다. 젊은 사람들도 월급이 만 원, 십만 원만 차이가 나도 직장을 옮겨버리거든요. 이러다 보니 관계 정립도 어렵고, 여러 가지 힘든 점이 생깁니다. 저도 어렵게 살았지만, 한 가지 깨달은 것은 돈이 목적이라면 절대 과학을 해서는 안 된다는 거예요. 좋은 직장, 교수, 돈, 명예 같은 목표로 과학을 시작했다가 그걸 이루지 못하면 실망을 하게 됩니다. 그렇지만 인류를 위해 내가 무언가를 남기겠다는 목표를 세운다면, 아무리 힘들고 어려운 과정도 견뎌낼 수 있을 거예요. 참고 기다리면서 목표를 향해 뚜벅뚜벅 걸어가다 보면 그때 돈도 따라오고, 직장도 따라오게 됩니다. 다시 말해 과학 그 자체를 추구해야지, 다른 것을 목적으로 과학을 해서는 결코 행복해질 수 없습니다.

PROFILE

김성진 테라젠이텍스 바이오연구소의 최고 기술 책임자이자 서울대학교 차세대융합기술연구원 정밀의학연구센터 센터장. 미국 케이스웨스턴리저브 대학 겸임 교수이자 일본의 쓰쿠바 대학 초빙교수. 지난 27년간 암발생, 암전이, 암유전체, 암 줄기세포, 암 예방 등의 연구에 매진하여 왔으며 270편의 연구 논문을 발표한 세계적인 암 연구 전문가다. 2009년 한국인 최초 개인 유전체 해독(세계 다섯 번째)을 주도했고, 2013년 한국인 위암유전체를 해독하는 등 유전체 연구도 선도하고 있다. 2002년 호암의학상을 수상했다.

9

핀테크 혁명

동전도 지폐도, 현금이 사라진다?

글 / 최영순

대학과 대학원에서 사회학을 전공하고 국내외 다양한 직업세계를 연구하고 있습니다. '직업'은 우리가 살아가는 동안
누구나 한번쯤은 고민하고 관심을 가지는 것이므로 직업을 연구하는 일은 책임감과 소명감도 따른답니다.
최근 제 관심분야는 전통적인 직업에서 새롭게 파생되는 직업, 과거에 없던 새로운 직업, 그리고 미래직업세계에서
개인에게 필요한 역량과 이를 꽃피우기 위한 창의적인 활동입니다.

돈 세는 맛이라는 것이 있다. 그런데 눈으로 보고, 손으로 만질 수 있는 돈이 없는
세상을 상상할 수 있을까? 하지만 세상은 현금 없는 사회로 달려가고 있다. 한국은행은
2020년까지 동전을 퇴출시키겠다고 선언했으며, 스웨덴과 덴마크는 한술 더 떠
2030년까지 현금 자체를 아예 없애버리겠다고 선언한 상태다. 현금이 없어도
스마트폰만 있으면 물건을 사고팔고, 돈을 빌리고 빌려주는 등 대부분의 돈 거래가
가능해졌기 때문이다. 이런 환경의 중심에는 바로 '핀테크(Fintech)'가 있다.
금융 혁명이 불러올 미래의 현장에 한발 앞서 들어가 보자.

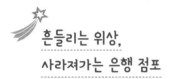

흔들리는 위상,
사라져가는 은행 점포

거리에서 시중은행이 사라진다

은행에 가서 자신의 이름이 찍힌 첫 통장을 보며 느꼈던 감동, 입금한 용돈이 숫자로 찍혀 나온 통장을 보면서 흐뭇해하던 기쁨, 마감 시간 안에 공과금을 납부하기 위해 허겁지겁 은행으로 달려가던 오후, 어렵게 부어온 적금을 찾은 뒤 소망하던 일을 이룬 보람 등…. 은행에서 거래를 해본 사람이라면 누구나 은행과 관련된 추억이 있기 마련이다. 그러나 앞으로는 친구들과 "○○은행 앞에서 만나용이 줄어드는 분위기다.

　이처럼 금융과 IT 기술이 접목되면서 핀테크는 우리가 상상하는 그 이상의 변화를 불러올 것이다. 특히 은행이나 증권사, 보험사 등 금융업계의 전통적 영역을 넘어 구글, 아마존 등 플랫폼 기반 업체들까지 핀테크 개발에 뛰어들면서 인류의 경제 활동 전반에 영향을 미칠 것으로 보인다. 바야흐로 '톡'과 '터치'만으로 모든 거래가 이루어지는 시대가 열린 것이다.

기술력과 참신한 아이디어로 성장하는 핀테크

지금과는 다른 일상이 펼쳐진다

　IT 기술이 발달하면서 금융 거래는 편리해지고, 수수료는 낮아지며, 빅데이터를 바탕으로 소비자에게 적합한 금융상품을 소개할 수 있고, 취미활동이나 쇼핑 스타일에 대한 정보도 안내받을 수 있으며, 평소 소비 패턴에 따른 재테크 방법에 대한 조언까지 받을 수 있다. 인공지능은 소비자의 SNS 활동 내용, 문자 메시지 등을 분석하고 신용도까지 평가해 가장 적절한 대출 상품이 무엇인지 정보를 분석해서 안내한다. 물론 IT 기술이 금융과 접목된다는 것은 은행을 중심으로 했던 금융 서비스가 더욱 넓어지고 다양해진다는 것만을 의미하지 않는다. 몇 십 년 전만 해도 공상 속의 이야기라고 여기고 넘어갔던 홍채 인식뿐만 아니라 지문·정맥·목소리 같은 생

체 정보만으로도 은행 업무를 볼 수 있다. 은행 상담도 사람이 아닌 챗봇과 하는 등 일상생활 자체가 변하게 될 것이다.

기업의 변화, 사람의 변화

결국 핀테크도 다른 4차 산업혁명의 기술처럼 금융업, 유통업, 제조업, 서비스업 등 산업 간의 칸막이를 허물게 한 것이다. 앞으로는 은행이 금융 서비스만을 제공하는 회사가 아니라 '플랫폼을 만들고 서비스를 제공하는 기업'으로 바뀌게 될 것이며, 핀테크를 기반으로 한 새로운 업체도 탄생하게 될 것이다. 월마트, 아마존, 페이스북, 구글, 알리바바처럼 금융업체가 아닌 기업이 앞 다투어 핀테크에 투자하는 것도 이 때문이다.

현재 기발한 아이디어와 혁신적인 기술을 가지고 창업한 벤처 기업(스타트업) 중에는 핀테크와 관련된 곳이 많다. 초기의 핀테크 기업이 기존의 은행, 증권, 보험사에서 제공하는 서비스에 IT를 접목하는 수준이었다면, 최근의 핀테크 기업은 인터넷 전문은행, 크라우드 펀딩 같은 새로운 차원의 서비스를 제공하고 있다.

기업의 변화와 더불어 주목할 만한 사실은 핀테크가 금융업계에서 일하는 사람들까지 바꾸어 놓고 있다는 점이다. 과거에는 주로 경제학이나 회계학, 경영학 등을 공부한 사람들이 대부분이었지만, 최근에는 정보통신이나 통계 등 다양한 전공자들이 금융업계로 진출하고 있다. 학벌보다는 기술력과 참신한 아이디어를 무기로 진출하는 것도 특징이다.

성공적인 핀테크 혁명을 위한 세 가지 과제

핀테크는 기존과는 다른 금융 서비스를 통해 우리 일상 곳곳에 변화를 가져오고 있다. 대개의 경우 보다 편리해지고 정확하며 안전하다고 평가되지만, 다른 분야와 마찬가지로 핀테크 혁명도 해결해야 할 과제를 안고 있다.

먼저, 적절한 인프라 구축이다. 금융 분야는 귀중한 자산을 관리하고 고객의 민감한 개인 정보를 다루기 때문에 정부 차원에서 엄격히 규제하는 분야다. 따라서 핀테크가 활성화되려면 현재 적용되는 규제와 제도 변화가 필수적이다. P2P 대출이나 해외 송금 등만 해도 기존의 법과 제도로는 활성화되기 어렵기 때문이다. 새로운 산업인 만큼 혼선은 불가피하지만, 변화하는 시대에 맞는 제도와 시설을 갖추기 위해 정부와 업계 모두 노력해야 할 것이다.

두 번째는 보안에 대한 대책이다. 핀테크는 모바일 플랫폼에 기반한 서비스가 많으므로 편리성 이면에는 늘 보안에 대한 위험이 도사리고 있다. 지금도 금융 해킹 사고가 자주 발생하고 있는 것을 감안한다면, 핀테크 활성화 시대에 걸맞은 사이버 보안 기술 발전에도 심혈을 기울여야 한다. 마지막으로 인간성의 약화 대책이다. 핀테크가 활성화될수록 사람들은 이웃을 만나기 어렵게 된다. 사람이 아니라 기계와 대면하는 일은 단순히 효율만으로 설명할 수 없는 폐해를 낳을 수 있다. 뿐만 아니라 익명의 공간에서도 지켜야 하는 사이버 윤리는 핀테크 시대에도 여전히 유효한 과제로 남아 있다.

새로운 시대, 새로운 직업

세계적인 투자은행인 골드만삭스에는 한때 600여 명에 이르는 주식매매 트레이더가 일하고 있었으나 지금은 단 2명만 근무하고 있다. 설상가상, 골드만삭스는 앞으로 딜러나 고객관리원, 영업원도 컴퓨터가 대체하게 될 것이라고 발표했다. 이쯤 되면 수많은 금융업계 종사자나 금융인이 되기를 꿈꾸던 청소년들은 불안감에 빠질지도 모르겠다. 지금까지 금융인이야말로 선호도가 높은 직업으로 손꼽혀 왔기 때문이다. 하지만 모든 새로운 것에는 빛과 어둠이 있다. 예전부터 직업은 끊임없이 분화·생성되고 일자리의 환경도 지속적으로 변해왔다. 핀테크 시대의 직업 세계도 예외는 아니다.

금융 보험업이 정보통신을 포함한 타 분야와 융합되면 산업 간의 경계는 더욱 희미해질 것이다. 직업인들 입장에서는 전통적인 금융 지식과 경험에 더해 빅데이터나 사이버 보안, 로보 어드바이저 활용 능력 등 새로운 지식과 기술을 갖추도록 요구받을 것이다. 개인 간(P2P) 대출 전문가 직군에는 주로 기존의 금융 경력자들이 진입하고 있지만, IT나 보안 분야를 전공한 인력의 진출도 활발한 편이어서 경쟁이 치열해진 것이 대표적인 예다.

물론 이들이 협업하면 더욱 품질 높은 서비스가 이루어질 수 있기 때문에 다양한 전공과 경력자들이 금융 보험 직종에 진입하는 것은 긍정적인 효과를 낳을 수도 있다. 또한 창구 상담이나 대면 영업을 하던 사람들이 빅데이터에 기반한 자료 활용 및 분석 능력, 고객의 특성을 고려한 전문 상담 능력, 특정 고객을 고려한 맞춤형 마케팅 능력, 투자의 국제화에 따른 국내외 기업 및 국가 분석 능력 등 핀테크 시대에 걸맞은 전문적인 역량을 갖추면 오히려 더 각광받을 수도 있을 것이다.

물론 핀테크라는 커다란 기술 변화에 따라 전담 조직이 생기거나 융합된 직무가 나타나 새로운 일자리 창출로 이어질 수도 있다. 핀테크 시대의 금융 서비스를 맡을 전문가들은 개인 간(P2P) 네트워크나 블록체인, SNS와 같이 특화된 영역이나 고령화된 고객을 전담하게 될 것이다.

컴퓨터 보안 전문가 핀테크가 활성화되면 고객과 핀테크 업체, 플랫폼 업체, 금융 업체가 유기적으로 연계되어 양방향의 서비스 제공과 활용이 가능해진다. 이는 곧 여러 주체들의 정보 공유를 의미하므로 정보 유출에 대한 위험은 더 커진다고도 볼 수 있다. 따라서 '간편하게 언제 어디서든' 이용할 수 있는 핀테크 시대에는 정보 보안 인력의 중요성이 더욱 커질 전망이다. 컴퓨터 보안 전문가는 전통적인 의미에서 금융인은 아니지만, 핀테크의 특성상 매우 중요한 역할을 한다. 보안 프로그램이나 공인인증서, OTP를 넘어 지문 인식이나 음성 인식, 홍체 인식 등을 활용한 보안 프로그램 설계하고, 금융 서비스를 침해하는 각종 바이러스의 백신 프로그램을 만든다. 불순한 침입이 발생하면 즉각적으로 이에 대응하고 복구하는 일도 한다.

빅데이터 전문가 다른 분야에서도 활동이 가능하지만, 핀테크를 활용하는 금융 서비스를 위해 꼭 필요한 존재다. 금융 고객들의 다양한 정보를 분석해 맞춤형 금융 상품을 개발하거나 보다 나은 서비스를 제공하도록 도와준다.

빅데이터 기반 신용평가 전문가 과거 고객의 신용을 평가하는 주요 기준은 재무 상태였지만, 핀테크 시대에는 개인의 문자 메시지나 운동 습관처럼 일상 생활 전반이 평가 대상에 포함될 전망이다. 따라서 빅데이터에 근거해 신용을 평가하는 전문가나 업체들이 각광받을 것이다. 이미 소셜 신용 평가를 전문으로 하는 핀테크 전문 업체 '렌도(Lenddo)'가 등장해 호평을 얻고 있기도 하다. 기존의 신용 분석가들은 주로 경제나 회계, 통계 등에 관한 능력이 요구되었지만, 앞으로는 빅데이터 활용 능력이나 SNS 분석 능력 등이 더 중요해질 것이다.

핀테크 전문 SNS 분석가 페이스북, 트위터, 인스타그램 등의 SNS 등에서 널리 거론되는 업체나 상품, 브랜드에 대한 내용을 분석해 핀테크 업체에서의 위기관리나 모니터링, 의사결정을 위한 근거 자료 등으로 활용할 수 있도록 지원하는 일을 한다. 일반적인 빅데이터 전문가와 다른 점은 주로 SNS를 활용해 핀테크의 다양한 서비스를 제공한다는 점이다. 핀테크 업체나 서비스의 경쟁이 치열해질수록 업체의 이미지와 브랜드 관리도 중요해지는 만큼, 향후 핀테크 영역에서 활약하는 SNS 분석가의 수요가 늘어날 것이다.

인공지능 전문가 방대한 데이터를 분석해 자동으로 자산을 관리해주는 시스템인 로보 어드바이저(Robo-advisor)나 고객과의 상담을 맡아 하는 챗봇(Chatbot)의 개발과 관리를 담당한다. 금융업계에서 일하게 될 인공지능 전문가는 이런 도구들을 이용해 고객에게 필요한 서비스를 제공하고, 수많은 데이터를 분석해 맞춤형 상품을 제안하며, 친절한 상담이 이루어질 수 있도록 관련 프로그램을 개발한다.

블록체인 전문가 블록체인이란 개인 간(P2P) 네트워크에서의 거래가 안전하게 이루어지도록 돕는 보안 기술이다. 정보를 중앙 서버가 아닌 P2P 네트워크에 분산시키기 때문에 튼튼한 보안을 자랑한다. 블록체인 전문가는 실시간으로 정보의 흐름을 파악하면서 해킹을 방지하는 사람이다. 가상화폐의 거래가 이루어지는 P2P 네트워크에서는 꼭 필요한 존재일 뿐 아니라 기부금을 포함한 각종 자금의 관리나 기타 금융 서비스에도 파수꾼 역할을 하게 된다.

고령자 전문 금융 서비스 전문가 고령층 고객의 특성과 요구를 파악한 뒤 각종 금융 서비스에 반영한다. 핀테크는 정보통신 기술에 기반을 두기 때문에 상대적으로 고령인 고객들이 소외될 수 있다. 특히 고령화 속도가 빠른 우리나라에서는 고령층의 특성을 고려한 상품이나 서비스 개발이 절실한 실정이다. 최근 KB국민은행이 창구를 찾는 노인들을 위해 '손바닥 정맥 바이오 인증'이라는 생체 인식 서비스를 도입해 화제를 모은 바 있는데, 앞으로는 모바일 상담 부문에서도 고령자의 특성을 반영한 프로그램이 개발될 전망이다.

 꼼꼼 과학 강의실

금융 전문 로봇 '로보 어드바이저'와 채팅 봇 '챗봇'이란?

핀테크 시대에 주목해서 보아야 할 것은 '로보 어드바이저(Robo-advisor)'와 관련한 변화다. 로보 어드바이저란 로봇(Robot)과 자문가(Advisor)의 합성어로, 투자자의 성향을 분석해 자동으로 자산을 관리하고 운영해 주는 시스템이다. 우리나라에서도 최근 로보 어드바이저에 기반한 펀드 상품이 출시되었고, 업체들은 인공지능 시스템을 본격적으로 연구하는 조직을 만들고 있다. 로보 어드바이저는 최적의 수익률과 저렴한 수수료, 투자의 위험 분배 등에서 이점을 보일 것으로 전망된다.

채팅 로봇인 챗봇(Chatbot)도 모바일 금융 서비스의 증가에 따라 함께 활용이 증가할 것으로 보인다. 챗봇은 대면 상담이나 전화 상담과 달리 언제 어디서든 고객이 궁금한 점을 상담해 줄 수 있고, 상담이 밀려 기다릴 필요도 없다. 국내의 경우 아직까지 단순한 상담 기능 위주이지만, 해외에서는 뱅크오브아메리카의 챗봇 '에리카'처럼 고객의 금융 현황을 파악, 예측하고 조언하는 것까지 담당하기도 한다. 로보 어드바이저나 챗봇은 자동 통·번역도 가능하므로 해외 금융기관과의 연계 서비스까지 가능하다

자동화된 금융 전문 로봇인 로보 어드바이저나 챗봇은 기존의 금융업 종사자들로부터 일자리를 빼앗아갈 수도 있지만 꼭 부정적인 영향만을 미칠 것이라고 단정할 수도 없다. 로보 어드바이저는 아직 예측의 정확성이나 오류가 완전히 검증되지 않았고, 미래의 금융 시장은 예측과 다른 방향으로 급변할 수도 있어서 결국 인간의 판단력과 의사결정에 의존할 수밖에 없다는 시각도 존재하기 때문이다.

금융 용어의 뜻만 정확히 알아도 '핀테크'가 보인다

핀테크에 기반한 금융 서비스는 이미 국내외의 많은 업체들이 적용하고 있다. 기술 발전은 점점 빨라져 앞으로 더 많은 서비스가 이루어질 것으로 전망된다. 핀테크로 변화될 미래를 가늠해 보려면 현재 뜨거운 화두로 꼽히고 있는 금융 서비스의 용어와 뜻을 알아둘 필요가 있다.

간편 결제 번거로운 인증 절차를 과감히 생략하고 간단히 결제할 수 있는 시스템을 뜻한다. 신용카드로 본인을 인증한 뒤 이메일 계정을 만들어 두면 이메일과 비밀번호 입력만으로 물건 값을 치를 수 있다. 알리페이나 페이팔, 삼성페이, 네이버페이, 안드로이드페이 등 다양한 결제 서비스가 전 세계적으로 사용되고 있으며 점차 시장을 확대해가고 있다.

해외 송금 예전에는 은행 점포에 직접 찾아가 비싼 수수료를 내고 송금해야 했지만, 핀테크가 활성화되면서 절차가 간편해지고 있다. 2017년 7월부터 시행된 '외국환거래법 개정안'에 따라 은행뿐 아니라 핀테크 업체를 통해서도 연간 2만 달러까지 해외 송금이 가능해졌다. 핀테크가 더욱 정교해지면 해외송금을 전담하는 핀테크 기업이 늘어나고, 거의 모든 나라에 해외 송금이 가능해질 전망이다.

진화하는 해외송금서비스

SC제일은행	단축키로 송금액과 비밀번호 입력하면 바로 송금
신한은행	핀테크 업체와 제휴해 비트코인 해외송금 준비 중
KEB하나은행	휴대폰으로 송금하는 '원큐 트랜스퍼' 15개국 확대
우리은행	금융권 최초 모바일 24시간 해외 송금 서비스 실시
KB국민은행	수취인 계좌 없이 무계좌 방식으로 24시간 해외 송금
NH농협은행	송금 전용 계좌에 원화 입금 시 매월 자동으로 해외 송금

자료 출처 : 매일경제 MBN, 금융위원회

 꼼꼼 과학 강의실

인터넷 전문은행 '핀테크의 꽃' 혹은 '핀테크 서비스의 결정판'이라고 부르는
금융업체. 별도의 영업 점포 없이 인터넷과 모바일로 금융 서비스를 제공한다.
우리나라에서는 2017년 케이뱅크(K뱅크)와 카카오뱅크도 영업을 시작했다. 해당
은행의 앱을 다운받은 뒤 간단한 인증을 거치면 30분 이내에 가입할 수 있고,
은행에 가지 않고도 계좌 개설이나 대출 등 모든 금융 서비스를 받을 수 있으며,
다른 은행의 ATM 기기도 이용할 수 있다. 또한 SNS(카카오톡)의 주소록을 활용해
친구나 지인에게 간편하게 송금할 수도 있다. 인터넷 전문은행은 점포를 운영하거나
점포 직원을 둘 필요가 없으므로 은행의 입장에서는 비용을 절감하고 고객의
입장에서는 언제 어디서든 금융 서비스를 이용할 수 있는 장점이 있다. 앞으로는
소셜네트워크서비스(SNS)와의 연계, 빅데이터를 활용한 맞춤형 서비스 등을 통해 보다
발전된 금융 서비스를 제공할 전망이다.

가상화폐 얼마 전 악성 바이러스 렌섬웨어를 퍼뜨린 해커들이 해당 파일의 복구
조건으로 비트코인(Bitcoin)을 요구한 바 있다. 대표적인 가상화폐인 비트코인은 지폐나
동전처럼 형태를 가지지 않은, 온라인상에서만 존재하는 화폐다. 게임 아이템이나
마일리지의 성격과 비슷하다. 비트코인은 은행의 계좌번호 같은 주소를 생성하지만,
익명성이 보장되며 세계 가상화폐 거래량의 90%를 차지하고 있다. 화폐처럼 별도의
발행 주체가 있는 것은 아니고, P2P 네트워크를 통해 복잡한 연산문제를 풀어서
획득한다. 단, 2140년까지 2,100만 개까지만 발행될 예정이므로 기존에 획득한 사람들
간에 거래가 이뤄지기도 한다. 비트코인은 국가 간 경계나 기다림 없이 편리하게 이용할
수 있지만 해커들의 '디지털 몸값'으로 이용되는 등 범죄에 악용될 소지도 있다.

블록체인 개인 간(P2P) 네트워크에서 거래되는 가상화폐가 한번 이상 지불되는 것을
막는 보안기술로, 비트코인 같은 가상화폐 거래가 늘면서 등장했다. 거래에 참여하는
모든 이용자들의 데이터가 여러 곳의 블록에 분산 저장된다는 점을 이용해 해킹이나
데이터 위변조를 예방한다. 즉, 블록체인은 데이터가 한 곳의 서버에 저장되는 것이
아니라 '공공거래장부'의 개념으로 체인처럼 연결된 각각의 블록들에 저장된다. 따라서
데이터를 조작하려면 P2P 네트워크의 노드를 하나씩 공격한 뒤 51%의 노드로부터
동의를 받아야 하므로 보안성이 높다. 블록체인은 앞으로 핀테크에 기반한 다양한
금융 서비스의 보안을 높여줄 새로운 대안이 될 것으로 보인다.

빅데이터 금융 업체들은 핀테크를 통해 전문 서비스나 여타 산업과의 융합을
도모하고 있는데, 그 중심축에는 빅데이터가 있다. 빅데이터를 이용하면 금융 업체들은
고객의 특성을 고려한 맞춤 마케팅이 가능해진다. 예를 들어 자동차 운전 습관이나
주행 기록 등의 정보를 근거로 보험료를 책정하고, 특정 지역 사람들의 정보를 분석해
맞춤형 금융 상품을 개발할 수도 있다. 또한 고객의 불만을 예측하거나 해결하는
데에도 도움을 받을 수 있게 된다.

크라우드 펀딩 군중(Crowd)과 펀딩(Funding)의 합성어로, 개인이나 회사가 돈이
필요한 이유와 상환 조건을 제시하면 불특정 다수의 사람들이 온라인 플랫폼을 통해
소액의 자금을 십시일반으로 조달하는 금융 서비스다. 자금을 받은 뒤 보상해 주는
방식이나 자금을 모집하는 방식에 따라 증권형, 대출형, 자금형, 후원·기부형 등으로
나뉜다. 영화 〈연평해전〉이나 〈귀향〉 등이 자금형 크라우드 펀딩으로 영화를 제작해
화제가 된 바 있다. 크라우드 펀딩을 할 때는 온라인 플랫폼의 역할이 중요하다. 온라인
플랫폼은 투자자와 사업자를 연결해 주는데, 자금을 받고자 하는 기업이나 개인이
적절한 대상인지 심사하기 때문이다. 'P2P 대출' 역시 크라우드 펀딩의 하나로, 현재
국내외에 전문 업체들이 성업 중이다.

INTERVIEW

금융기술로
더 편리하고,
더 나은 세상을 만든다

핀테크 전문가
최 인 규

Q '핀테크'라는 단어는 언제부터 본격적으로 쓰게 되었나요?

핀테크(Fintech)라는 단어는 〈Financial Technology Monitor〉 2003년 1~2월호에서
2002년도 기술 기업 업황을 설명하며 'FinTech Index'라는 표현을 사용한 데서
유래되었다고 알려져 있습니다. 그리고 2008년 금융위기 이후 기존 금융회사의
한계점을 인식하고 보완 방안을 찾는 과정에서 거의 일상용어로 자리 잡았죠.
사실 넓은 의미로 보면 금융에 사용되는 모든 전산정보기술이 핀테크의 범주에
들어간다고도 할 수 있습니다. 최근 정의되는 핀테크의 개념은 '모바일, 사물인터넷,
인공지능, 가상/증강현실, 빅데이터 등과 같은 IT 기술을 활용하여 소비자들에게 더
싸고, 더 빠르고, 더 편하고, 더 안전하고, 더 유익한 서비스를 제공하기 위해서 기존의
금융 프로세스를 바꿔나가는 과정'을 의미하죠. 이런 점에서 핀테크는 기존 뱅킹의
해체, 또는 기존 뱅킹의 파괴 현상이라고도 할 수 있습니다.

Q 핀테크의 국내 수준은 어느 정도인가요?

유럽, 중국, 미국이 대학생이라면 우리나라는 중학교 수준이라고 보면 그다지 틀리지

않습니다. 그런데 이상하죠? 우리나라는 자타가 공인하는 IT 선진국이잖아요. 그러나 핀테크만 놓고 보면 한국은 아직 갈 길이 멉니다. 그 이유는 여러 가지가 있겠지만, 뭐니 뭐니 해도 과도한 규제 때문이에요. 미국 등 선진국의 경우 금융 업무에 문제가 생겼을 때 확실하게 소비자의 잘못으로 판명되지 않을 경우 금융회사가 모든 책임을 지도록 되어 있습니다. 그러다 보니 금융회사에서 많은 연구와 투자를 하게 되죠. 반면 한국은 아예 문제가 발생할 여지를 줄이기 위해서 금융당국이 정한 보안 규정을 따르도록 규제하고 있는 편입니다. 이런 취지 때문에 공인인증서도 대부분의 은행 거래에서 아직 없어지지 않고 있지요. 물론 그렇다고 해서 금융 규제를 모두 풀어주면 우리나라의 핀테크 수준이 확 올라갈 것인가 하면, 꼭 그런 것도 아닙니다. 디지털 마인드나 핀테크 기술의 성숙도 면에서 아직 부족하기 때문이에요. 또한 한국의 문화 자체가 기존 관행에 젖어 있는 부분이 많습니다. 특히 금융 문화 쪽이 많이 경직되어 있죠. 결국 핀테크의 발전을 위해서는 정부당국의 규제 완화와 함께 금융회사의 디지털 마인드를 높이기 위한 노력이 함께 필요합니다.

Q 이 직업만이 가지는 매력은 무엇일까요?

핀테크 기술의 발달로 인해 종전과는 전혀 다른 차원의 금융서비스를 고객에게 제공할 수 있다는 점이죠. 물론 현재 많은 노력을 하고 있지만 금융회사는 여전히 구태의연하고 보수적인 경향을 보이고 있다는 것이 소비자의 시각입니다. 또한 금융업이라는 것이 워낙 범위가 넓죠. 이런 점에서 핀테크를 이용해 금융회사의 상품과 서비스를 혁신할 가능성은 무궁무진합니다. 2017년 7월 27일 오픈한 카카오뱅크가 초기 흥행에 성공한 것도 모바일 화면이나 메뉴 구성 등에서 기존 은행들과는 달리 매우 편리하고 창의적인 면이 어필했기 때문입니다. 물론 공인인증서는 과감히 버렸죠. 새로운 기술과 아이디어를 활용하여 고객에게 편리하고 유익한 서비스를 얼마든지 개발할 수 있는 여지가 많은 분야라서 그만큼 일하는 보람이 큰 직업, 또는 직무가 될 것으로 봅니다.

Q 앞으로 거리에서 은행은 완전히 사라지게 될까요?

외국의 여러 조사 자료를 보면 점포는 여전히 필요하다는 의견이 많습니다. 다만 우리나라의 경우 대형 은행들이 각각 거의 천 개에 가까운 많은 점포를 보유하고 있습니다. 인터넷뱅킹과 모바일뱅킹을 사용하는 고객이 점점 늘어날수록 지금처럼 점포가 많이 필요하지 않게 될 겁니다. 이에 따라 점포에서 근무하는 직원도 줄어들

수밖에 없겠죠. 이 경우 은행 점포는 단순한 입출금 기능보다는 고객의 자산을 보다 심층적으로 상담하고 적합한 상품을 권유하는 자산관리 서비스에 더 치중하게 될 것입니다. 이런 점에서 기존 점포의 역할 변화와 함께 점포에서 일하는 직원들의 재교육이 매우 중요합니다.

Q 이 일이 어려운 점은 무엇인가요?

핀테크는 본질적으로 기술 관련 업무이지만, 핀테크 전문가들은 결국 사람을 상대하면서 업무를 수행하게 됩니다. 앞서 이야기했지만, 핀테크란 기존의 업무 관행과 업무 시스템을 개선해 나가는 과정인데, 그 과정에서 기존 틀을 바꾸기 싫어하는 사람들의 저항이 있을 수도 있습니다. 새로운 콘셉트를 전면적으로 도입하는 데 어려움이 많은 편이죠. 다행히 최근 2~3년간 분위기가 많이 바뀌어서 기업 쪽에서 오히려 회사 내부 시스템의 변화에 대해 적극적으로 검토하고 있는 점은 매우 다행이라고 생각합니다. 또 한 가지는 사용되는 기술의 종류가 매우 다양하고 또 기술 흐름의 변화가 매우 빨라서 따라가기 버겁다는 점입니다. 어제까지 얘기했던 내용이 오늘은 현실에 맞지 않게 되는 일이 의외로 많죠. 따라서 새로운 기술의 흐름이나 사례를 꾸준히 모니터하면서 업데이트하기 위한 노력이 필요합니다. 다른 업무보다는 현업 담당자나 기술 담당자 모두 공부를 게을리 해서는 안 되는 분야라는 점이 쉽지 않은 부분이죠.

Q 앞으로 핀테크는 어느 정도까지 진화하게 될까요?

핀테크와 디지털 기술의 발전에 따라 궁극적으로는 인간이 모든 것(또는 모든 정보)과 연결되는 세상이 될 거에요. 영화 〈매트릭스〉에서 그려진 세상이 현실로 성큼 다가오고 있는 것이죠. 그런 점에서 인공지능, 사물인터넷(IoT) 등과 함께 생체인증이 비약적으로 발전할 겁니다. 지문이나 홍채 인식은 이미 보편화되고 있죠. 목소리 인식과 얼굴 인식을 통한 본인인증 방식도 이미 소개된 바 있습니다. 기술이 더 발전하면 카드는 물론 심지어 휴대폰이 없어도 예금 거래와 함께 모든 물건을 사고 팔 수 있게 될 거예요. 실제 이런 기술 기반이 가장 잘 갖춰진 나라가 인도이죠. 인도는 '아드하르(Aadhaar)'라고 해서 전 국민의 생체인식 정보를 담은 데이터베이스를 이미 구축했습니다. 양쪽 눈 홍채, 열 손가락 지문, 그리고 개인 정보가 모두 다 들어간 어마어마한 용량의 정보 시스템이죠. 여기서 더 발전하면 인간의 신체 그 자체가 자신임을 증명하는 인증기관이 되겠죠? 마치 걸어 다니는 공인인증서와 같다고나 할까요. 영화 〈마이너리티 리포트〉를 보면 지나가는 사람의 홍채를 인식해서 개인 맞춤형 동영상 광고가 틀어주는 장면이 나옵니다. 사람의 몸을 이용하여 뱅킹이나 쇼핑 등의 여러 가지 일상 업무를 수행하는 것이 그다지 먼 미래의 일이 아닐지도 모릅니다.

Q 해당 분야로 진출하고 싶은 청소년들을 위해 조언을 한다면?

핀테크에서 가장 중요한 것은 두 가지입니다. 하나는 데이터 분석이고, 다른 하나는 고객 경험(Customer Experience)입니다. 핀테크는 기술이면서 동시에 금융을 해결하기 위한 유용한 비즈니스 도구입니다. 돈과 관련해 실생활에서 소비자가 불편하다고 느끼는 것(마찰, 즉 Friction이라고도 합니다)을 편하게 만들어주는 일이죠. 이걸 고객 경험을 개선한다고 합니다. 고객 경험을 개선하려면 소비자의 눈높이에서 업무를 들여다봐야 하고, 또 이를 데이터화해서 분석해야 합니다. 마치 동전의 앞뒷면처럼 핀테크 앞쪽에는 고객 경험, 즉 소비자에 대한 서비스가 있고, 뒤쪽에는 고객 경험을 개선하기 위한 데이터 분석(Data Analytics)이 자리 잡고 있는 거죠. 고객 경험 개선은 대부분의 기업에서 가장 핫한 이슈지만 매우 힘든 과제이기도 합니다. 4차 산업혁명과 관련해 여러 가지 고려할 점이 있지만 그 중에서 가장 중요한 항목이 데이터 분석입니다. 데이터 분석은 핀테크 분야는 물론 다른 어떤 영역에서도 매우 유용한 도구가 될 것입니다. 여러분들께서 장래 어떤 전공이나 직무를 택하든 데이터 분석에 많은 관심을 갖고 공부하는 것이 향후 사회에 진출해서 경쟁력을 키우는 데 매우 큰 도움이 될 것으로 생각합니다.

PROFILE

최인규 KB국민은행 전략담당 부행장과 KB금융지주 전략담당 부사장, 그리고 웅진캐피탈 대표이사를 역임하였다. 현재 설립 22년이 되는 종합 IT 전문 컨설팅 업체인 투이컨설팅의 사장으로서 COO(최고운영책임자)를 맡고 있다. 핀테크와 디지털 금융 전반에 대해 연구하며 전문 칼럼을 쓰고 있고, 국내 여러 대학원에서 겸임교수로 일하면서 금융회사를 비롯한 다양한 기관에서 활발한 강연활동을 하고 있다.

10

디지털 헬스케어 혁명

병에 걸리기 전, 철저하게 방어한다

글 / 김진관
누군가의 삶이 더 가치롭고 행복해지도록 도울 수 있다는 것에 매료되어 대학과 대학원에서 교육학(진로지도
및 경력개발)을 전공하였습니다. 사람들이 어떻게 진로를 선택하고 발달시켜 나가는지 연구하고, 이를 바탕으로
사람들의 진로에 대한 고민을 해결해나가는 것이 즐겁습니다. 미래직업연구팀에서 근무하기 시작하면서, 진로에서
빼놓고 이야기 할 수 없는 "직업"에 대해 조사하고 연구하면서 "직업의 세계"를 조금씩 알아가고 있는데요, 제가 알게
된 정보를 사람들에게 쉽고 재미있게 전달하는 것도 즐겁고 가치로운 일이라 생각하며 일하고 있습니다.

인간인 남편을 '늙지 않게 해달라'가 아니라 '죽지 않게 해달라'고 제우스에게 간청했던 새벽의 여신 에오스. 그 때문에 불사의 몸이 되었지만, 한없이 쪼그라들며 늙어간 불운의 왕자 티토노스. 결국 껍질만 남은 티토노스를 불쌍히 여긴 신들은 그를 매미로 만들어버렸다. 왕자 티토노스처럼 늙지 않는 것을 소망하는 이야기는 많다. 이처럼 인류가 생겨난 이래 변하지 않는 단 하나의 꿈, '불로불사(不老不死)'. 사람이 태어나서 나이가 들면 늙고 죽는 것은 당연한 일지만, 좀 더 건강하게, 좀 더 오래, 좀 더 편하게, 좀 더 행복하게 살고 싶은 욕망은 끝이 없다.

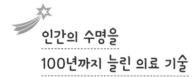

인간의 수명을
100년까지 늘린 의료 기술

사형선고나 마찬가지였던 외과수술

　　흥망성쇠(興亡盛衰). 흥하고 망하고, 융성하고, 쇠퇴하고. 세상
의 이치를 가리키는 표현이다. 생명도 마찬가지다. 지구상에 생명이
있는 것은 모두 질병과 사고에 노출되어 있다. 무사히 한평생을 잘
견뎠다 하더라도 결국은 노쇠해 죽음에 이른다. 이 진리를 벗어날
수는 없다고 해도 가능하면 아프지 않고, 건강하게 한평생을 보내고
싶은 것이 인간의 보편적 소망이다. 과거 마취제가 없던 시절, 의사

들은 수술을 하기 위해 환자에게 환각 효과가 있는 약초를 사용하거나 술을 마시게 하기도 하고, 최면을 걸기도 했다. 그러나 병원은 사람들의 처절한 비명 소리로 가득했고, 사람들은 끔찍한 수술을 받기 싫어 차라리 자살이라는 극단적인 선택을 하기도 했다. 외과수술은 곧 사형선고나 다름없었기 때문이다. 수술실에서 비명이 사라진 것은 1840년대 마취제가 사용되면서부터다. 인류에게 마취제라는 것이 얼마나 고마운 발명인지는 직접 체험해보지 않아도 상상이 된다. 현대의학의 혜택인 미용 성형도 마취제가 없었다면 결코 성행할 수 없는 의료 기술 중 하나다.

마취제 개발 이후 의료 기술은 발전에 발전을 거듭해 과거 40~50세였던 평균 수명이 이제는 그 두 배로 길어지게 되었다. 또한 지금은 병에 걸린 후 '치료'하기보다 아예 병에 걸리지 않고 건강한 삶을 유지할 수 있는 '예방'에 초점이 맞춰지고 있다.

컴퓨터와 모바일로 진화하는 의료 서비스

의료 서비스와 ICT 융합은 이미 2000년대부터 시작되었다. 2000년대 초반은 'e헬스' 시대로 의료기관은 치료를 목적으로 유선 인터넷과 PC를 활용하기 시작했다. 2010년 이후 무선 통신과 스마트폰 기술이 발달하자 보다 간편하게 환자에게 의료 정보를 제공할 수 있게 되었다. 의사가 태블릿 PC로 전송된 뇌파 검사 결과나 MRI(자기공명영상) 사진을 환자에게 보여주면서 건강 상태나 수술법을 쉽게 설명할 수 있게 된 것이다. 좀 더 시간이 흐른 후에는 무선 통신을 이용해 환자 상태를 모니터링할 수 있는 'U헬스케어' 시대로 발전했다. 여기서 U란 유비쿼터스(Ubiquitous)의 약자로 사람들은 언제 어디서나 의료 서비스를 제공받을 수 있는 것을 말한다.

최근에는 '착용하는 컴퓨터'라고 할 수 있는 웨어러블(Wearable) 모바일 기기가 보급되면서 운동량이나 섭취한 칼로리, 스포츠 활동 등을 기록하며 환자나 개인이 스스로 건강을 관리할 수 있게 되었다. 이렇듯 첨단 기기를 이용해 건강을 관리하는 시스템을 '스마트 헬스케어' 또는 '모바일 헬스케어'라고 부른다. 그리고 여기서 한발 더 나아가 4차 산업혁명 시대의 의료 서비스는 사물인터넷이나 인공지능, 빅데이터 같은 과학 기술이 적용되면서 사람들이 병이 생기기 전 이를 예방하고 관리하고자 한다. 과거의 치료 중심에서 예방 중심으로 의료 패러다임 자체가 변하고 있는 것이다. 이처럼 디지털 기기로 인간의 건강을 체크하고 예방·관리할 수 있는 것을 '디지털 헬스케어(Digital Healthcare)'라고 하며, 이는 4차 산업혁명의 중요한 축으로 평가되고 있다.

건강, 디지털 기기와 인공지능의 도움을 받다

디지털 기기로 24시간 건강을 체크한다

디지털 헬스케어가 이루어지려면 꼭 필요한 것이 있다. 개인의 건강 상태를 실시간으로 파악할 수 있어야 한다. 그러려면 신체 상태를 측정하는 센서와 웨어러블 기기, 데이터를 수집해 분석하는 데 필요한 각종 IT 기기가 구비되어야 한다. 이런 기기를 갖출 수 있다면 기존에는 병원에 가야만 측정할 수 있었던 데이터를 이제는 일상

생활을 하면서도 간편하고, 정확하게 실시간으로 데이터를 얻을 수 있다. 게다가 24시간 건강 상태를 체크할 수 있다.

기기를 통해서는 하루에 얼마나 활동하는지를 알아보기 위한 보행 수부터 활력 징후(Vital Sign), 혈당이나 수면, 피부질환, 피부 전도도, 뇌파, 흡기량, 자세, 약 복용 여부, 소변 검사, 스트레스 정도 등의 데이터를 수집할 수 있다. 센서를 이용해 이러한 개인 건강 상태를 '측정'하면 IT 기술을 이용해 의사와 '연결'한 뒤 건강 상태를 파악할 수 있다. 그리고 이제 의료 서비스는 그다음 단계인 '지능화' 단계로 접어들고 있다. 센서를 통해 모인 방대한 데이터 속에서 의미 있는 정보를 선별하고 건강관리에 필요한 결론을 의사가 아닌, 인공지능에게 맡기게 된 것이다.

인간보다 빠르고 정확한 인공지능

인공지능은 크게 '약한 인공지능'과 '강한 인공지능'으로 구분된다. 영화 〈아이언맨〉 시리즈에 등장하는 인공지능 시스템인 자비스(JARVIS)처럼 자의식을 가진 강한 인공지능의 구현은 불가능하지만, 지금도 데이터를 가지고 스스로 학습하고 정해진 문제에 대한 해결책을 찾는 정도의 약한 인공지능은 이미 구현되어 있다.

대표적인 사례가 IBM의 왓슨(Watson)이다. 왓슨은 블루믹스(Bluemix)라는 이름의 Saas(Software as a Service) 서비스를 실시하고 있다. 왓슨을 연구해온 메모리얼슬로언케터링 암센터(MSKCC) 연구팀은 2011년 보고서에 따르면 왓슨의 폐암 진단 정확도는 82.6%에 달한다. 이는 기존 의료기관의 정확도를 넘어서는 수치다.

최근에는 딥 러닝(Deep Learning) 기술이 발전하면서 인공지능이 영상이나 음성, 텍스트 등 데이터의 종류를 가리지 않고 폭넓게 적용할 수 있게 되면서 인간이라면 몇 주 이상이 걸리는 방대한 규모의 데이터를 몇 분 만에 빠르게 분석해 숨겨진 의미나 위험 징후를 파악할 수 있게 되었다. 만약 왓슨과 같은 인공지능 시스템을 신약 개발이나 영상 판독 등에 활용하게 되면 의료 서비스 수준은 한층 더 높아질 게 분명하다.

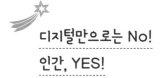

디지털만으로는 No!
인간, YES!

디지털 기기만으로는 효과가 없다

디지털 헬스케어 분야가 눈부신 발전을 거듭하는 데에는 첨단 기기의 도움이 크다. 바이오 기술과 나노 기술, 반도체 기술과 더불어 제조 전문 서비스 산업(EMS)의 발달로 초소형 스마트 센서를 장착한 진단 기기가 개발되고 있다.

시장에는 애플 워치나 삼성 기어 등의 프리미엄 기기부터 핏비트나 미스핏 등의 중저가 기기, 미밴드와 같은 저가 기기를 아우르는 다양한 제품이 출시되고 있다. 하지만 웨어러블 기기를 포함한 모바일 헬스케어 시장은 좀처럼 성장하지 못하고 있다. 출시된 제품의 기능이나 디자인이 비슷한 탓도 있지만, 그보다는 더 중요한 이유가 있다.

미국의사협회의 학회지에 발표된 연구 결과에 따르면 건강관

리 프로그램에 참여한 사람 가운데 웨어러블 기기를 착용한 그룹과 그렇지 않은 그룹의 체중 감량에는 큰 차이가 없었다. 이유는 웨어러블 기기를 착용한 그룹이 기기를 적극적으로 사용하지 않았기 때문이었다. 웨어러블 기기를 착용하고 있어도 일반인이 수집된 데이터를 해석하고, 알아서 적절한 전략을 수립하고 실천하는 것은 거의 불가능에 가깝다. 따라서 아무리 기계 성능이 좋아도 이것을 사용하는 사람이 활용하지 않으면 건강관리에 효과를 거둘 수 없었던 것이다.

웨어러블 기기 업체들은 이런 문제점을 인식하고 어떻게 하면 제품을 잘 활용하게 할 수 있을지를 고민했다. 그래서 개발된 것이 사람이 개입된 '코칭 서비스'다. 국내의 눔(NOOM)이라는 회사가 체중 조절용 스마트폰 애플리케이션을 활용해 사용자의 혈당, 복약, 신체, 운동데이터를 분석해 개인별 맞춤형 건강 코치 서비스를 제공하는 것과 같은 사례. 공부 혹은 규칙적으로 운동을 하겠다고 결심해도 대개는 작심삼일로 끝나는 것을 과외 선생님처럼 옆에서 하나하나 관리해주는 것이다. 이처럼 모바일 기기를 활용해 건강관리를 도와주는 전문가를 '모바일 건강관리 코치'라고 부른다.

의료비 부담도 줄여주는 디지털 헬스케어

디지털 헬스케어가 도입되면 대부분의 질병은 건강한 생활습관만으로도 상당수 예방이 가능하다. 특히 코치가 관리를 도와준다면 건강관리는 훨씬 쉬워진다. 만약 이런 식으로 평생 건강관리를 한다면 설령 병이 생긴다고 해도 병을 빨리 알아차릴 수 있고, 심각한 상태로 악화되지 않아 의료비 지출도 자연스럽게 줄어들 것이다. 또한 누구나 일상에서 디지털 헬스케어를 받게 되면 모든 사람이 건강한 삶을 영위할 수 있어 질병 치료나 간병에 들이는 노력이 줄어들면서 궁극적으로는 사회적인 비용도 크게 줄어들게 된다. 우리나라처럼 급격한 노령화가 진행되는 사회의 경우, 특히 가계소득이 줄어드는 계층을 위해서라도 디지털 헬스케어가 꼭 도입되어야 하는 이유다.

미국 오바마 정부가 추진해 세계의 이목을 끌었던 의료 정책 'ACA(Accountable Care Act)'도 질병이나 장애 등을 사전에 예방하고 관리해 불필요한 의료비를 지출을 막기 위한 것이었다. 특히 당뇨나 고혈압 같은 만성질환은 합병증으로 인해 의료비 지출이 높기 때문에 각별한 관리와 대책이 필요하다. 이미 발병한 경우는 적절한 약물 치료를 통해 평생을 관리해야 하지만, 발병 이전이라면 식생활과 운동 등 생활습관을 교정해 충분히 예방할 수 있다.

사실 만성질환을 예방하기 위한 건강관리는 그동안 오프라인 교육이나 전화 상담 위주로 운영되어 왔다. 병원이나 교육센터에 주기적으로 방문하거나 시간을 정해 간호사와 전화로 건강 상담을 진행하는 식이다. 하지만 오프라인으로 방문해 교육을 시행하려면 시간과 장소의 제약이 많이 따랐다. 직장인이나 학생들은 전화 상담조차 여의치 않은 경우가 많았다. 이 때문에 기대만큼의 성과를 거두지는 못한 것이 사실이다.

반면, 디지털 헬스케어는 스마트폰이나 웨어러블 기기를 활용하기 때문에 시간과 장소의 제약을 덜 받는다. 초기의 모바일 헬스케어에서는 환자 본인이 스스로 건강 관련 정보를 입력하고 생활습관을 고쳐가는 '자가 관리형'이었기 때문에 한계가 있었다. 정보를 얻기도 쉽지 않고, 동기도 떨어졌다. 하지만 건강관리 전문가가 개입된 형태의 디지털 헬스케어 서비스가 적용되면 그 한계는 점차 극복될 것이다.

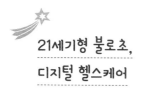

21세기형 불로초, 디지털 헬스케어

의사와 환자가 만나지 않고도 진료가 가능하다

디지털 헬스케어와 관련된 기술이 발달하면 누구나 커넥티드 홈(Connected Home, 홈 네트워크 서비스)이나 스마트 홈(Smart

Home)에서 생활할 수 있다. 따라서 굳이 병원을 찾아가지 않아도 의료 서비스를 받을 수 있다. 예전의 기술로는 상상할 수 없는 일이 일어나고 있는 것이다.

최초의 원격 진료는 전쟁터에서 의사가 부족한 상황을 타개하기 위해 시작되었다. 최근에는 고혈압, 당뇨 등 만성질환자에 대한 공공 의료비 지출이 증가하자 이를 해결하기 위한 차원에서 시행하고 있다. 스위스 제약사인 노바티스는 스마트폰 애플리케이션을 통해 환자에게 약 먹는 시간과 용량을 알려주고, 환자 가족이 참여해 동기를 유발하는 프로그램 등을 연구하고 있다. 일본에서는 의사 수가 부족한 외딴섬이나 산간벽지를 중심으로 원격진료를 활용해 왔으나 최근에는 병원을 직접 방문할 시간적 여유가 없는 바쁜 직장인을 중심으로 도시에서도 원격진료를 하고 있다. 국내에도 좋은 사례가 있다. 부산대병원 융합의학기술원 해양의료연구센터는 위성통신을 활용해 장기간 항해하는 외항선 선원들의 건강 상태를 관리한다. 응급 환자가 발생했을 때에는 원격으로 처치나 치료를 도와주기도 한다.

든든한 보호자가 되어주는 디지털 헬스케어

원격 진료는 주로 국토는 넓고 인구 밀도가 낮은 국가들을 중심으로 활성화되고 있지만, 앞으로는 ICT를 비롯한 관련 기술의 발전으로 더욱 확대될 전망이다. 최근에는 선진국뿐 아니라 아프리카나 아시아의 저개발 국가들도 적극적으로 도입하고 있다.

만약 원격 진료가 일상화되면 장애인이나 고령자도 독립생활을 할 수 있게 된다. 심근경색과 같은 급성질환을 앓는 환자라도 평소 심전도를 모니터링하면서 관리하면 보호자의 도움이 없어도 갑자기 사망하는 사고를 미연에 막을 수 있다. 필요한 약은 드론 등으로 배달받을 수도 있다.

의학 기술과 ICT 등의 발전이 지속된다면 미래에는 의료인이 곁에 없더라도 질병을 치료하고, 과학적인 건강관리로 시간과 비용을 절약해 더 풍성한 생활을 누릴 수 있게 된다. 그리고 인간의 영원한 꿈, 불로불사의 꿈에 한 발 더 가까이 다가가게 될 것이다.

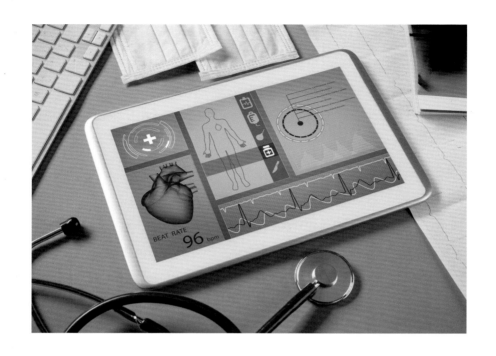

새로운 시대, 새로운 직업

실시간으로 환자의 건강 상태를 측정한 데이터가 쌓이고, 인공지능이 방대한 양의 데이터를 자동 분석하게 되면 의사의 역할은 줄어들 수밖에 없다. 병원의 경우도 응급실이나 수술실, 중환자실 등을 제외하고는 역할이 줄어들 것이다. 인공지능이 내놓은 치료법 중에 어떤 것을 실행할지 최종적으로 판단하는 것은 인간 의사의 몫으로 남겠지만, 결국 의료계 종사자들에게는 일자리를 위협하는 상황이 벌어질 수도 있다.

하지만 디지털 헬스케어의 발달이 직업 세계에 부정적인 영향만을 끼치는 것은 아니다. 2016년 세계경제포럼은 건강 수명의 극대화, 만성질환의 예방, 정신질환의 예방 등에 대한 투자가 모든 산업에 기회를 창출할 것이라고 발표했다. 건강관리와 연관된 산업이 활성화되면서 새로운 직업 세계가 열릴 수도 있는 것이다.

모바일 건강관리 전문 코치 모바일 기기를 활용해 사람들의 건강관리를 돕는다. 의지가 강하지 않고서는 직접 건강을 챙기지 못하는 약한 인간을 위해 첨단 기기 활용의 한계를 사람이 직접 관여해 효율성을 보완한다.

헬스케어 애플리케이션 개발자 헬스케어 애플리케이션을 개발할 전문가들의 수요가 늘어나고 있다. 이미 애플과 구글의 경우는 '헬스키트(Health Kit)'나 '구글피트(Google Fit)' 등을 개발했고, 앞으로는 더 많은 기업들이 헬스케어 애플리케이션 개발에 뛰어들 것이다. 헬스케어 애플리케이션 개발자는 일상적인 건강관리뿐 아니라 의료 관계자들을 위한 전문 애플리케이션을 개발까지 담당할 수 있다.

원격진료 코디네이터 원격진료가 활성화되면 원격진료를 진행할 진료센터와 원격진료 코디네이터가 필요하다. 원격진료 코디네이터는 원격 의료기구나 해당 소프트웨어를 작동시켜 원격 의료를 돕는 사람을 뜻한다. 최적의 진료가 이루어질 수 있도록 환자에 대한 의료 데이터를 모으고 관리하며, 원격지 의사와 환자, 현지 의사 간의 원활한 소통이 이루어질 수 있도록 조율하는 역할도 수행한다. 데이터의 단순 이동이나 제공, 심층 분석 등 하는 일이 세분화될 수도 있다.

꼼꼼 과학 강의실

디지털 헬스케어를 가능케 하는 핵심 기술은?

2015년 세계경제포럼은 우리 사회에 큰 영향을 끼칠 것으로 예상되는 기술을 발표했다.
이 기술들에는 디지털 헬스케어를 구성하는 핵심 기술들이 포함되어 있다.

사물 인터넷 세계경제포럼에 따르면 2022년에는 무려 1조 개의 센서가 인터넷에
연결될 것이라고 한다. 사물에 센서를 부착해 실시간으로 데이터를 인터넷으로
주고받는 사물인터넷(IoT)은 디지털 헬스케어에도 기본이 되는 기술이다. 대표적인
사례로는 영국 국가보건서비스(NHS)의 IoT 테스트 베드 프로젝트를 꼽을 수 있다.
NHS의 최고 경영자 사이먼 스티븐스에 따르면 이 프로젝트는 '당뇨 디지털 관리'와
'기술 통합 건강관리' 두 축으로 이루어진다. 당뇨 디지털 관리란 당뇨병 환자가
웨어러블 센서와 소프트웨어 연결기기를 통해 최적의 자가 건강관리를 할 수 있도록
지원하는 프로그램이고, 기술통합 건강관리란 환자와 환자 보호자에게 센서와
웨어러블, 모니터 등 IT 기기를 제공해 가정에서 건강을 돌볼 수 있게 하는 시스템이다.
물론 이 시스템은 보건 및 사회복지사들도 보다 효율적으로 일할 수 있도록 도와준다.

웨어러블 기기 2022년에는 세계 인구의 10%가 인터넷이 연결된 의류나 장신구를
착용할 것이라고 한다. 현재에도 많은 웨어러블 기기들이 쏟아져 나오고 있으며
종류나 방식은 매우 다양하다. 손목 밴드나 시계 형태의 기기를 비롯해 안경, 머리
밴드, 안대, 목걸이, 반지, 벨트, 복대, 양말, 클립, 깔창, 셔츠, 브래지어, 문신, 반창고,
알약 등등. 디지털 헬스케어는 이런 제품들을 이용해 사람의 움직임과 걸음 수를
측정하고 활동량이나 칼로리 소모 등을 계산하게 된다. 물론 체온이나 심박수,
산소포화도, 심전도, 호흡수, 혈압, 혈당, 뇌파, 감정, 자세, 발작, 피부전기활성(GSR),
복약 여부, 월경까지 다양한 의료 데이터도 측정할 수 있다. 이렇게 얻은 '환자 유래
건강 데이터(Patients Generated Health Date)'는 정밀 의료나 예측 의료, 예방 의료
실현에 핵심 요소가 된다. 패션브랜드인 랄프 로렌(Ralph Lauren)은 애플 워치와 함께
심박수와 호흡 등의 건강정보를 측정하는 의류를 개발하여 판매했고, 다른 기업들도
심박이나 호흡, 근전도 등을 측정하는 의류를 출시하고 있다.

이식 기술 2023년에는 체내 이식형 모바일폰이 상업화될 것이다. 현재에도 인공심장 박동기나 청각 장애인이 소리를 들을 수 있도록 도와주는 인공와우 등이 인체에 이식되고 있지만, 이를 넘어 통신과 위치, 동작, 건강 모니터링 기능이 내재된 칩이 개발되고 있다. 또한 비만 환자의 지방 수준을 모니터링 하고 포만감을 느끼는 물질을 생성시키는 삼킬 수 있는 캡슐도 개발 중에 있다.

시각 인터페이스 2023년에는 안경의 10%가 인터넷에 연결될 것으로 전망된다. 지금도 구글 글래스(Google Glass)가 개발되어 미국 등 일부 국가에서 수술할 때 사용되고 있다. 새로운 시각 인터페이스(Vision as the New Interface)를 통해 데이터에 접근할 수 있는 증강현실이 실현되면 의료나 수술 등의 서비스를 보다 효율적으로 제공할 수 있다. 그러나 이러한 기술은 주의산만으로 인한 사고, 과몰입에 따른 트라우마, 중독, 현실도피 증가 등의 부작용은 공공보건에 악영향을 끼칠 수도 있다.

인공지능 기존의 의료 데이터는 병원 진료 기록과 보험 청구 정보, 학계 논문뿐이었다. 하지만 앞으로는 IoT와 센서를 통해 생산된 환자 상태 정보, 웨어러블 기기를 통해 생산된 생체 데이터, 유전자 데이터, 소셜 데이터 등이 지속적으로 만들어지게 된다. 이렇게 방대한 정보는 인공지능을 통해 분석되고 디지털 헬스케어에 활용된다. 2013년 베넷(Bennet)의 연구에서 환자의 의무 기록을 이용해 학습한 인공지능과 일반적인 치료 방법을 비교한 결과, 인공지능이 치료 결과(+41.9%)나 비용(-58.5%)에서 효율적인 것으로 나타났다. 또한 IBM 왓슨 헬스도 데이터를 분석해 의사 결정에 도움을 주는 도구를 개발하고 있으며, 피부암 진단 등의 프로젝트를 진행 중에 있다.

디지털 헬스케어에 더욱 중요한 모바일 건강관리자의 3대 역할

영양 상담과 교육 만성질환을 예방하거나 관리하려면 생활습관의 교정이 중요하다. 특히 영양 관리는 생활습관 교정의 기본이라고 할 수 있다. 고혈압이나 제2형 당뇨병, 대사증후군과 같은 만성질환을 앓는 경우 최고의 위험인자는 체내 지방이다. 이 때문에 체중을 감량하는 것이 매우 중요한 예방 전략이 된다. 환자는 식사량을 조절해 칼로리를 줄이되 균형 잡힌 영양을 공급하여 요요 현상을 방지하면 되는데,

꼼꼼 과학 강의실

개개인이 스스로 이러한 전략을 세우고 실천하기는 쉽지 않다. 이때 모바일 건강관리 코치는 영양섭취에 대한 계획을 함께 수립하고 평가하면서 건강한 식생활을 정착시킬 수 있도록 돕는다. 영양 상담의 첫 단계는 식사를 기록하는 것이다. 모바일 영양 상담 코치는 사용자가 자신의 식사를 잘 기록할 수 있도록 점검하며 돕는다. 또한 영양학의 기본 지식을 전달하여 사용자들이 왜 식사를 기록해야 하는지도 교육한다. 두 번째 단계는 기록 내용을 평가해 식사를 개선한다. 예를 들어, 섭취한 총 칼로리 양이 권장량을 초과했다면 이를 줄일 수 있는 전략을 세운다. 사용자 스스로 이러한 분석하고 전략을 짜기는 힘들기 때문에 모바일 건강관리 코치가 개입해 식단을 분석하고 함께 전략을 세운다.

운동 상담과 교육 운동 교육도 영양관리와 함께 만성질환의 예방이나 관리에 중요하다. 모바일 건강관리 코치는 다양한 종류의 운동 가운데 적합한 운동을 골라 제안하고, 운동별 강도도 조절한다. 운동이 한 번에 그치지 않고 지속적으로 이어질 수 있도록 이끌어주고, 운동할 때의 유의 사항을 일러주어 부상도 방지한다. 또한 스마트폰이나 웨어러블 기기를 기반으로 축적되어 온 정보를 분석하여 사용자들이 더 효과적이고 안전하게 운동을 할 수 있도록 돕는다.

심리 상담과 교육 건강관리 분야에서는 심리적인 접근이 중요하다. 비만이나 만성질환이 있는 인구 집단의 경우 그렇지 않은 사람에 비해 낮은 자존감이나 스트레스에 시달릴 확률이 높다. 건강한 생활습관을 통해 체중을 감량하고 만성질환을 예방하거나 관리하여 자기효능감을 높이고, 우울감이나 우울증을 대처하는 데 도움을 줄 수 있다. 심리학적인 기법인 동기면담 기술 등을 활용하여 사용자가 건강한 행동습관을 가질 수 있도록 유도하고, 심리적인 지지를 통해 사용자의 행동 변화를 극대화하는 역할을 수행한다.

내가 가야 할 길,
마음의 소리에
귀를 기울여보세요

디지털 헬스케어 전문가
김 영 보

Q 지금까지 헬스케어 분야에서 선도적인 역할을 많이 하신 게 인상적입니다.

1990년대 말경 가천대 길병원이 디지털 병원 시스템(Paperless Hospital)인 팍스
시스템(PACS, Picture Archiving and Communication System) 시범사업에 선정돼
투자를 받았었습니다. 그 일을 계기로 손으로 일일이 쓰던 차트 같은 의료 정보가 모두
디지털화 되었죠. 그리고 2000년에 원격진료 회사를 만들기도 하고, 미국에 계시던
조장희 박사님을 모시고 와 뇌과학 연구소를 설립하기도 했습니다. 또 우리나라 최초로
7T(테슬라) MRI를 들여와 뇌과학을 연구하는 등 다양한 시도를 했습니다. 이런 노력
덕분에 현재 우리나라가 세계의 의료를 선도하고 있죠. 지금은 디지털 시대에 맞춰
IBM 왓슨과 사람과 교류가 가능한 소프트뱅크의 로봇 페퍼를 도입해 서비스를 하고
있습니다.

Q 4차 산업혁명에서 헬스케어의 특징은 무엇일까요?

과거에는 청진기, 해머, 체온계를 들고 경험에 의한 진료를 했습니다. 하지만 지금은
어떤가요? 병원에 가면 가장 먼저 피를 뽑고, X-RAY, CT, MRI를 찍습니다. 이런

임상병리 데이터와 영상, 진료 기록 등 모든 데이터가 되어서 쌓이고 있습니다. 이 뿐만이 아닙니다. 스마트폰을 통한 데이터도 어마어마하죠. 가령 심박 수나 칼로리, 운동량처럼 개인이 관리하는 정보도 무더기로 쏟아지고 있잖아요. 전 세계적으로 보면 어마어마한 양일 겁니다. 의사는 바쁜 시간을 쪼개서 논문 한 편 보기 힘들지만, 컴퓨터는 이런 모든 데이터를 모으고 분석하는 것이 가능합니다. 그리고 건강에 대한 답을 내놓는 것도 가능합니다.

예를 들어 위암에 걸렸으면 어떤 체질에, 어떤 수술이나 치료를 했을 때 가장 효과적인지, 어떤 약을 써야 하는지 바로 결과를 내놓을 수 있다는 거예요. 여기에 그치지 않습니다. 예방도 가능해요. 지금 운동을 안 하고 지내면 몇 년 뒤에는 당뇨병에 걸릴 수 있다, 혹은 부모 유전자를 보니 암에 걸릴 확률이 높다, 그러니까 지금부터 식단을 조절해야 한다, 라는 식이죠. 미래 의학은 곧 예방이에요. 병을 치료하는 것도 중요하지만, 병에 걸리지 않도록 하는 게 더 중요하기 때문이죠. 이게 바로 의학계에서 일어나고 있는 4차 산업혁명입니다.

Q 인공지능의 역할이 상당히 커지는군요?

요즘 굉장히 핫한 이슈 중 하나가 미래에도 과연 의사가 필요한가입니다. 요즘 의사들 사이에서는 가장 늦게 없어질 분야가 입안을 들여다봐야 하는 치과, 그다음이 신경외과라고 합니다. 조금 과도한 예측을 하는 분들에 따르면 방사선과나 피부과처럼 사진을 찍으면 답이 나오는 그런 과는 가장 먼저 없어질 것이라고 합니다. 주목할 만한 점은 가장 나중까지 없어질 거라고 여겨졌던, 인간의 정신을 다루는 정신과도 미래에는 별 의미가 없다는 거예요. 데이터를 넣고 분석을 했더니 이 환자는 우울증 몇 기, 이런 약을 쓰면 된다고 바로 나오는 거예요. 이런 결과 때문에 의학계가 뒤집어졌습니다. 요즘은 병원에 가면 수술실의 마취 기계 같은 것은 기계에 연결하는 것만 사람이 하고, 나머지는 기계가 다 알아서 해요. 기계 옆에는 간호사 한 명이 있습니다. 이처럼 앞으로는 의사가 인공지능을 도와주는 형태로 변해갈 거예요. 그건 어쩔 수 없는 시대적 흐름입니다.

Q 그렇다면 앞으로 의사는 필요 없어지는 걸까요?

현재 가천대 길병원에서는 인공지능인 IBM 왓슨과 사람들과 교감할 수 있는 로봇 페퍼를 도입해 운용하고 있습니다. 그리고 암 진료 시스템을 다학제로 바꿨어요.

다학제란 환자 한 명에 전문가가 여러 명 붙어서 진찰하는 거예요. 예를 들어 대장암 환자가 있다고 쳐요. 과거에는 의사 한 명과 환자, 가족 한두 명이 모여 상담을 했어요. 그런데 지금은 대장암 수술을 한 교수, 항암요법을 하는 혈액 전문 내과 교수, 병리과, 치료방사선과 등등 관계된 모든 전문의들이 모입니다. 그리고 해당 환자에게 어떤 치료법이 가장 좋은지 인공지능인 왓슨에게 물어봅니다. 그리고 치료법에 대해 의논하죠. 담당 의사가 절대적인 권한을 가지고 있던 과거에는 결코 있을 수 없는 일이었지만, 지금은 컴퓨터에서 데이터에 근거해 어떤 의사가 처방한 약이 가장 효과가 좋다라는 식으로 컴퓨터 화면에 뜨기 때문에 반박할 수가 없어요. 그런데 인공지능이 내놓은 처방의 약이 너무 비싸거나 국내에 도입이 안 된 약일 수 있잖아요. 그럼 전문의들이 모여서 그에 따른 회의를 해서 결정을 내리는 거죠. 그리고 환자를 불러서 회의한 내용을 이야기를 해줍니다. 환자는 자기 한 명을 위해 전문의 여러 명이 모여 진단을 하기 때문에 마치 황제가 된 것 같은 기분이 들죠. 열에 열 명은 모두 다 만족하고 있어요. 모든 게 기계화, 자동화되어가는 세상에서 가장 중요한 건 환자의 감정, 마음을 다루는 일이에요. 이처럼 인간의 감정을 터치하는 부분이 의사의 영역으로 가게 될 거예요.

Q 이런 변화가 얼마나 빨리 이뤄질까요?

인간에게 가장 중요한 것은 오래, 병 없이 사는 겁니다. 다른 무엇보다 가장 중요한 게 건강이에요. 그래서 헬스케어는 그 어떤 산업보다 빨리 발전하는 분야예요. 인공지능, 로봇 등 4차 산업혁명에 대한 목소리가 아주 크지만, 가장 먼저 적응하는 건 헬스케어 분야일 거예요. 고령화가 심한 일본의 경우 나라의 지원으로 로봇을 도입해 몸이 불편한 노인을 보살피고 있습니다. 요즘 인기 있는 게 로봇의 음성을 자녀 목소리로 바꿔주는 일이라고 해요. 몇 마디만도 합성은 되니까요. 이렇게 얼마 지나지 않아 로봇이 상대의 감정까지 살피면서 보살피게 될 거예요.

Q 해당 분야로 진출하고 싶은 청소년들을 위한 조언을 해주신다면?

'education'이란, 'e(ex, 밖으로)+ducare(끌어내다)', 즉, 밖으로 끌어낸다는 의미예요. 쉽게 풀이하면 인간 내면에 있는 힘을 밖으로 끌어내는 것이 교육의 본질이라는 거죠. 교육의 핵심은 학생이 무엇을 좋아하고, 무엇을 잘하는지를 빨리 찾아주는 거예요. 좋아하는 분야가 있어도 능력이 안 될 수도 있으니 좋아하는 분야를 여러 개 찾을 수 있도록 도와주는 게 교육인 거죠. 하버드대에서 1,200명 신입생을 뽑으면 공부로 뽑는 학생은 전체의 절반도 안 되는 500명 정도예요. 나머지는 다른 재능을 보고 뽑습니다. 앞으로는 남의 얘기를 듣고, 토론하고, 자기 머리를 써서 능력을 키워야 합니다. 재미도 없고, 알지도 모르는 걸 무조건 외워서 되는 시대는 지났어요. 결론적으로 가장 중요한 건 자신이 좋아하는 일, 잘할 수 있는 일을 찾아야 한다는 거예요. 봉사를 좋아하고, 어려서부터 다친 고양이나 개를 치료해주고 싶어 하고, 국경 없는 의사회 같은 곳을 가고 싶은 것이 꿈인 친구라면 헬스케어 분야가 맞겠죠. 안정적인 직장을 무시할 수는 없지만, 직업의 안정성만을 생각해서 의사가 되려고 하면 행복할 수 없겠죠? 자신의 마음의 소리에 귀를 잘 기울이도록 하세요.

PROFILE

김영보 의학 박사. 가천대학교 의과대학 신경외과 교수. 가천대 길병원 초창기에 진료 기록을 디지털화하는 페이퍼리스 병원(Paperless Hospital)을 구축했으며, 가천대학교 뇌파학연구소 설립을 주도, 운영해왔다. 지금은 가천대 길병원 인공지능병원 추진단 소속으로 헬스케어 분야의 인공지능(AI), 로봇, IoT 분야에서 선도적인 역할을 해나가고 있다.

11

O2O 혁명

온라인과 오프라인이 만나 새로운 세상을 열다!

이화영

"나라에 이익이 되는 삶을 살아라" 어린 시절 늘 부모님으로부터 들어온 얘기입니다. 학교 교사가 되면서 학생 자신의 소질과 적성에 맞는 진로 탐색이 매우 중요한 과정이라는 생각으로, 학생들에게 자기 삶의 주인으로 살게 하는 것이 나라에 이익이 되게 하는 것이라고 가르쳐 왔습니다. 그동안 산업변화에 따른 직업 소양 교육 및 교육과정을 연구하면서, 이화여대, 동국대, 서울여대 겸임교수를 역임하고, 현재는 서울시교육청 진로직업교육과 장학사로 일하고 있습니다. 특히 4차 산업 혁명 대비 다양한 진로지도 교육을 위한 학교장 연수, 학부모 연수 등을 기획하면서 격변하는 미래에 아이들이 자신의 꿈을 제대로 펼칠 수 있도록 돕기 위하여 집필에 가장 큰 의미를 두고 있습니다.

인류는 교통수단의 발달 덕분에 더 넓은 세상과 마주하게 되었고, 정보통신 기술이 발달하면서부터는 그 넓은 세상을 아예 집안으로 끌어들일 수 있게 되었다. 물질로 구성되어 있고, 자원이 제약된 오프라인 세계에서는 '소유'가 원칙이며, 확장성에 제약이 있다. 정보로 구성된 온라인 세계는 '공유'가 원칙이며, 관계는 무한대로 확장된다. 기술의 발달로 인해 전혀 다른 두 세상에는 누구나 쉽게 오갈 수 있는 다리가 놓였고, 이로 인해 우리가 살고 있는 세상은 이전보다 한 차원 더 높은 수준으로 진행되고 있다. 더욱 놀라운 것은 아직 제대로 된 O2O(Online to Offline) 혁명은 시작조차 되지 않았다는 점이다.

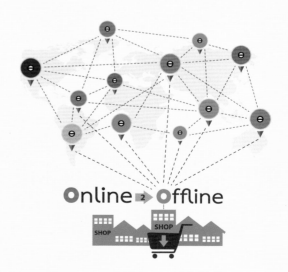

 물과 기름처럼 성격이 전혀 다른
두 세상이 만나다

온라인과 오프라인, 구분이 필요 없다

처음 PC가 보급되었을 때 사람들은 손이 아닌 컴퓨터로 정보를 빠르게 기록하고 저장할 수 있게 된 것에 기뻐했다. 인터넷이 등장한 뒤에는 컴퓨터에 있는 정보를 바다 건너 먼 곳에 있는 사람들과도 실시간으로 공유할 수 있게 되었다는 것에 놀라워했다. 스마트폰이 출시되었을 때 사람들은 아예 컴퓨터를 손에 쥐고 다니며 실시간으로 정보를 찾을 수 있다는 사실에 흥분했다.

온라인 기술은 점점 발달하고 사람들이 온라인 세상에서 오프라인 세상으로 오가는 속도가 점점 빨라져 이제는 그 경계가 완전히 허물어지고 있다. 온라인에서 옷을 입어보고, 온라인으로 가구를 사고, 온라인으로 장을 보고, 온라인으로 공부를 한다. 중국의 유명한 철학자 장자가 꿈을 꾼 뒤 말한 '내가 나비로 변한 꿈을 꾼 것인지, 나비가 나로 변한 꿈을 꾸고 있는 것인지 알 수가 없었다'처럼 온라인이 곧 오프라인이고, 오프라인이 곧 온라인으로 연결되어 지금 세상은 굴러가고 있는 것이다.

초라했던 초기의 온라인 시장 성적

과거의 비즈니스는 대부분 지역에 한정되어 있었다. 대표적인 사례가 바로 동네의 상점들이다. 이들은 독과점적 지위를 누리면서도 마케팅 범주는 매우 좁았다. 실시간 가격이나 서비스 품질 수준 등의 정보가 공유되지 않다 보니, 소비자들은 거주지와 가까운 점포 두세 곳만을 비교한 후 선택하기 마련이었다.

그런데 온라인 시장이 등장했다. 오프라인에 비해 적은 돈으로도 홍보할 수 있는 방법이 생겼고, 발품을 팔지 않고도 물건을 비교해보고 살 수 있는 방법이 생긴 것이다. 사람들은 오프라인은 망했다고 생각했다. 그러나 초기 온라인 시장의 성장은 예상처럼 폭발적이지 않았다. 자신에게 어울리는지 옷을 입어보고, 식품이 신선한지 눈으로 확인하고, 사람들과 만나 커피를 마시는 등 오프라인 세상에서는 온라인으로 대체할 수 없는 '경험'이 있었던 것이다.

그럼에도 온라인 시장은 오프라인 시장에 분명한 영향을 미쳤다. 소비자들은 백화점 같은 매장에서 상품을 구경한 뒤 같은 제품을 온라인 쇼핑몰에서 더 유리한 조건, 즉 더 싼 가격으로 구매하기 시작한 것이다. 이른바 쇼루밍(Showrooming) 현상이다. 그런데 이런 현상은 비싼 돈을 들여 공간을 꾸며놓은 백화점이나 가게 입장에서는 달가운 일이 아니었다. 그래서 고안해낸 것이 '역 쇼루밍(Reverse-Showrooming)'이다. 온라인이나 모바일에서 물건을 결제한 뒤 오프라인 매장에 가서 실제 물건이나 서비스를 주고받도록 한 것이다. 예를 들어 온라인 서점에서 책을 싸게 구매한 뒤 직접 서점으로 가서 책을 받는 것이다. 서점 입장에서는 오프라인보다 책을 싼 가격에 팔아야 하지만, 적어도 고객을 다른 상점에 뺏기지는 않는다.

이처럼 리테일 시장에서 온라인에서 모객을 하고, 그렇게 모인 고객을 오프라인으로 데리고 오자고 하는 데서 O2O(Online to Offline)라는 말은 생겨났다. 이런 O2O 트렌드는 스마트폰이 본격적으로 보급되면서 빠른 속도로 퍼졌고, 최근에는 PC보다 모바일로 이루어지는 쇼핑이 급격하게 늘고 있어 M2O(Moblie to Offline), 즉 모바일과 오프라인의 결합이라고 부르기도 한다.

영역 없이 경계 없이, 무한 잠재력을 가진 시장

분야를 가리지 않는 O2O 플랫폼의 확장

리테일 시장에서 O2O란 결국 서비스 혁신이다. 우리는 이미 O2O 세상에서 살고 있다. 정보를 실시간으로 공유하고, 서로를 비교·선택할 수 있는 대상의 폭은 매우 넓어졌다. 이러한 발판에는 O2O 플랫폼이 있다. 플랫폼이란 말 그대로 기차역의 플랫폼과 같은 역할을 하는 공간을 말한다. 과거에는 사람들이 여기 저기 흩어져 있는 가게를 찾아가서 물건을 비교해야 했지만, 이제는 한 공간에 가면 내가 찾는 가게가 다 있다. 플랫폼은 거래 중개자가 되어 광고나 예약, 판매, 결제, 위치 검색 등을 도맡고 있고, 이런 O2O 플랫폼의 영역은 점차 확대되고 있다.

일례로 배달 앱을 들 수 있다. 과거에는 선택할 수 없었던 먼 곳의 음식점, 있는지도 몰랐던 동네 음식점까지 포함해 가격과 맛, 서비스 등을 비교할 수 있다. 다른 소비자들의 후기를 보고 맛이나 서비스를 간접적으로 체험할 수 있다는 점에서 맛집 앱과 유사하지만, 배달 앱은 집에서 메뉴를 선택하고 직접 결제까지 할 수 있다는 점이 결정적인 차이라 할 수 있다.

배달 앱 외에도 방을 찾으려고 하면 '직방'이나 '다방', 숙박을 알아볼 때는 '야놀자'나 '여기어때' 등의 앱을 켠다. 택시를 부를 때는 '카카오택시'가 있고, 차가 필요하면 '쏘카'나 '그린카'를 찾는다. 그 외에도 미용, 발레파킹, 옷 수선, 가사도우미 등이 현재 서비스되고 있다.

치열한 경쟁이 가져오는 선순환

O2O 시장이 커질수록 오프라인 사업자 입장에서는 과거보다 경쟁이 치열해지는 측면이 있다. 과거에는 가까운 경쟁 업체 몇 곳과 경쟁하면 되었지만, 이제는 더 먼 곳에 있는 유사 업체들과도 경쟁해야 한다. 단적인 예로 해외직구(해외 직접 구매) 같은 현상이다. 과거에는 해외에서 물건을 사는 행위는 직접 여행을 가지 않는 이상

힘들었다. 국내에서 원하는 물건을 사기 위해서는 수입품에 의존할 수밖에 없었고, 가격은 당연히 비쌀 수밖에 없었다. 그러나 온라인 시장이 열리면서 배달 수수료만 지불하면 현지에서 사는 가격과 동일하게 원하는 물건을 안방에서 받아보게 된 것이다.

이러한 치열한 경쟁이 반드시 기업에 손해인 것만은 아니다. 경쟁이 치열해지면 사업자들은 스스로 낭비 요소는 없는지 돌아보게 되고, 품질을 높이기 위해 노력하며, 일하는 방식을 혁신하면서 발전하게 된다. 그 결과 업체는 영업에 소요되는 시간과 비용을 줄이고 고객에게 더 나은 서비스를 제공할 수 있게 된다. 우수한 업체의 경우는 매출과 수익성을 모두 향상시켜 규모를 키울 수도 있고, 잠재적인 고객의 숫자도 대폭 늘어난다.

차별화 전략이 필요한 O2O 비즈니스

O2O는 상품의 가격을 낮추고 비교가 편리해 최적의 쇼핑을 가능하게 해준다. 이는 온라인과 오프라인의 장점을 두루 갖춤으로써 가능해진 일이다. 아마존이나 쿠팡 같은 온라인 쇼핑몰은 이미 24시간 이내 배송 서비스를 하고 있고, 특정 지역의 경우 단 두 시간 안에 배송하는 서비스까지 시도하고 있다. 만약 배송 서비스가 점점 빨라진다면 온라인에서 주문하고 오프라인에서 수령하는 O2O 서비스의 가치는 낮아질 것이다.

음식 배달 서비스도 마찬가지다. 오프라인 음식점을 묶어서 스마트폰으로 편리하게 주문할 수 있지만, 이는 얼마든지 인터넷으로 검색해서 전화를 거는 방식으로 대체할 수 있다. 그러면 과연 O2O만이 제공할 수 있는 가치란 무엇일까? 어떻게 하면 소비자들이 추가비용을 내서라도 적극적으로 이용하게 될까?

　최근 '푸드플라이'나 '부탁해'와 같은 업체가 배달 서비스를 제공하지 않던 음식점들과 제휴를 맺고 O2O 플랫폼을 통해 배달 대행 서비스를 제공하고 있다. 소비자들은 그동안 배달로는 주문할 수 없었던 음식을 집 안에서 편하게 먹을 수 있게 되었고, 건당 1,500원에서 8,000원 가량의 배달 비용을 기꺼이 추가 부담하고 있다. 음식점 입장에서도 배달 서비스를 위한 별도의 투자 금액 없이 매출을 확대할 수 있기 때문에 굳이 거부할 이유는 없다. '푸드플라이'나 '부탁해'와 같은 사례가 모든 분야에 적용될 수는 없겠지만, O2O만의 차별적인 서비스를 제공해 수익 모델을 발굴하는 것이 중요하다. 이런 시도들은 결국 O2O 플랫폼 비즈니스의 영역을 확장시키게 될 것이다. O2O 플랫폼 비즈니스에 과감하게 투자하면서 다양한 방향을 모색하고 있는 회사가 있다. 이 업계의 선두주자인 '배달의 민족'은 4차 산업혁명의 핵심기술인 인공지능, 3D 프린팅, 빅데이터 등을 활용해 획기적인 개별 맞춤 푸드 서비스를 준비 중이다. 2017년 3월 업계 최초로 '배민데이빗'이라는 인공지능 프로젝트를 출범한 '배달의 민족'은 이를 위해 1차로 100억 원을 투자한 바 있다.

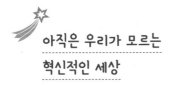

아마존고(Go)의 O2O 서비스 혁신

O2O(Online to Offline)은 단순히 쇼핑, 즉 소매(Retail) 사업의 편의성만을 이야기하는 것은 아니다. 넓게는 온라인 기술이 오프라인에 침투하면서 일어나는 모든 현상을 말한다. 온라인 기술이 도시에 적용되면 스마트시티가 되고, 공장에 적용되면 스마트팩토리, 집에 적용되면 스마트홈이 된다. 다시 말해 4차 산업혁명 자체가 O2O를 기반으로 불러온 생산성 혁명인 것이다.

2016년 O2O 서비스 시장에서는 커다란 혁신이 일어났다. 세계 최대의 온라인 유통망을 가진 아마존닷컴이 소개한 무인 오프라인 마트 '아마존고(Go)'의 등장이다. 아마존고는 마트에 들어설 때 스마트폰에 앱을 실행하고 QR코드를 생성해 체크인을 한 뒤 매장에서 물건을 가지고 나오면 자동으로 결제가 이뤄지고 영수증이 앱을 통해 배송된다. 기존의 마트처럼 오랫동안 줄을 서서 기다려야 할 필요가 없는 아마존고는 O2O 서비스 기업이 오프라인으로 어떻게 진출할 수 있는지를 보여준 혁신적인 사례로 꼽힌다.

O2O 비즈니스가 기존의 온라인 비즈니스와 다른 점은 '오프라인 장악력'이다. 이미 온라인에서 방대한 소비자의 정보를 가지고 있는 온라인 기업이 오프라인에 진출하면 커다란 파괴력을 가질 수 있다. 이러한 이유 때문에 온라인 서비스로 시작한 국내 O2O 서비스 기업도 하나둘 오프라인 사업에 진출하고 있다. 이들은 오프라

인 점포를 이용할 때 느끼는 불편을 효율적으로 해소하며 미래의 경쟁력을 키우고 있으며, 온라인 기업의 오프라인 진출로 기존의 기업 역시 경쟁력을 키우기 위해 또 다른 길을 모색하고 있다.

차별화된 아이디어로 만들어내는 미래의 가치

O2O는 이미 우리의 일상 속으로 들어와 있으며, O2O 플랫폼에 기반한 서비스를 경험한 사람들은 편리성과 효율성에 찬사를 보내고 있다. O2O를 통해 그동안 불가능했던 서비스의 틈새시장이 모두 채워지고 있는 것이다. 벤츠를 소유할 능력이 되지 않아도 공유 서비스를 통해 벤츠를 이용할 수 있으며, 비싼 학원비를 들이지 않고도 원하는 지식에 접근할 수 있다.

O2O로 인해 기존의 생산-영업-소비로 이어지던 가치 사슬은 파괴되었고, 산업과 산업, 생산과 유통, 소비자와 생산자 간의 경계가 사라지고 있다. 3D 프린팅 같은 기술의 발달로 소비자가 생산자

차별화된 아이디어와 서비스로 가치를 만들어내는 O2O 비지니스웹.

가 될 수도 있으며, 심지어 소비자가 생산자가 되어 물건을 판매할 수도 있다. 집에 놓을 스탠드 하나를 구매하더라도 지금처럼 그저 디자인만 보는 것이 아니라 가상현실 등을 이용해 실제 집안에 스탠드를 이것저것 놓아보고 구매할 수도 있다. 과거처럼 소비자가 매장을 찾는 것이 아니라 소비자에게 서비스가 찾아간다.

따라서 O2O 혁명을 단순히 온라인으로 모으는 방식만의 비즈니스를 생각해서는 곤란한다. 이미 LBS*를 기반에 둔 앱이 많이 출시되었으나 서비스 운영에 어려움을 겪는 경우가 많은 것도 이 때문이다. O2O 비즈니스란 차별화된 아이디어와 서비스로 가치를 만들어낼 때 비로소 그 가치를 인정받을 수 있다. 새로운 아이디어와 기술로 승부한다면 개인에게 O2O는 21세기의 블루 오션 중 하나가 될 것이다.

O2O 플랫폼을 제대로 이해하고, 활용할 수 있다면 미래에 유능한 사업가가 될 수 있다. 일반적으로 O2O 플랫폼 비즈니스는 B2C(Business to Consumer, 기업과 소비자 간의 거래) 서비스에 적합하기 때문이다. 흔히 말하는 인터넷 쇼핑몰 사업이다.

문제는 규모가 큰 기업은 스스로 O2O 채널을 구축할 수 있지만, 규모가 작은 사업자들은 부담을 느낄 수밖에 없다. 그래서 소규모 사업자들이 모여 물건을 팔 수 있도록 하는 공용 플랫폼 제공 비즈니스가 생겨났다. 사업자 각각의 규모는 작지만, 동종 사업자 수가 많이 모여 시장 자체가 커지는 것이다. 음식점이나 택시, 숙박 등을 중심으로 O2O 플랫폼 비즈니스가 커지고 있는 것도 이런 특성이 반영된 자연스러운 결과다. 스마트폰으로 택시를 부르는 카카오택시, 전 세계 게스트하우스를 연결하고 이용할 수 있는 플랫폼인 에어비앤비 등이 온라인과 오프라인을 연결한 플랫폼 서비스의 성공 사례로 주목받고 있다.

앞으로는 O2O 플랫폼 비즈니스의 영역이 더욱 커질 것이다. 산업별 전체 시장 규모와 1개 사업자별 평균 매출액을 분석한 결과를 보면 음식점이나 택시, 숙박 외에도 식료품 소매(주로 슈퍼마켓),

*LBS(Location Based Service)_ GPS나 이동통신 네트워크를 이용해 자신의 위치를 기반으로 다양한 정보를 제공받을 수 있는 통신 서비스를 말한다. 위치기반 서비스라고도 한다. 스마트폰이 대중화되면서 활발하게 이용되고 있다.

의류 소매, 인테리어, 자동차 수리, 학원 같은 영역이 크게 성장할 전망이다. 이들은 개별 사업자의 매출 규모는 작지만 전체 시장의 규모는 매우 큰 산업에 해당하기 때문이다.

현재 우리나라의 음식점과 택시, 숙박 산업의 거래액은 약 76조 원에 달한다. O2O 플랫폼의 수수료가 대략 10% 수준임을 고려할 때, 현재 잠재적인 최대 시장 규모는 무려 7조 6,000억 원에 이르는 셈이다. 앞으로 O2O 플랫폼의 영역이 식료품 소매나 인테리어, 수리 등으로 확장될 경우에는 약 21조 5,000억 원까지 늘어날 수 있을 것으로 전망된다.

물론 O2O 플랫폼을 이용하는 방식은 각각 달라야 한다. 인테리어나 자동차 수리는 기본적으로 오프라인에서 서비스가 이루어질 수밖에 없다. 하지만 견적을 알아보거나 가격을 비교해 결제하는 것은 온라인을 통해서도 가능하다. 업체 입장에서는 출장을 나갈 필요가 없으니 시간과 비용을 줄일 수 있고, 소비자 입장에서는 업체에 대한 평가를 서로 공유해 보다 나은 서비스를 받을 수 있다. 또한 슈퍼마켓을 비롯한 동네 상점에서는 지역 주민에게 할인 광고를 하거나, 특별히 인기 있는 상품에 대해 예약 판매를 할 때 O2O 플랫폼을 효과적으로 활용할 수 있을 것이다.

1인 창업자 SNS가 발달하고, 데이터 공유가 쉬워지면서 1인이 창업할 수 있는 기회가 점차 늘고 있다. 과거에는 개인이 자본을 가진 기업을 상대할 수 없었지만, 이제는 아이디어가 있다면 스스로 최고경영자(CEO)라는 직업을 경험할 수 있다. 인터넷이라는 국경 없는 영역에서 사용자를 만나게 되면서 세계적인 기업으로 성장할 수 있는 기회도 커진다.

프로그래머 근거리 무선통신 장치인 비콘(Beacon)이나 블루투스처럼 O2O와 관련된 모듈을 만드는 일을 한다.

플랫폼 서비스 업자 기존 포장이사 서비스의 불편한 점을 개선한 서비스 앱이나 중고용품을 거래하는 플랫폼, 심지어는 O2O 플랫폼 기반 스타트업 기업을 해외에 소개하는 앱도 개발되고 있다. 이처럼 창업자들이 세계무대에 설 기회를 마련해주는 플랫폼을 만든다. 프로그래머와도 비슷하지만, 플랫폼 자체를 만들어 서비스하기 때문에 광범위하다.

O2O 플랫폼 운영 관리자 플랫폼이 만들어지면 운영하고 관리하는 일이 필요하다. 직접 거래를 하지는 않지만, 플랫폼이 원활하게 돌아갈 수 있도록 한다.

 꼼꼼 과학 강의실

온·오프라인을 연결해 주는 근거리 통신 기술은?

근거리 무선통신 기술의 발전과 간편한 모바일 결제 시스템 등장으로 O2O 서비스 구현은 훨씬 쉬워졌다. 특히 저전력 근거리 통신 기술인 NFC와 비콘은 O2O 서비스의 주요 기술이다.

RFID(Radio Frequency Identification) 무선식별이나 전자라벨, 스마트태그 등으로 불린다. 라디오처럼 무선 주파수를 이용해 사람이나 물건을 식별하는 기술이다. 안테나와 칩이 내장된 태그를 바코드처럼 부착하면 RFID의 리드가 정보를 읽어낸다. 하지만 기존의 바코드에 비해 다룰 수 있는 정보의 양이 많고, 읽는 속도도 빠르며, 장애물에 구애받지 않는다.

NFC(Near Field Communication) 기존의 RFID에서 확장된 개념으로 13.56Mhz 주파수 대역을 사용하는 비접촉식 근거리 무선 통신 모듈이다. 10cm 남짓 거리에서 단말기끼리 데이터를 주고받을 수 있다.
음식 주문이나 단말기 간 결제, 헬스케어 등에서 광범위하게 이용되지만, 특히 모바일 결제 분야에서 주로 활용된다. 태그가 내장된 단말기를 능동형(Active) 모드로 작동할 수 있어 태그로서의 기능뿐 아니라, 태그를 읽는 리더(Reader), 태그에 정보를 입력하는 라이터(Writer) 기능까지 수행한다.
또한 각 기기 간에 별도의 설정 없이 접촉만으로도 통신이 가능하다. 다른 근거리 통신 기술보다 통신 가능 거리가 짧아 보안이 매우 우수하다. NFC를 활용한 대표적인 사례로는 각종 교통카드와 애플페이 등이 있다.

비콘(Beacon) 길을 걸어가다 보면 근처에 있는 매장으로부터 할인 쿠폰이 도착했다는 메시지를 받는다. 이러한 일이 가능한 것은 비콘(Beacon) 기술 덕분이다. 비콘의 사전적 정의는 '상대에게 신호를 발신하는 장치'다. 특정 위치나 사물에 기기를 부착해 사용하기 때문에 통신 기능이 없는 사물에 부착하면 손쉽게 사물 인터넷 환경을 만들 수 있는 간단한 장치다.
주로 매장 주변의 잠재적인 소비자에게 할인 쿠폰 등을 제공해 매장으로 소비자를 유도하는 O2O 마케팅 등에 사용된다. 적용 가능한 거리는 70m 안팎이며, 오차 범위가 작기 때문에 소비자에게 정확한 제품 정보를 제공할 수 있고 전력 소모량도 크지 않다. 대표적인 사례로 애플의 '아이비콘'이나 SK플래닛 '시럽' 등을 꼽을 수 있다.

미래 유망한 O2O 사업영역

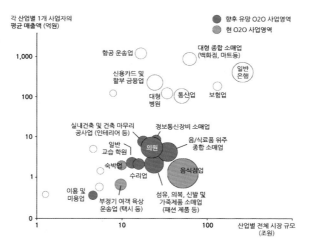

원 크기는 전체 시장의 영업 이익 규모를 의미한다.

자료출처 : 온오프라인 연결하는 O2O 혁신의 가능성 열려 있다. 「LG Business Insight」

삶을 디자인하고,
나아가
세상을 디자인하라

O2O 전문가
김 봉 진

Q O2O를 알기 쉽게 설명해주세요.

쉽게 말하면 '온라인'을 '오프라인'으로 연결(Online to Offline)하는 방식의 다양한
서비스와 사업입니다. 인터넷, 모바일 혁명으로 대부분의 영역에서 온라인과
오프라인의 경계가 허물어졌다고 이해하는 게 빠를 것 같아요. 오프라인이 온라인으로
이어지고, 다시 온라인이 오프라인으로 확장되고, 이런 식이죠.
아마존(Amazon)은 원래 오프라인 서점에서만 살 수 있었던 책을 온라인으로 쉽게
주문하고 받아볼 수 있도록 하는 사업을 대규모로 성공시킨 최초의 회사예요. 당시만
해도 온라인으로 책을 산다는 건 상상하기 어려운 일이었어요. 하지만 지금은 국내에도
많은 인터넷 서점이 생겼고, 대형 오프라인 서점들도 온라인 서점을 겸해서 하고
있잖아요. 재미있는 것은 아마존이 얼마 전 다시 오프라인 서점을 내기 시작했다는
거예요. 직접 발품을 팔아서 방문하고, 책 냄새도 맡고, 그 안에서 다양한 경험을 할
수 있는 오프라인 매장으로 서점의 기능을 확장함으로써 지금까지 온라인 서점으로는
경험할 수 없었던 아마존의 경험을 오프라인에서도 체험할 수 있게끔 하는 거죠.

Q 이 직업만의 매력은 무엇일까요?

요즘은 워낙 경쟁이 치열하고, 사업하기에 상황이 열악하다 보니 어렵고 힘들어하는
분들이 많아요. 그런데 '배달의 민족'을 사용하는 거래 업체가 연락을 해서
"배달의민족이 장사에 큰 힘이 되고 있다", "배달의민족 덕분에 많은 도움을 받고
있다"는 말을 해주는 분들이 많아요. 이럴 때 가장 큰 보람을 느낍니다. '배달의 민족'
브랜드와 문화를 사랑하는 소비자가 늘어나는 것을 보는 것도 행복한 일이에요.
창업을 해서 기업을 일궈가는 사람에게 중요한 것은 기업 활동, 경영 활동이 사회
전반에 긍정적인 영향을 미칠 수 있으면 좋겠다는 생각을 하고 있습니다. 그래서 좋은
기업 문화를 만들어가고자 많은 노력을 해가고 있습니다.

Q 어려운 점은 없나요?

혁신적인 아이디어로 세상을 변화시키려는 서비스, 신사업은 대부분 기존의 질서와
부딪힐 수밖에 없는 측면이 있어요. 그 과정에서 일부 갈등 상황이 벌어지기도 하고요.
예를 들어, 기존에 오프라인 위주로 이뤄지던 서비스가 온라인으로 옮겨지면 일반
소비자 고객 입장에서는 대체로 편리한 방향의 변화가 찾아온다고 할 수 있겠지만,
기존 질서의 생태계를 구성하고 있던 몇몇 주체에게는 도전적인 상황이 연출될 수 있고,
직·간접적으로 이해관계에 영향을 받게 되기 때문에 간단치 않은 문제인 거지요.
그러다보니 국가-정부 차원에서 변화에 대한 대책이나 규제 방안을 마련하는 데
있어서 대체로 기존 질서나 기존 사업을 유지하는 쪽, 새로운 질서나 신사업에는
걸림돌이 되는 방향으로 치우치는 경향이 없지 않아요. 예를 들어 지금 한창 화두가
되고 있는 자율주행차가 완전 상용화된다고 해보죠. 기술적으로는 이미 운전자 없이
자동차 홀로 도로를 주행하는 것이 성큼 다가와 있죠. 물론 실제로 운전자 없이 홀로
움직이는 자동차를 도로에 허용할 것이냐 하는 것은 별개의 문제이지만, 언젠가는
전면적으로 도입되는 때가 오겠죠. 그러면 당장 차량 운전으로 생계를 꾸려야 하는
택시운전사, 트럭운전사 분들은 일자리를 빼앗기고 생계가 힘든 상황에 내 몰릴 수
있는 거죠.
이렇게 기술 진보와 혁신에 기반한 신사업은 대개 전통 산업과 갈등 관계에 놓일
수밖에 없는 측면이 있어요. 이런 갈등을 어떻게 적절히 해결하면서 진보를 이뤄
가느냐 하는 것이 결국은 국가적 차원에서의 지속 가능한 경제 성장에도 매우 중요한
문제이기 때문에 전 사회적, 국가적 차원에서의 조율이 중요하다고 봅니다.

어느 한쪽으로 치우쳐서 전통 산업만을 보호하려 하거나, 새로운 사업을 무작정 장려하려 하거나 그래선 안 된다는 거죠. 그런데 제가 창업하고 나서 지금까지 겪어온 과정을 보면, 적어도 지금까지는 그런 균형 있는 조율보다는 대체로 신사업을 가로막고 기존 산업을 보호하는 방향으로만 규제하는 비즈니스 환경이 아니었나 싶어서 많이 아쉽습니다. 이런 상황이 결국은 기업가 정신을 북돋기보다 오히려 창업에 대한 도전을 어렵게 만드는 비즈니스 환경이 되는 거거든요. 이런 부분이 사업하면서 가장 힘들게 다가오는 부분 중 하나입니다.

Q 앞으로 O2O 세상은 어떻게 달라질까요?

푸드 이커머스 분야는 온라인 전환율이 미미한 수준입니다. 오프라인에서 온라인으로 전환된 역사를 보면 책, 의류, 가전제품 등으로 퍼져왔고, 음식은 얼마 되지 않았어요. 업계 추산 배달음식 주문액의 1년 거래액이 약 15조 원 정도라고 합니다. 그중에서 배달의민족을 비롯한 3대 배달앱이 약 3조 원을 정도를 차지하고 있어요. 어떻게 보면 아직 미미하지만, 뒤집어 말하면 푸드 이커머스, 푸드테크 산업의 성장 잠재력이 여전히 크다고도 볼 수 있는 부분입니다.

다른 한편으로는 최근 각광받고 있는 인공지능(AI), 로봇, 자율주행, 3D 프린팅 등 기술의 발달에 따라 푸드테크 산업에도 여러 가지 혁신적인 변화가 찾아올 것이라고 예상합니다. 예를 들어 3D 프린팅 기술로 음식을 만든다든지, 유명 셰프가 만든 요리와 똑같이 음식을 만드는 로봇이 실험 중에 있는 상황이죠. 이처럼 첨단기술이 음식 제조, 생산에 활용될 날이 멀지 않았습니다. 또, 음식을 주문할 때도 손가락을 터치하거나 할 필요도 없이 그냥 말로 하면 되는 그런 시대가 올 겁니다. 최근 스마트폰이나 스마트 스피커를 통해 음성인식 비서가 음식 주문을 도와주는 기술이 이미 구현되고 있잖아요. 이처럼 개인의 정보와 빅데이터에 기반해서 더욱 더 개인에게 맞춤화된 음식 제안 서비스도 가능해질 걸로 봅니다. 배달의민족도 2017년 3월 업계 최초로 '배민데이빗'이라는 이름의 인공지능 프로젝트를 출범하고 1차로 100억 원을 투자했으며, 자율주행 기술 등 최신 기술에도 많은 관심을 기울이고 있습니다.

Q 해당 분야로 진출하고 싶은 청소년들을 위한 조언을 해주신다면?

인터넷과 스마트폰이 바꿔놓은 최근의 20년보다 미래는 더 많이 달라진 세상이 다가올 겁니다. 이런 변화에 대비하려면 무엇보다 '자기다움'을 찾고 이를 키워나가는 노력이 필요합니다. 구체적으로 두 가지를 제안하자면 첫째, 실패를 두려워 말고, 하고 싶은 일을 찾아서 도전해보라는 거예요. 자신이 하고 싶은 일을 찾는다는 것은 매우 중요합니다. 인간은 끊임없이 선택의 기로에 서게 됩니다. 지금은 부모님의 말씀을 듣더라도 결과는 결국 개인의 몫이 됩니다. 혹시라도 실패할 경우 책임을 다른 사람에게 돌리고 원망하는 것만큼 안타까운 일은 없다고 생각해요. 하고 싶은 일을 찾아서 스스로 판단하고 도전한다는 것은 결코 쉽지 않은 일이지만 작은 것 하나부터 스스로 결정하고, 충분히 고민하고, 스스로 선택하는 훈련을 한다면 비록 실패하더라도 그 안에서 값진 교훈을 찾을 수 있을 거라고 생각합니다.

다음으로는 책입니다. 당연한 이야기지만, 독서는 사고력과 창의성을 높이고, 거기에 더해서 '자기다움'을 키울 수 있는 가장 좋은 방법 중 하나입니다. SNS나 BJ 방송 등 가볍고 자극적인 콘텐츠가 넘쳐나지만, 이런 건 볼 때만 재미있을 뿐 스스로 사고하는 능력을 키우기 쉽지 않습니다. 독서가 다르다는 건 개인 체험입니다. 어릴 때는 책을 읽지 않다가 서른 중반이 넘어 책을 보기 시작했습니다. 처음에는 잘 티가 나지 않았지만, 2년 정도 지속하다 보니 비로소 삶이 달라지기 시작하더군요. 독서가 어렵다면 책을 끝까지 읽어야 한다는 강박관념, 죄책감, 순서 같은 데 얽매이지 말고 그냥 책이랑 가까이 지내보세요. 어려운 책은 과감하게 포기하고, 여러 책을 동시에 읽는 것도 하나의 방법이에요. 부담스러운 고전은 청소년용 서적이나 만화책을 먼저 읽어 내용을 파악한 후 도전하는 것도 요령이죠. 저는 '경영하는 디자이너'라는 글귀를 명함에 새기고 다닐 정도로 '디자이너'로서의 정체성을 잃지 않으려고 노력합니다. 사실 우리 모두는 디자이너입니다. 사물이나 공간 등 물리적인 것을 시각적으로 표현해내는 것만이 아니라 우리의 삶을 구성하는 다양한 일들을 설계하고 실현해 나가는 모든 과정에 디자인적인 요소가 스며들어 있어요. 여러분도 노력에 의해 자신의 삶을 디자인하고, 나아가 세상을 더 좋게 바꿀 무언가를 디자인할 수 있을 것입니다.

PROFILE

김봉진 (주)우아한형제들의 대표이사. 어려서 화가가 되고 싶어 실내디자인과 시각디자인을 전공했지만, 배달 음식을 모바일로 손쉽게 주문할 수 있는 스마트폰 배달 애플리케이션 '배달의민족'을 만들어 운영하고 있다. 코리아스타트업포럼 의장이기도 하다. 2014년 청년기업인상 대통령상, 2017년 남녀고용평등 우수기업 대통령표창을 수상했다.

직업 세계는
끊임없이 변화한다

세상에 영원한 것이란 없다. 영원할 것 같은 태양과 지구도 언젠가는 소멸할 것이다. 하물며 인간의 직업이란 주위 환경에 따라 사라지고 태어나기를 반복해왔다. 전화기가 막 보급되었을 때는 전화교환수가 있었으며, 컴퓨터가 생기기 전에는 회의 내용이나 법정의 각종 공판 등을 빠르게 기록하는 속기사가 있었다. 20여 년 전만 해도 유명한 관광지나 놀이공원에 가면 사진을 찍어주는 사진사가 있었고, 새로운 영화가 걸릴 때마다 극장 외벽에는 포스터를 그리는 극장간판 미술사를 심심치 않게 볼 수 있었다. 하지만 지금은 모두 인쇄기술과 컴퓨터 발달로 사라진 직업이다. 그 외에도 인력거꾼, 신문팔이나 버스안내원, 식자공, 두부장수, 변사 등 시대에 따라 사라진 직업은 많다.

직업 세계의 변화 요인(Drivers)은 인구구조 및 노동인구 변화, 대내외 경제 상황 변화, 기업의 경영전략 변화, 산업특성 및 산업구조 변화, 과학기술 발전, 기후 변화와 에너지 부족, 가치관과 라이프스타일 변화, 정부정책 및 법·제도 변화 등 크게 여덟 가지를 꼽는다.

물론 이들 요인은 확실할 수도, 불확실할 수도 있다. 예를 들어 현재 저출산·고령화, 생산시설의 자동화와 로봇화는 전 세계적인 추세다. 그러므로 인구구조 및 노동인구 변화나 과학기술 발전, 기후 변화와 에너지 부족 등의 요인에는 이견이 거의 없다. 하지만 경제 상황이나 정부 정책은 어떻게 바뀔지 모르므로 방향성을 가늠하기 쉽지 않다. 이 같은 성격에 따라 직업 세계 변화 요인을 확실성 요인(Certain Drivers)과 불확실성 요인(Uncertain Drivers)으로 구분하기도 한다.

직업 세계의 변화 요인은 하나하나가 직업에 크건 작건 영향을 미칠 수

밖에 없다. 가령 우리나라는 저출산, 고령화, 1인 가구 증가 등으로 2017년부터 생산가능인구(15~64세)가 감소된다. 이처럼 인구의 구조 자체가 변하면 여성과 고령자의 경제 활동이 증가하고, 일할 사람이 없으니 외국인 노동자가 국내로 들어올 수밖에 없는 환경이 조성된다. 또한 인구가 줄어들면 교육이나 의료와 관련된 일자리에 영향을 미칠 수밖에 없다.

기업이 어떤 경영 전략을 세우느냐에 따라서는 고용에 즉각적인 영향을 받는다. 자동화 생산 시설을 확대할 것인가, 생산 시설을 해외로 이전할 것인가 아니면 국내로 다시 들여올 것인가에 따라서 일자리가 크게 변하는 것처럼 말이다. 이외에도 기업 간 인수·합병이나 유망 신사업 개발과 투자 확대, 유연근무제 확산, 아웃소싱(Outsourcing) 등 기업의 활동은 모두 일자리에 영향을 미친다.

산업 구조도 일자리에 미치는 영향은 크다. 세계 경기의 침체가 지속되면서 과거 우리나라의 경제를 떠받치고 엄청난 일자리를 창출했던 조선, 해운, 철강, 석유화학, 건설은 현재 5대 취약산업으로 분류되어 구조조정을 앞두고 있다. 글로벌 경쟁력을 강화하고 새로운 시장을 확보하기 위해서는 첨단기술 분야와 서비스 산업에 투자하는 등 산업 구조 자체를 바꾸어야 하는 것이다.

과학기술은 일자리 변화에 가장 직접적이고도 급진적인 영향력을 발휘해왔다. 기존 일자리의 양이나 일하는 방식, 혹은 완전히 새로운 분야에서 일자리를 창출하는 등 직업 세계 전체의 모습을 바꿔 놓는 것이다. 제1차 산업혁명은 농업근로자에서 공장근로자로의 전환을 가져왔고, 제2차 산업혁명은 공장근로자의 폭발적 증가를 가져왔다. 컴퓨터와 인터넷으로 대변되는 제

3차 산업혁명은 지식근로자라는 새로운 개념을 만들어냈으며, 앞으로 계속될 4차 산업혁명이 어떤 작업 현장으로 구현될지는 아직 정확하게 알 수 없다. 지난 역사를 보면, 기계화, 자동화 등 기술 발전은 전통적 분야에서는 일자리를 감소시켰지만, 신시장 개척을 통해 더 많은 일자리를 창출하였다. 그런데 최근 로봇과 인공지능(AI)으로 대변되는 첨단 과학기술 발전은 신시장 개척을 통한 일자리 증가보다 제조생산직과 사무직을 중심으로 더 많은 일자리를 감소시킬 것이라는 우려를 낳고 있는 것이 사실이다.

환경과 에너지 문제는 비단 직업만의 문제는 아니다. 인류의 생존이 걸린 문제기 때문이다. 따라서 최근에는 정부뿐 아니라 기업의 경영 전략도 친환경적이고 에너지 절약 쪽으로 방향이 바뀌고 있다. 그리고 이러한 사회 전반의 변화에 따라 라이프스타일의 변화도 함께 일어난다. 사람들이 지향하는 가치관과 상관없이 취업난 가중, 경쟁사회 심화, 고령화, 경기침체 지속 등 주변 환경은 노동시장을 포함한 직업 세계 전반에 서서히 영향을 미치게 되는 것이다. 이러한 라이프스타일의 변화는 삶의 모습 자체를 변화시키기 때문에 그 영향력은 깊고 장기적이다.

사회가 양극화되고 취업난이 가중되면서 흙수저와 금수저로 서로를 양분하고, 헬조선이라는 비아냥이 끊이지 않는다. 다보스 포럼의 '미래 고용 보고서'는 2021년까지 선진국과 신흥 시장 15개국에서 710만 개의 일자리가 사라지고, 210만 개의 새로운 직업이 태동할 것이라고 밝혔으며, 미래학자 토마스 프레이 다빈치연구소장은 2030년이면 인공지능(AI)에 밀려 인간의 고용

이 50% 이하로 떨어지고, 20억 개의 직업이 사라질 수 있다고 예상했다. 하지만 언제나 그랬듯 시대의 흐름과 직업이 가지는 속성을 살펴보며 준비한다면 위기는 곧 기회가 되기도 한다. 단적인 예로 과거 유행했던 음악다방이 없어지면서 음악을 틀어주던 DJ는 사라졌지만, SNS와 유튜브에서는 인기 연예인 못지않은 스타들이 속속 나오고 있다. 최근 외국에서는 사람이 죽고 나면 고인이 인터넷에 남긴 기록이나 사진을 찾아서 지워주는 '디지털 장례사'가 등장했고, 악취의 종류를 파악하고 그 원인을 없애는 '냄새 관리사'도 등장했다. 스마트홈으로 시대가 변하면서 가스, 수도부터 세탁기, 에어컨 등 집안의 모든 장비를 사물인터넷 기술로 제어하는 스마트홈 관리자는 유망 직종으로 꼽히기도 한다.

이처럼 물류나 생산직, 행정 지원 등 단순하고 반복적인 일만 하는 직종은 빠른 속도로 사라지지만, 반대로 새로운 직업인 로봇 컨설턴트, 소프트웨어 로봇 매니저, 로봇 수리 기술자나 데이터 인터페이스 전문가, 데이터 모델러, 3D 프린터 소재 전문가, 3D 비용 산정 전문가 등 새로운 사회 변화에 맞는 직업은 속속 생겨나고 있다.

따라서 직업 세계의 변화를 이해하기 위해서는 그에 영향을 미치는 변화 요인을 잘 파악해야 한다. 시대의 흐름, 이것을 잘 파악하느냐 못하느냐가 앞으로 성공적인 미래로 나아가기 위한 단초가 될 것이기 때문이다.

2017년 12월

미래직업연구팀 김동규

청소년이 꼭 알아야 할
4차 산업혁명
새로운 직업 이야기

초판	1쇄 발행 2017년 12월 15일
	19쇄 발행 2022년 9월 27일
지은이	한국고용정보원 미래직업연구팀 이 랑 外
	서울특별시교육청 진로직업과 이화영
공동기획	서울특별시교육청 평생진로교육국 국장 박혜자
	서울특별시교육청 진로직업교육과 과장 홍민표
	한국고용정보원 미래직업연구팀 팀장 김동규
	한국고용정보원 미래직업연구팀 전임연구원 이 랑
자문위원	이정희
펴낸이	김말주
책임편집	정수정
디자인	더페이지커뮤니케이션 @thepage_works
사진촬영	TUBE STUDIO 조인기
펴낸곳	드림리치
등록일자	2014년 6월 30일
신고번호	제 2014-000183
주소	서울시 서초구 서초중앙로18 309호
대표전화	02-545-7058
팩스	02-757-4306

ISBN   978-89-98584-13-9 43190

MEMO

MEMO